U0649094

社群经济
社区O2O

重构商业模式与营销实战

谭贤◎编著

中国铁道出版社有限公司
CHINA RAILWAY PUBLISHING HOUSE CO., LTD.

内 容 简 介

本书全面解密互联网社群营销，分为三篇：社群入门篇、工具应用篇、营销实战篇。不仅详细讲解了社群的概念，而且从 PC 互联网的变革及移动互联网的兴起出发，讲解了社群营销的发展及营销技巧，还从 QQ、微信、百度三大社交平台出发，详细讲解了社群营销与它们之间所碰撞出的火花。本书集理论指导、实战技巧、成功案例于一体，帮助用户足不出户、随时随地，指尖一碰，社群营销就尽在掌控。

本书结构清晰，案例丰富，实用性强，适合 PC 互联网时代和移动互联网时代的营销、企业经营和管理等人员阅读使用。

图书在版编目（CIP）数据

社群经济 + 社区 O2O：重构商业模式与营销实战 / 谭贤编著 . —北京：中国铁道出版社，2016.5（2022.1 重印）

ISBN 978-7-113-21321-3

Ⅰ . ①社… Ⅱ . ①谭… Ⅲ . ①网络营销 Ⅳ . ① F713.36

中国版本图书馆 CIP 数据核字（2016）第 007600 号

书　　名：社群经济 + 社区 O2O：重构商业模式与营销实战
作　　者：谭 贤

责任编辑：张亚慧　　编辑部电话：（010）51873035　　邮箱：lampard@vip.163.com
封面设计：MXK DESIGN STUDIO
责任印制：赵星辰

出版发行：中国铁道出版社有限公司（100054，北京市西城区右安门西街 8 号）
印　　刷：佳兴达印刷（天津）有限公司
版　　次：2016 年 5 月第 1 版　　2022 年 1 月第 2 次印刷
开　　本：700 mm×1 000 mm　1/16　印张：21　字数：389 千
书　　号：ISBN 978-7-113-21321-3
定　　价：58.00 元

前言 Foreword

写作驱动

如今是以人为本的时代，人占领了营销的主导地位，没有人就没有销售，笔者就是明确了这一点，才会把目光聚焦在社群营销上。

社群营销算是一种最贴近消费者的营销模式，社群营销将人放到第一位，并且企业所获得的用户都是具有精准性、忠实性的"铁杆粉丝"。并且随着社群使用的人数越来越多，社群使用的技巧也层出不穷，本书凝聚笔者几年来对社群的使用技巧和研究成果，助您轻松了解并学会使用社群营销。

笔者写下自己的经历、见阅，最终目的是让每一个读者都能更加了解社群的魅力，让读者从理论出发，结合案例，更加清晰明了地了解社群、使用社群、运营社群等。

本书不是理论指导书，而是一本侧重于实际应用的案例实战宝典，既帮助对社群感兴趣的读者全面了解社群营销，又对想通过使用社群解决实际问题的读者提供操作方法。

内容特色

（1）专题讲解，详细具体：从理论到实践对社群营销进行了专题内容的详解，包括趋势热点、PC互联网时代的社群营销、移动互联网时代的社群营销、QQ社群、微信社群、百度贴吧、社群经济、社区+社群、商业模式、案例实战等实际应用，帮助读者彻底认识和应用社群营销。

（2）图文结合，内容全面、专业性强：不仅讲述了社群营销的相关理论知识，同时还结合图片，通过实战案例，指导帮助读者彻底认识、玩转社群营销。

（3）列举大量案例，内容丰富：全面剖析当前社群营销领域中的主要应用，并配以经典应用实例和一线营销人员的独到见解，分析大量的真实案例，摆事实讲道理，告诉各位读者轻松玩转社群营销的具体方法和技巧。

结构安排

全书分为社群入门篇、工具应用篇、营销实战篇。

【社群入门篇】：未来的商业核心动力是社群。第1章～第3章，详细讲解了社群营销的基础知识，让读者了解社群营销的概念、特点、社群营销的变革，以及在移动互联网时代下的社群营销是如何进行的。

【工具应用篇】：QQ社群带来海量用户、流量与收入；微信社群注入了鲜活、强大的能量；百度贴吧基于兴趣的社交与电商模式。第4章～第6章，从QQ、微信、百度3大平台出发，让读者进一步了解社群营销的魅力。

【营销实战篇】：社群营销掌握须知、社群时代的商业模式与法则、案例实战。第7章～第10章，详细讲解社群营销的商业模式，大量引入经典案例，让读者更容易理解社群营销。

编者

2015年12月

目录 Contents

社群入门篇

第1章 趋势热点：未来的商业核心动力是社群

1.1 社群营销——当人们聚集，人群本身就是矿藏 2

    1.1.1 社群营销的基本概念 2

    1.1.2 社群营销的特点 4

    1.1.3 社群营销的优势 7

    1.1.4 社群营销的方式 10

    1.1.5 适合社群营销的行业 12

1.2 社群电商——把商品卖给贴着标签的人 13

    1.2.1 内容媒体：核心在人 13

    1.2.2 粉丝社群：增添销售渠道 15

    1.2.3 商业体验：产生共赢局面 16

1.3 社群经济——时代的商业趋势 18

    1.3.1 粉丝＋社群＝用户 18

    1.3.2 用户的创造＝企业的制造 20

    1.3.3 众筹＝角色转换 22

    1.3.4 社群＋情景＝触发 23

    1.3.5 实时响应＋服务＝营销 25

    1.3.6 数据＋协同＝打破边界 28

1.4 【商业案例】小米模式核心：别人先做产品，小米先聚用户 29

    1.4.1 软件＋建立感情＝用户要求出产品 29

    1.4.2 刷机＋天使用户＝核心粉丝 30

    1.4.3 社群＋O2O＝与粉丝增进感情 31

    1.4.4 参与感＝销售 32

第2章 变革传统：PC 互联网时代的社群营销

2.1 PC 端：特征与生态 34
2.1.1 PC 端下的社群特征 34
2.1.2 PC 端下的社群生态 35

2.2 连接：变革与互联网社群形成 41
2.2.1 多元化的场景社群 41
2.2.2 虚拟社群下的真实性 42
2.2.3 重视社群价值 43

2.3 趋势：互联网社群颠覆未来 44
2.3.1 从"小"开始，塑造社群常态 44
2.3.2 遵从人内心，依托内容 45
2.3.3 PC 端下，社群营销模式 46
2.3.4 PC 端下，社群运营模式 47

第3章 时代宠儿：移动互联网时代的社群营销

3.1 社群新经济的崛起 52
3.1.1 新思维商业模式 52
3.1.2 从 Foursqure 看移动社群 55
3.1.3 社群模式构筑移动商业帝国 60

3.2 日益突出的移动社群型用户需求与体验 61
3.2.1 基于用户演变而来的移动社群 61
3.2.2 手机移动互联网与用户体验 63
3.2.3 移动 Google+ 的社群服务 65
3.2.4 LBS+ 型社群关系网 67
3.2.5 领英：专业打造用户至上 76
3.2.6 微博：移动社交快餐 82

3.3 【商业案例】堆糖 App〝Club〞拉开移动社群序幕 86
3.3.1 自由社群连接：兴趣与成员 86
3.3.2 Club 与移动端：图片战略不可少 88

工具应用篇

第 4 章　QQ 社群：带来海量用户、流量与收入

4.1　腾讯 QQ 的社群功能应用 92
4.1.1　QQ 群：快速聚拢更多新用户 92
4.1.2　QQ 空间：精准不在话下 106
4.1.3　QQ 兴趣部落：陌生人社交的发力点 121
4.1.4　"附近"入口：剑指 LBS 商业 125
4.1.5　QQ 手游：移动社群承接起的生命 131

4.2　【商业案例】QQ 兴趣部落：基于兴趣的社群营销......132
4.2.1　"90 后说"：兴趣社交才是王道 132
4.2.2　QQ 兴趣部落运营方式：人＋兴趣＝社群 133
4.2.3　兴趣部落优势：基于场景下的兴趣 134
4.2.4　兴趣部落的策略：合作不可少 135

第 5 章　微信社群：注入了鲜活、强大的能量

5.1　微信的社群功能应用 138
5.1.1　微信群：成本低 138
5.1.2　朋友圈：为社群增加黏度 143
5.1.3　公众平台：贴近社群成员 150
5.1.4　微信红包：社群营销活跃气氛的秘诀 155
5.1.5　微信＋微课：推动社群营销 157
5.1.6　微信 SEO：获得主动精准社群成员 160

5.2　【商业案例】微信给京东首开上线购物圈：用多维
社群搭建营销渠道 163
5.2.1　从 Feed 广告到购物圈 163
5.2.2　利用分享形成多维社群 164
5.2.3　激活用户的参与感 165
5.2.4　购物圈不得不解决的难题 168

第6章　百度贴吧：基于兴趣的社交与电商模式

6.1 百度贴吧：基于兴趣的社群营销........................170
6.1.1 贴吧的诞生 170
6.1.2 基于兴趣话题的聚合社群 173
6.1.3 企业进行社群营销的基石 175
6.2 百度贴吧：社群营销价值............................175
6.2.1 营销平台价值＝顾客涉入度 × 社群容纳感......... 175
6.2.2 企业官方吧切入点............................. 176
6.2.3 从"贴吧合伙人"来看社群主战场 180

营销实战篇

第7章　社群营销：关键＋要点＋要素＋步骤

7.1 社群经济：掌握营销关键........................186
7.1.1 产品或体验极致＋传播内容的用心 186
7.1.2 粉丝经济≠社群经济 187
7.1.3 社群的价值重点在于运营 188
7.2 社群营销：要点与要素 190
7.2.1 社群营销要点 190
7.2.2 社群营销的要素 196
7.3 社群营销：3 大步骤不可或缺......................199
7.3.1 社群营销步骤之建群 199
7.3.2 社群营销步骤之方法 206
7.3.3 社群营销步骤之优化 209
7.4 【商业案例】穷游：因旅游，得社群..................211
7.4.1 由社区转变成社群全靠"优质内容" 211
7.4.2 多维度产品建造出社群 214
7.4.3 移动端下的核心社群思维 215
7.4.4 商业化下的社群 215

第 8 章　社区＋社群：用 O2O 重构商业模式

8.1　社区＋社群 O2O 的关键......218
8.1.1　社区＋社群从房地产入手......218
8.1.2　社群 O2O 消费流程......220
8.1.3　社群 O2O 玩转社区服务......224
8.1.4　社群 O2O "2" 的因素必不可少......226
8.1.5　社群 O2O 需满足社区居民的需求......227

8.2　干货：社群 O2O 如何 "躁起来"......229
8.2.1　传统企业进军社群 O2O 的注意事项......229
8.2.2　传统企业进军社区＋社群 O2O 的关键......235
8.2.3　看 4 大传统行业进军社群 O2O......237
8.2.4　用户参与 = 发展思路 =C2B......243
8.2.5　小而美当道......245

8.3　玩转：社区＋社群 O2O 营销......247
8.3.1　Zaarly 的多元化发展......247
8.3.2　营销方法......251

第 9 章　深度解构：社群时代的商业模式与法则

9.1　引爆社群：移动互联网时代的新法则......258
9.1.1　社群需要场景深入人心......258
9.1.2　深入目标客户群实现精准社群......260
9.1.3　移动社群离不开内容营销......262
9.1.4　移动社群的传播是吸铁石......268

9.2　解密粉丝经济＋社群经济......269
9.2.1　互联网新思维：粉丝与社群共存亡......269
9.2.2　CBMCE 模式：粉丝团的指引......270

9.3　社群营销不可单独战斗：饥饿＋病毒......274
9.3.1　饥饿营销：引爆社群......274
9.3.2　病毒营销：社群成员的自主传播......276

第 10 章　经典社群商业案例

10.1　【商业案例】天鸽互动：社群营销的裂变 280

10.2　【商业案例】小米手机：社群营销引爆 QQ 空间 283

10.3　【商业案例】锤子手机：基于心智连接下的社群 289

10.4　【商业案例】MyBMWClub：建设高黏度的社群圈....291

10.5　【商业案例】Facebook："失控"的社群营销 293

10.6　【商业案例】海底捞：微信公众号玩 High 社群 295

10.7　【商业案例】乡土乡亲：勇猛冲进社群营销 303

　　10.7.1　透明溯源农业品牌 303

　　10.7.2　基于品控体系下的社群 305

　　10.7.3　社群运营的前提 308

　　10.7.4　一个观念两种社群产品 310

10.8　【商业案例】海尔：从传统企业转换为社群营销.......312

　　10.8.1　基于活动下的社群 313

　　10.8.2　基于"创势"的社群 314

　　10.8.3　怎样才是社群经济 315

10.9　【商业案例】懂懂日记：成为其他企业社群的踏板...316

　　10.9.1　每日一篇 317

　　10.9.2　免费阅读有偿评论 317

10.10　【商业案例】可口可乐：用"换装"创意来勾起社群
　　　　狂潮 318

　　10.10.1　借势、分享都是社群营销的分支 320

　　10.10.2　价值不再是饮料而是社群的运作 321

　　10.10.3　社群营销就是走的互动道路 321

　　10.10.4　触及人心才能勇往直前 323

社群入门篇

第1章

趋势热点：未来的商业核心动力是社群

如今，社群营销是一种极为火爆的营销方法，它是由"小米"、"罗辑思维"等带起来的一种新型营销方式，它的核心就是企业与用户建立起"朋友"之情，不是为了广告而去打广告，而是为了朋友而去建立感情，本章先为读者介绍社群营销的一些基础常识。

1.1 社群营销——当人们聚集，人群本身就是矿藏

目前，对于社群营销的概念来说，见仁见智。从社群的定义上来看，它可以是指实际的地理区域或在某区域内发生的社会关系，或指存在于较抽象的、思想上的关系，也可以用来表示一个有相互关系的人际网络。

1.1.1 社群营销的基本概念

社群营销就是基于相同或相似的兴趣爱好，通过某种载体聚集人气，如微信、群、微博、社区等，通过产品或服务满足群体需求，从而产生的商业形态。

图1-1 社群营销

随着互联网的崛起，社群营销在未来必然是各大企业的营销趋势。就拿罗辑思维来说，它以起初说书的形式，聚集一批爱学习的粉丝，随着粉丝的增多，慢慢成为目前影响力最大的互联网知识社群之一，包括微信公众订阅号、知识类脱口秀视频、会员体系、百度贴吧、微信群等具体互动形式，来服务于80后、90后有"爱智求真"强烈需求的群体。

"罗辑思维"通过庞大的粉丝群体，不管是卖会员、卖书籍，还是卖月饼、卖柳桃都玩得不亦乐乎，可谓是社群营销的经典典故。

社群营销的载体多种多样，可以是论坛、微博、QQ群，也可以是线下的社区，可以是PC端，也可以是移动端。总之，只要能将人群聚集在一起的载体，皆可运行社群营销。

例如，猫扑论坛专门为七喜建立了一个品牌Club，将喜爱七喜品牌且具有相同爱好的网友聚集在七喜Club里，而且使FIDO这个七喜独有的虚拟形象在网友里得到了最大化的延伸，七喜的口碑慢慢地扩大化，获得了不少购买七喜产品的消费者。图1-2所示为七喜品牌设计的卡通人物。

图1-2 七喜卡通人物

由此可见，产品与消费者之间不再是单纯功能上的连接了，消费者开始在意附着在产品功能之上的诸如口碑、文化、魅力、形象等精神意识性的东西，从而建立情感上的无缝信任。

而这些信任是基于一群有共同兴趣、认知、价值观的用户而组成的社群，发生群蜂效应，使得人们在社群里营造出4种氛围，对产品品牌本身产生反哺的价值关系，如图1-3所示。

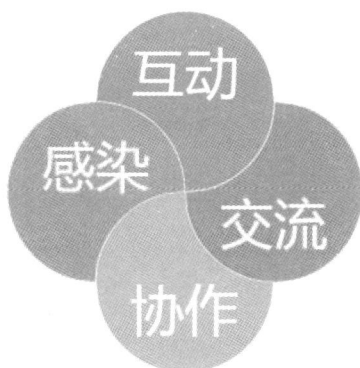

图1-3 社群里的4种氛围

这种建立在产品与粉丝群体之间的情感信任+价值反哺，共同作用形成的自运转、自循环的范围营销系统，就是企业要把握的社群营销。

企业品牌在未来的道路上，若没有社群的支持，是很难调动推广势能的。

未来的商业形态应该是每个品牌都有自己的社群。或者说，没有社群的品牌可能也能生存，但远不如拥有社群的品牌生存得好。

总之，社群经济正在开启一个伟大的时代，未来做产品和品牌出身的传统行业从业者，则在拥有自己粉丝的同时，还会拥有一个巨大价值的社群。

💡 **TIPS:**

社会是由人组成的，人依附于各种载体，只要有共同的兴趣和沟通媒介，就可以组成社群。从网络开始，社群逐渐主宰人们的生活，有了社群，互联网已不再虚拟，它正变得越来越真实，越来越有温度。

1.1.2　社群营销的特点

在互联时代，不管是PC端，还是移动端，社群营销都将成为市场营销的主要"阵地"。对于大部分企业来说，市场营销活动是针对每个特定群体的营销活动，是小众化营销。从某种意义上来说，社群是最好的营销对象。那么，社群营销的特点又有哪些呢？如图1-4所示。

图1-4　社群营销的特点

1. 多向互动性

社群营销是通过社群成员之间的多向互动交流，信息和数据平等互换，使得每个人既是信息的发起者，也是传播者和分享者，为企业营销创造了良好的机会。

2. 弱化中心

社群营销是一种扁平化网状结构，人们可以一对多、多对多实现互动，进行传播，并不仅仅只有一个组织人和一个富有话语权的人，而是每个人都能说，使得传播主体由单一走向多重，由集中走向分散。这是一个弱化中心的过程，但不代表没有中心、除去中心。

TIPS：

社群是一种自组织、发布式的蜂群组织结构，社群需要有规矩，一般规矩由领导者建立，而弱化中心则是指社群里的每个人员，都有自己的话语权和信息获取途径，他们可以在社群里共同交流、互动，通过在话语中博弈，来逐步构建大家都认同的规矩，而不仅仅由领导者来决定整个社群里的运作。

一般社群营销去中心化的特点，主要体现在3个方面，如图1-5所示。

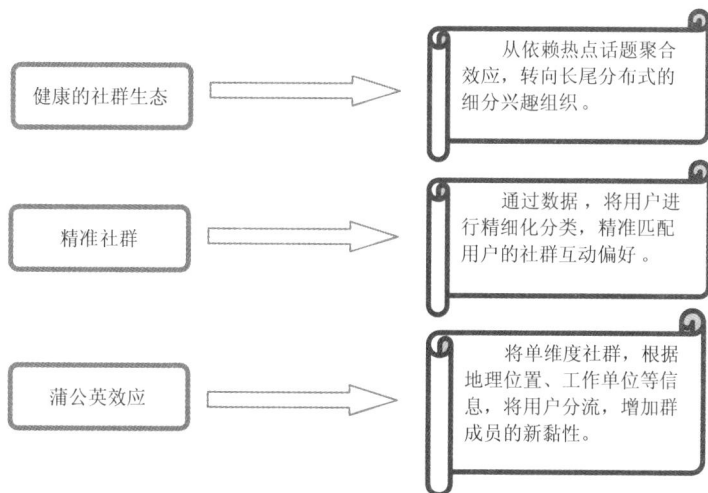

健康的社群生态	→	从依赖热点话题聚合效应，转向长尾分布式的细分兴趣组织。
精准社群	→	通过数据，将用户进行精细化分类，精准匹配用户的社群互动偏好。
蒲公英效应	→	将单维度社群，根据地理位置、工作单位等信息，将用户分流，增加群成员的新黏性。

图1-5 社群营销去中心化3个方面

3. 情感营销

社群情感营销，是指社群能给一群有共同价值主张、共同趣味的人建立起情感关联，使得他们能够产生点对点的交叉感染，并且可以协同产生叠加能量，从而合力创造出涌现价值，使得企业从中收获不少的利益、建议等有价值的信息。

下面就来细分社群情感营销的意义，如图1-6所示。

情 企业在社群中要摆正观念，要将社群看作自己的朋友圈，与社群成员一起要沟通、交流、评论、解答，建立企业与社群成员的情感连接。例如，人们在微信朋友圈可以晒工作、晒生活、晒个性、晒兴趣爱好等信息，让远在他乡的朋友，轻而易举地了解自己的动态，拉近彼此之间的关系，这也是企业在运行社群营销时需要学习的一环。

感 企业想要经营社群营销，首先需要在这个小圈子里建立起良好的信任，树立良好印象，展现自己在群体中的价值或正能量。例如，展示较高的解决问题能力、积极乐观的生活状态，影响他人的气质、较为突出的亲和力。

营 企业在社群营销里，建立朋友之间的情感是一个需要积累、经营的过程，并不能直接发一个产品链接，就能产生销量。例如，《罗辑思维》之所以在微信公众账号上推出微信会员收费制度，在短短的6个小时内，创收160万元，是基于在网络的脱口秀节目上与社群成员建立了朋友之间的情感，才会达到如此惊人的效果。

销 企业做社群营销的最后一环就是销售了。这是企业推广最关心的一步，却也是最不重要的一步。因为前面三步做好了，线上推广的效果自然而然就达到了，无论是品牌传播还是产品用户付费率的转化，都不会很差。

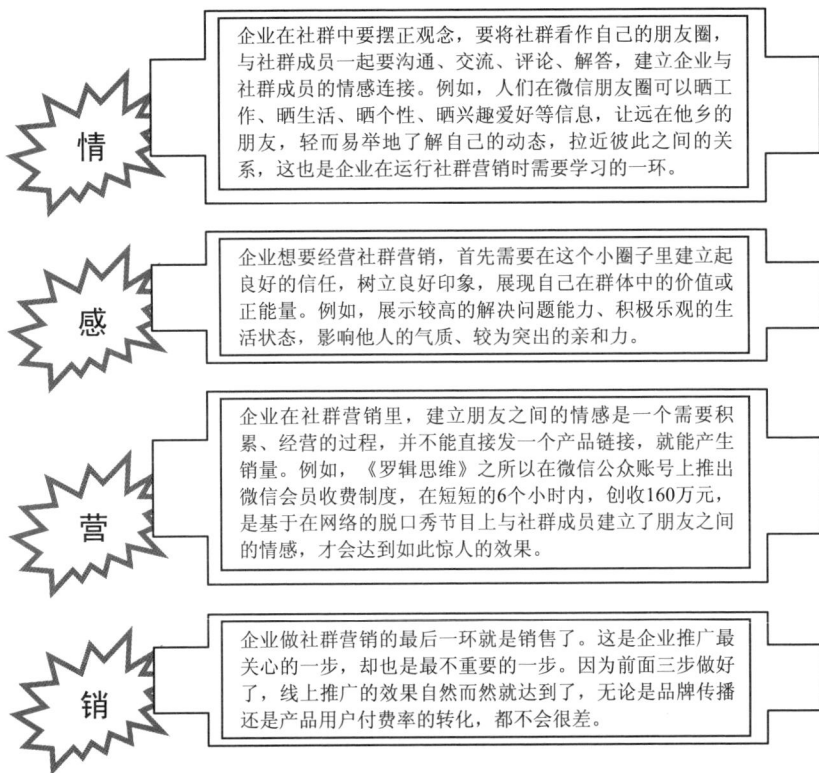

图1-6　社群情感营销

TIPS：

企业在推广时，切记不要强推广，可以给社群朋友提供其他产品的选择，给他们一个选择的空间，而这也是展示自己服务的好时机，这样做其实是在暗示社群成员："选择我们的服务，才是最佳服务"的理念。

4. 自行运转

在一定程度上，社群营销会自我运作，不断分享、自主创造，从而进行各种产品和价值的生产和再生产，在这个过程中，社群成员的参与度和创造力，能催生出多种对企业产品的创新理念或完善企业产品、服务的功能的建议，使得企业交易成本大幅度的降低。

5. 利益替换

社群是以组织的形态而展现的系统，想要维持这个系统的正常运转，就必须让系统内的每个成员都产出价值、获得收益，同时进行周期性的系统替换，将不能产生价值、不能在社群中谋取利益的人群替换，加入新的部位，来维系社群中的互动性、参与性，从而保证组织结构的完整性。

6．小范围系统

社群从本质上来说是一套小范围内的生态系统，而社群营销也可称为范围经济，通过小众化的社群，自生长、自消化、自复制能力来运转，以社群每个人员的思想、话语权作为永动机牵引整个社群的发展方向及社群营销的效果。

7．碎片化

在社群里具有资源性和多样性的特点，可以激发出社群成员的组织能力、创造能力，使得社群定位多样、信息发布方式松散，促使社群产品设计、内容与服务呈现碎片化的趋势。

虽然碎片化会使得社群缺乏统一性，为企业的社群营销带来很多的不确定因子，但只要企业从这种自由逻辑中进行挖掘、整理，定能从中探索出社群产品的价值和能力。

8．独有要素

社群营销有一套独有的核心要素，它的动力有以下3个特征，如图1-7所示。

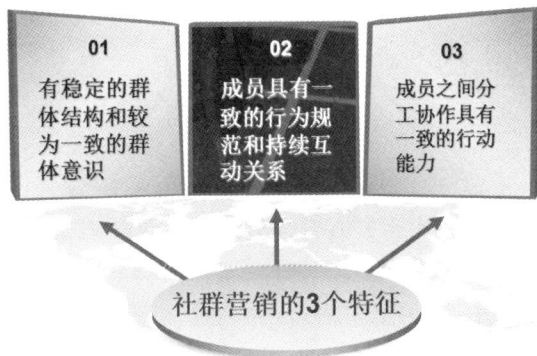

图1-7 社群营销的3个特征

1.1.3 社群营销的优势

随着时代的发展，人的价值越来越高了，在未来的营销中，人的因素将占据所有企业的营销核心，只有将用户的需求、爱好、心理摸索清楚，企业才能不在营销的道路上吃亏，而社群营销就是最贴近人群的一种营销，并且在社群

7

中无须企业逐个询问各自的喜好、对产品的意见等信息，社群成员会主动谈及到自己看法和意见，并引起讨论，这样企业就能轻而易举地收集到社群成员的想法、建议等信息。

当然社群营销对企业的好处远不止这一点，下面就进一步了解社群营销的优势。

1. 传播快

社群营销虽然不能与大众媒体的广泛传播相比，但社群营销是在一个圈子里，并且这个圈子的人群全是精准用户或精准的潜在用户，所以传播速度非常快。

2. 独有生态

社群可以凭借多元化的社交，来建立起独有的生态，并且生态里的人群都有一个共同的喜好或特点。一般来说，兴趣类社群占所有类型的社群比例高达66.4%，具体来讲，有6类细分社群占据主流，如图1-8所示。

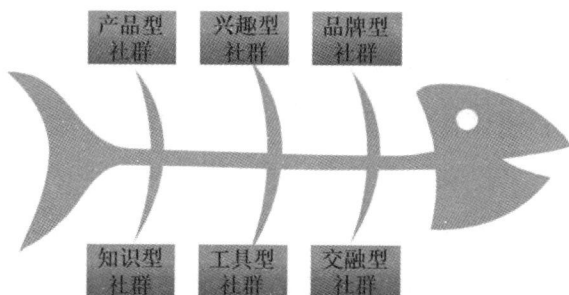

图1-8　6类细分社群

3. 针对性强

社群营销，不仅可以作为普遍宣传活动的手段使用，还可以针对特定目标组织、特殊人群进行宣传活动。不管社群是以何种初衷建立起来的，必定具有相似的生活形态、认知与消费形态、人口特性等。

由此可以看出社群具有很强的针对性，若企业抓住人群聚集的初衷，并结合产品的定位，营销效果就更加具有穿透力。

4. 人群黏性

基于社群的互动、问答和评论，更容易使社群人员建立起对企业产品或服务质量的动态评估，增加产品与品牌的附加值，形成很强的品牌忠诚度，从而建立起消费黏性和信誉。

5．氛围好

社群营销的传播，能够达到很好的深度，甚至引发购买高潮。只要企业宣传的内容，能激发消费者的认同，在心理上引起共鸣，届时消费者在社群中采取了购买行动，那么这一购买行动很有可能迅速感染其他人，形成小范围的购买高潮。

6．实效久

社群营销是以人际关系、兴趣圈子、口碑传播为核心的营销方式，而在圈子里的口碑随着时间的流逝，不仅不会消失，相反随时都有可能被一些因素激活，能够产生二次、甚至三次发酵。

7．及时掌握信息

社区营销是与消费者面对面的沟通，所以通过社区活动不仅可以宣传企业的产品知识，还可以及时了解消费者对产品、渠道、价格、设计、营销手段等各种营销要素的认知和建议，企业可以针对消费者需求，及时对宣传活动及以后的产品研究进行调整。

8．精准性强

社群营销是以目标人群的双向互动沟通为核心，比起单向传播更加有效，并且社群营销从3个方面出发，可以使社群成员在社群中快速、及时得到自己想要的资讯，达到精准性强的效果，如图1-9所示。

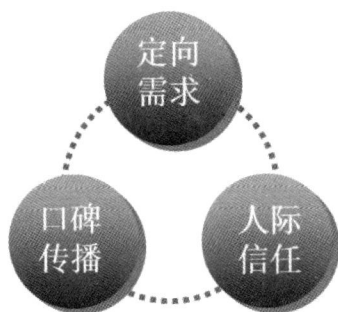

图1-9　社群营销3个方面达到精准

9．品牌效应大

社区营销需要有品牌知名度的支撑，随着社区活动的开展，消费者能从中得到不少的益处，实实在在地解决了消费者的一些问题，因此，不仅品牌的美誉度得到了提高，而且品牌的影响力也大大增强，还促进了社区营销的开展。

10．易口碑扩散

社群营销比较直接、可信度较高、目标人群集中，有利于口碑宣传扩散。社群营销可以与消费者形成一对一或一对多的宣传效果，如果社群成员有疑问，企业可以立即做出相应的解答，使社群成员得到明确的信息。

同时，社群是消费者的主要集散地，所以社群成员具有相对应的统一认知习惯与消费习惯，这会使口碑宣传的影响力呈明显趋势上升。

11．延伸价值强

社群营销所能聚集的人群，会通过在自己的朋友圈里大肆宣传，甚至还能延伸到陌生群体，最后将形成一个庞大的市场。

1.1.4　社群营销的方式

企业运行社群营销的方式多种多样，下面就来了解企业运行社群营销的方式，如图1-10所示。

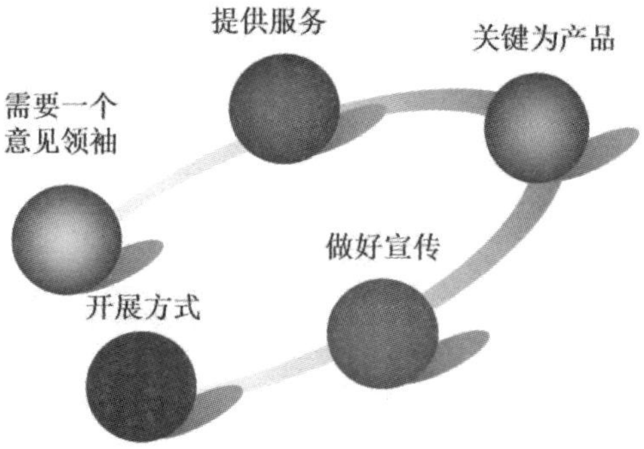

图1-10　企业运行社群营销的方式

1．需要一个意见领袖

企业做社群营销的关键是要有一个意见领袖，也就是某一领域的专家或者权威人员，来推动社群成员之间的互动、交流，这样可以树立社群人员对企业的信任感和传递价值。

2．提供服务

企业通过社群营销可以提供实体的产品或提供某种服务，来满足社群个体的需求。在社群中最普遍的行为就是提供服务，比如招收会员、得到某种服务、进入某个群得到某位专家提供的咨询服务等，都能吸引不少人群的注意力。

3．关键为产品

企业做社群营销的关键是产品，企业需要一个有创意、有卖点的产品，而这里所提到的产品并不单指企业所要卖的产品，还包括企业为社群人员所提供的服务。

例如"罗辑思维"在微信公众号上提供的"罗胖每日早上60秒语音"，向社群成员推荐书籍，并且社群成员可以用文字回复语音中的关键词来获取更详细的文章，如图1-11所示。

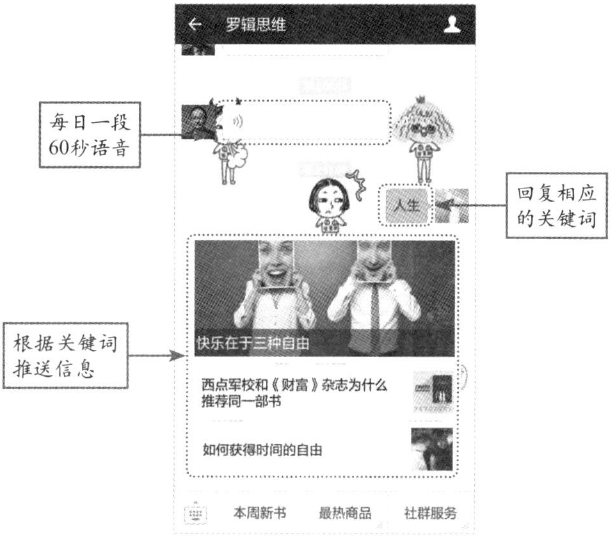

图1-11 "罗辑思维"微信公众号创意产品

"罗辑思维"以每天早上发语音消息，并结合关键词的自动回复，大大地调动了社群成员的参与感。

4．做好宣传

企业有了好的产品，就得通过创造好的内容来进行有效传播。在这个互联网大爆炸的时代，通过朋友之间的口碑传播，就像一条锁链一样，一环套一环，信任感较强，比较容易扩散，且能量巨大。

5．开展方式

社群营销的开展方式是多种多样的，例如小米，通过聚集一群手机发烧友"米粉"，共同开发系统，共同参与研发高性价比的手机，从而使得一部分不是"米粉"的消费者选择了小米。所以，企业在开展社群营销方面还是要多下功夫，才能达到良好的社群营销效果，下面来看4点常见的社群营销开展方式，如图1-12所示。

01	02	03	04
企业可以自己组建一个社群，做好线上交流与线下的各类活动。	企业可以与目标社群进行合作，支持和赞助社群活动，或制造正面的话题让社群成员积极参与。	企业可以与部分社群中的意见领袖合作，通过意见领袖传播品牌价值。	企业可以建立一个社群数据库，做精准的客户营销。

图1-12 开展社群营销的方式

1.1.5 适合社群营销的行业

随着时代的变迁，各种各样的营销方式随即出现，对任何企业和产品来说，都没有最好的营销方式，只有最适合的营销方式。每一种营销方式都有其优缺点，都有适合其发挥的产品、时机、领域。

然而对于社群营销来说，也不是所有的企业都能运行，若不适合的行业或产品进行社群营销，很有可能会对企业和产品本身造成伤害，甚至不会突显出低成本的特点，反而会将成本提高。

下面来简单了解一下，哪些行业适合社群营销，如图1-13所示。

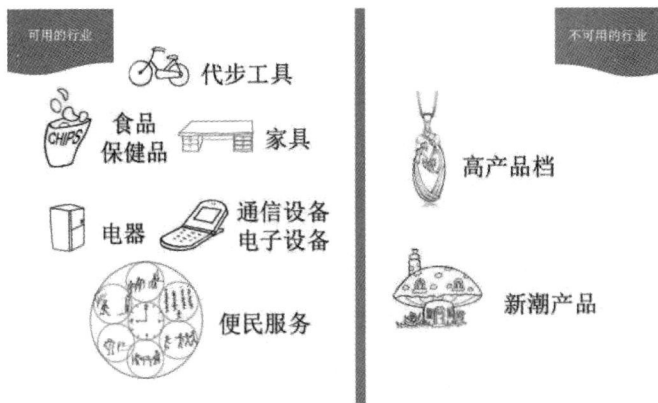

图1-13 适合社群营销的行业

【分析】：

之所以高档产品不能运用社群营销，是因为其价值太高昂了，容易给消费者一种不信任的感觉，若高档产品放到社群里面做营销，那么社群成员很难判断其真假性或评估其价值，还会在心里产生"假货"、"不可靠"、"档次低"等对产品名誉不好的想法，越发不会有人去购买了。

　　还有那些新型产品，富有个性、创意的产品，也不能运用社群营销，因为人们不熟悉它，只会觉得好奇，不会将重点放到消费上。

　　从图1-13中可以看出，可以运用社群营销的行业都是紧贴人们生活的，如"衣食住行"都有涉及。由此可知，社群营销适合以大众为销售对象的产品，消费者比较熟知的产品。

1.2　社群电商——把商品卖给贴着标签的人

　　社群电商的模式是"内容+社群+商业"，而"贴着标签的人"是社群电商模式的基础。"贴着标签的人"是指忠实粉丝、有共同兴趣和爱好的一群人，下面将会详细讲解社群电商的模式。

1.2.1　内容媒体：核心在人

　　互联网的出现，使得人与人之间的交流、协作性不断的加强，同时也使得信息的生产和传播效率大幅度提高。如今，企业在人人都是媒体的一种社会化关系社群中，发布的内容即可为广告，而优质的内容就是产生传播效应的发条。

　　这里所说的媒体，并不是传统式媒体，只依靠企业自说自话，自己说自己产品的优点，而社群营销的媒体，是消费者参与过后，能满足消费者的心理需求，抒发对产品的"热情"，从而形成口碑。

　　例如，B站在2010年之前，名气很小，几乎没有人知道，自从2010年1月24日进行整顿后，建立了一个弹幕系统，可以提供爱好动漫和创作的年轻人直接在视屏上发表自己的意见，并且还可以通过转发、吐槽、戏仿式的再创作等诸多方式进行投稿，营造出独有的参与氛围，形成不错的口碑效应，如图1-14所示。

图1-14　B站弹幕

当然不仅消费者的参与感是媒体，对于企业来说只要关乎与消费者的事情，都可称为媒体。例如，从企业的产品研发、设计环节开始，到渠道终端的陈列和销售环节，每一个环节都在与消费者和潜在消费者进行接触并传播着品牌信息，包括产品本身，都是流量的入口，一切都是媒体，如图1-15所示。

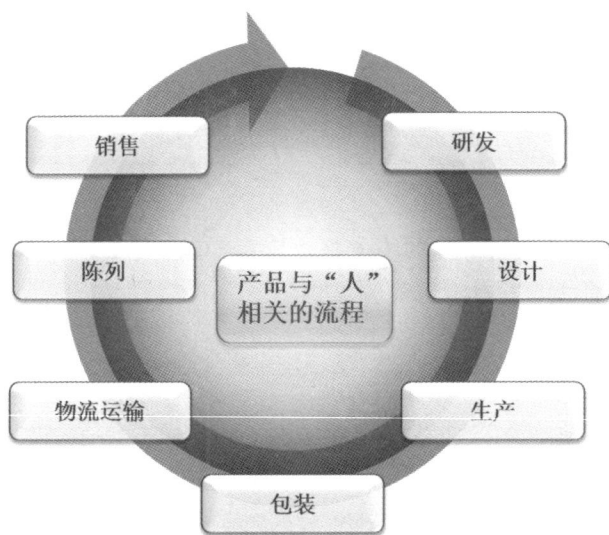

图1-15　产品研发与传播流程皆是社群媒体

再拿歌词瓶来说，可口可乐的每一个歌词瓶，都是媒体，因为它可以依靠一些优美、耐人寻味的歌词，勾起人们内心深处的某个想法，这就与"人"挂钩了起来，所以歌词瓶就是可口可乐产品的媒体，如图1-16所示。

图1-16　可口可乐歌词瓶

社群营销媒体即可视为产品，将媒介传播本身视为一个需耐心打磨的产品，激发参与感，构建社群才是获得口碑引爆的关键。

那么企业该如何才能激发出参与感呢？如图1-17所示。

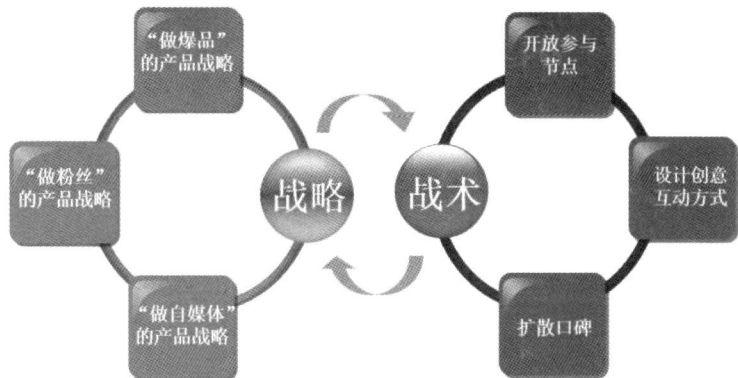

图1-17 参与感的建立战略和战术

1.2.2 粉丝社群：增添销售渠道

在互联网还没有出现之前，由于受到了"空间限制"，使得企业必须通过不断地扩展门店，来尽可能地接触目标消费人群，推广产品，经营营销活动，这样做不仅耗时而且又费力、成本高昂。

自从互联网出现之后，企业就解除了空间限制。对消费者而言，可以便捷地足不出户进行购物；对企业而言，又增添了一条营销渠道，为企业产品销售提供了路径。这样的商业现象就意味着一种商业逻辑的更迭——由抢占"空间资源"转换为抢占"时间资源"。

"时间资源"是指用户的关注度，当用户大规模向互联网迁移时，企业也要逐渐将自己一部分的精力放到互联网上，建立线上线下共同营销的战略，并创建自己的粉丝社群，开展社区营销。

说到粉丝社群，第一个想到的就是小米，小米手机通过小米社区和线上线下的活动，聚合了大量的手机发烧友群体（称为米粉），如图1-18所示。

这些米粉通过互联网给小米源源不断地提供一些建设性的建议，同时还在不断地帮助小米做口碑传播，于是小米根据这些建议，不断对手机的研发进行改进和创新，使得小米手机更加贴近消费者的需求，基于之前的口碑影响，使得很多不是米粉的消费者，都在期待小米手机的出世。

这就是小米粉丝社群的力量，也是增添销售渠道的力量。

图1-18　小米社群

1.2.3　商业体验：产生共赢局面

社群营销的主体人群是由一群拥有共同爱好的用户聚集起来的，在他们谈天说地的过程中，可以快速地制造和传播企业口碑，从而承载了非常复杂的商业生态，如图1-19所示。

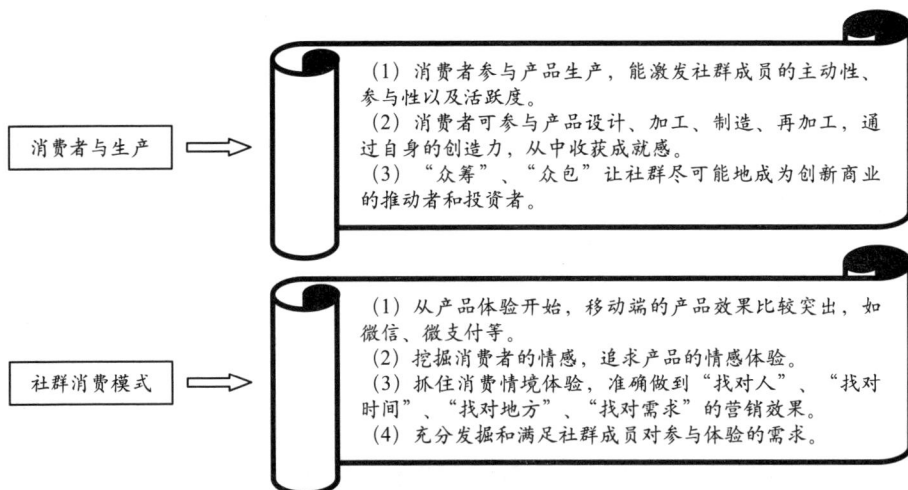

消费者与生产

(1) 消费者参与产品生产，能激发社群成员的主动性、参与性以及活跃度。
(2) 消费者可参与产品设计、加工、制造、再加工，通过自身的创造力，从中收获成就感。
(3) "众筹"、"众包"让社群尽可能地成为创新商业的推动者和投资者。

社群消费模式

(1) 从产品体验开始，移动端的产品效果比较突出，如微信、微支付等。
(2) 挖掘消费者的情感，追求产品的情感体验。
(3) 抓住消费情境体验，准确做到"找对人"、"找对时间"、"找对地方"、"找对需求"的营销效果。
(4) 充分发掘和满足社群成员对参与体验的需求。

图1-19　社群商业生态

社群营销模式 ⟹
(1) 企业及时与社群成员互动，不断加强产品体验和情感体验。
(2) 激发社群成员的参与度与创造力，与社群成员成为朋友，形成口碑营销和精准营销的状态。
(3) 通过经营社群、粉丝，可以挖掘出产品的创意，创造出独特的产品和品牌。
(4) 根据社群成员的爱好、需求、兴趣来定制符合他们的产品，增强情感体验和归属感。
(5) 根据产品的特点、社群成员的需求来制定合适的社群活动，使得社群成员积极地参与进去，从而激发他们的消费心理。

社群竞争模式 ⟹
(1) 社群平台的更替，如论坛、QQ、微信等平台，企业应该选择最适合自己产品的平台，来建立社群。
(2) 寻找核心痛点，打造别具一格的社群，做最精准的服务，满足社群人员的要求，必能留住老成员，吸引新成员的到来。

图1-19　社群商业生态（续）

💡 **TIPS：**

"众筹"是指由某位发起人在互联网上发布项目，取得人们的支持和关注，并向人们募集项目资金。

"众包"是指由某一组织在互联网上发出任务，以多人协作的方式进行工作。

图1-20所示为社群消费的4种模式。

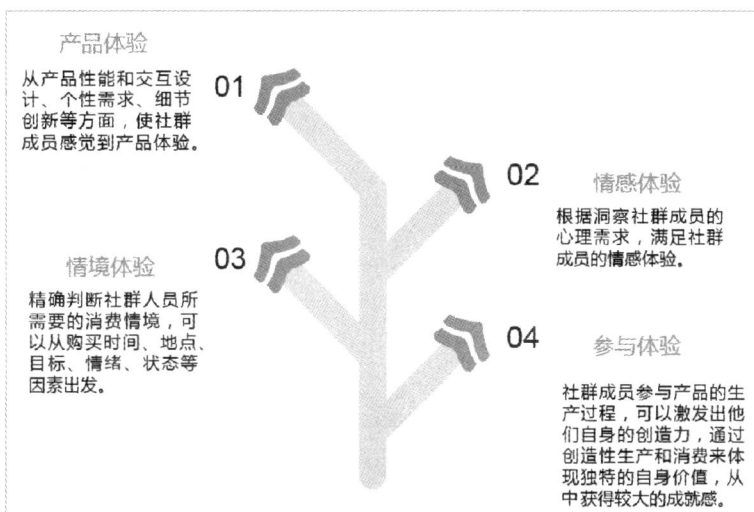

产品体验
从产品性能和交互设计、个性需求、细节创新等方面，使社群成员感觉到产品体验。
01

02
情感体验
根据洞察社群成员的心理需求，满足社群成员的情感体验。

03
情境体验
精确判断社群人员所需要的消费情境，可以从购买时间、地点、目标、情绪、状态等因素出发。

04
参与体验
社群成员参与产品的生产过程，可以激发出他们自身的创造力，通过创造性生产和消费来体现独特的自身价值，从中获得较大的成就感。

图1-20　4种社群消费模式

　　总之，社群里的商业生态，不管是对企业还是社群用户，都是一个共赢的局面，社群用户可以在商业生态中获得成就感，而企业通过社群成员的参与，可以从中得到产品设计的灵感、修改建议等信息。

1.3 社群经济——时代的商业趋势

　　企业只要有足够的闪光点、吸引力、人格魅力甚至是噱头，都可能迅速聚集一群追随者，如果企业能够去经营这些社群，那么，将可能在一个竞争激烈的新的商业世界找到新品牌存在的机会。

　　那么，到底哪些趋势是社群经济时代的逻辑呢？

1.3.1 粉丝+社群=用户

　　对于社群来说，粉丝是一种情感纽带的维系，粉丝的消费行为也是基于对品牌的感情基础，最为典型的就是"果粉"，他们只要一等到苹果出新产品，几乎都出现了疯抢的状态，甚至在售卖点外驻扎，只为抢到自己喜欢的品牌产品，这就是粉丝效应，所以社群是基于粉丝才能运营起来，如图1-21所示。

图1-21 "果粉"等候购买产品

TIPS：

　　"果粉"是指美国苹果公司电子产品的爱好者，从iPhone开始接触苹果产品，通过情感认同再延伸消费到苹果的电脑、iPad等产品，以其对苹果产品品牌的执着追求而著称。

　　因此，品牌要么将粉丝变成消费者，要么就要把消费者变成粉丝。从iPhone开始，乔布斯的果粉就是典型的粉丝链接。

　　如罗永浩的锤子手机一样，即使锤子手机的定价超过了3 000元以上，但是，有着同样情怀和审美的粉丝群体一定会认同这个价值，不会觉得3 000元的锤子手机一点都不值这个价格，这就是罗粉的情怀，粉丝的价值。

　　当然，罗永浩在这方面做得远远不够，在未来他还需要多加努力，将小众罗粉变成可裂变的大众罗粉，要想办法把锤子手机的社群扩大，从用户身上吸取他们的需求，并将其体现在手机产品上。

　　又如，罗辑思维运营初期，就是依靠粉丝对于罗振宇的信任和喜爱而累积知名度，最终吸引粉丝支付会员费，而后面的卖书、卖大米等产品都是基于与粉丝们互动，才能一一卖出去的。

　　试想一下，若苹果公司没有那么多的粉丝，那么乔布斯也不会成为富翁了吧，若罗永浩没有他的罗粉，那么留给锤子手机的估计只有看客了；若罗振宇没有粉丝的话，那么就不会有10万会员了。

　　所以从苹果产品→罗永浩产品→罗振宇的罗辑思维，不难发现一种抛去按照产品去定义用户新的商业规则，也是社群时代必须要掌握的规则之一，如图1-22所示。

图1-22　社群时代规则之一

在社群营销里，粉丝是社群基础，有粉丝经过慢慢转变，成为产品的"生产者"，即企业利用他们的意见、创意、需求，来改造、制造产品，然后才出现了粉丝+社群=用户的趋势。

1.3.2　用户的创造=企业的制造

在工业时代，企业强调的是"制造"，以企业为中心的商业模式。而在互联网时代，企业希望消费者参与"制造"，因此，进入一个"用户的创造=企业的制造"产品的时代，如图1-23所示。

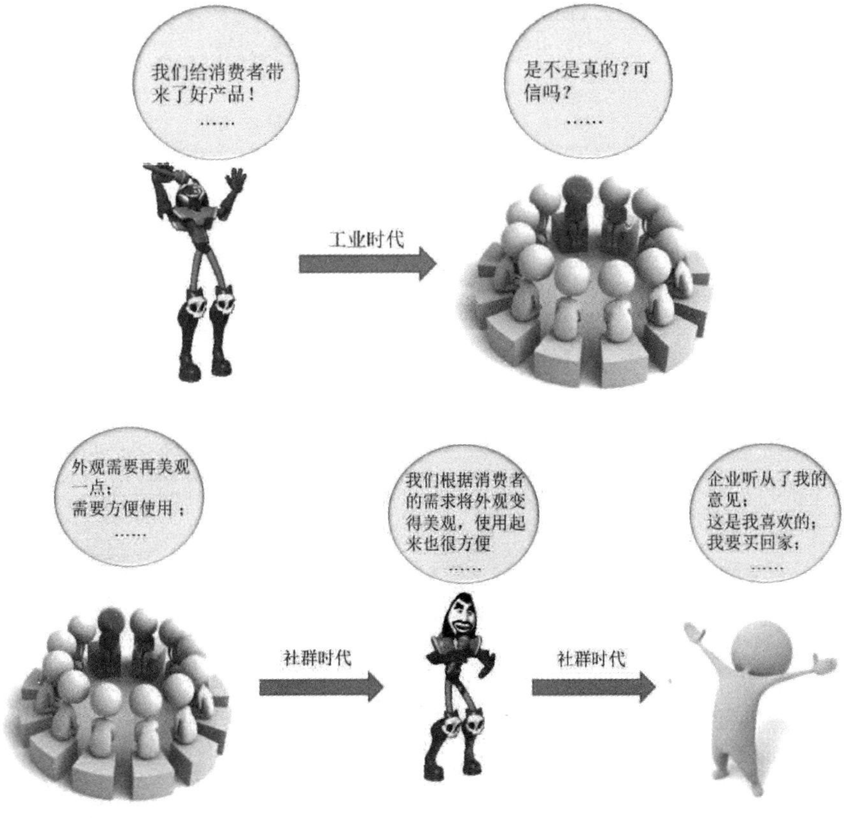

图1-23　工业时代与社群时代的区别

社群时代的特征是企业让用户来参与、提供对产品需求的过程，或者是邀请用户来参与到解决消费需求的工作中，企业需要为消费者设立"吐槽社群"和"创新社群"，通过这两个区域的言论，企业可以从中吸收精华，放到产品的制造中，如图1-24所示。

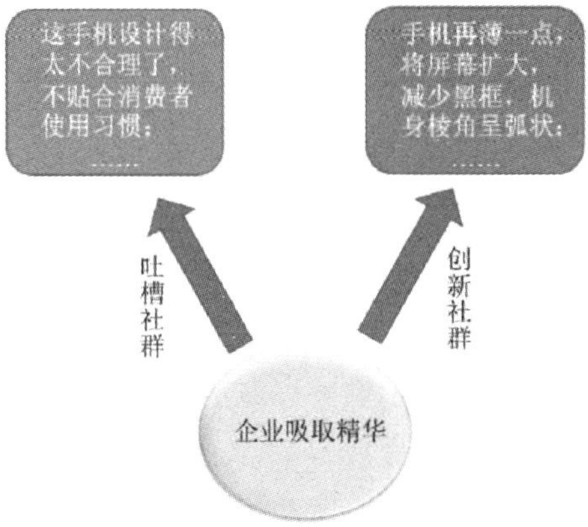

这手机设计得太不合理了，不贴合消费者使用习惯；

手机再薄一点，将屏幕扩大，减少黑框，机身棱角呈弧状；

吐槽社群

创新社群

企业吸取精华

图1-24 从两方面吸收贴合消费者需求的产品制造

懂得将这些社区的消费者内容为创新所用。"吐槽社区"和"创新社区"，就是消费者痛点的发掘之地。

例如，大众建立了"大众自造"平台，它是由大众汽车品牌面向中国公众而打造的一个Web 2.0大型网络互动社区。

公众可以在网络上实现汽车设计的灵感激发、知识分享、虚拟现实造车、互动交流、创意主题竞赛、投票评选等多种沟通需求，这是大众汽车以社群的方式，提供人与人之间、用户与企业之间、消费者与产品之间的交流平台，以汽车为出发点，聚集人群进行沟通，给予企业一个更为生动、直接的创新渠道，如图1-25所示。

图1-25 学生协助"大众之车"的创造过程

在2011年5月至2013年5月，就吸引了1 400万用户的访问，贡献了25万个造车创想，通过这个平台可以得到很多车的需求。

1.3.3　众筹=角色转换

"众筹"是指向群众募资，以支持发起的个人或组织的行为。而群众募资被用来支持各种活动，包含灾害重建、竞选活动、自由软件、创业募资、艺术创作、设计发明等。一般由3个因素构成，如图1-26所示。

而社群"众筹"具有低门槛、多样性、依靠大众力量、注重创意等特征，但它并不是一种单纯的投资行为，而是一种有资金、认知、时间盈余的精英社群成员彼此分工协作，互相提升价值的项目实操的过程。

社群"众筹"的核心在于社群成员对一个项目的贡献度、智慧、精力等志愿者精神才能让项目维系下去，而最终的盈利点也是多元化的，除实实在在的金钱收益之外，社群成员之间彼此的价值互换和人际关系、资源、经验等隐性提升也是关键。

例如，乐视与罗振宇一起构造了"罗利"，以免费赠送乐视超级电视，来获取不少"罗辑思维"的会员。乐视的这一做法也属于众筹的一种范畴，它以免费赠送乐视超级电视来资助罗振宇获取会员，表面上乐视这么做是亏了，其实并没有，只是获取的盈利并不是金钱，而是人际关系上的增添，如图1-27所示。

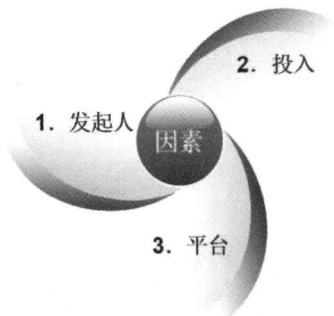

图1-26　"众筹"的构成因素　　　　图1-27　乐视"众筹"的盈利

TIPS:

"罗利"，是指在2013年10月12日"罗辑思维"面对会员发放的福利，规则是在活动当天，通过微信抢先提交自己的会员信息，前十位者则获得"罗辑思维"提供的"福利"一份，而这份福利就是乐视免费提供的乐视超级电视。

于是乐视身份发生了转变：企业→众筹人→盈利的商家；而罗振宇的身份也发生了改变："罗辑思维"社群领导人→发放福利者→间接乐视代言人→获

得10万会员→获得盈利的成功者。

社群"众筹"还有一个核心思想就是：通过互联网，还可以把原本分散的消费者、投资人挖掘和聚拢起来，为那些创意、创新、个性化的产品找到了一个全新的生态圈。

例如，在2014年3月，阿里巴巴联手国华人寿推出了"娱乐宝"，以"全民娱乐，你也是出品人"为宣传标语，让影视和游戏爱好者可以用很少的资金来投资，将众筹这个当时还很新鲜的模式引入大众的视线。

在本质上，"娱乐宝"是一个理财产品，可在模式上，"娱乐宝"是一个众筹的娱乐类基金产品。处处体现出了"众筹"的个性化、定制化、分散化，改变了消费者的角色，让粉丝、社群都可能成为创新商业的推动者和投资者，这就是一个新的社群商业趋势，如图1-28所示。

图1-28 "娱乐宝"

总之，社群众筹，是指将社群成员、投资人、社群领导者的角色转换，因某一个具有创意、个性化、有发展潜力的项目而聚集起来，将自己身份转换成为投资者、参与者。

1.3.4 社群+情景=触发

如今，互联网已经深入人们的生活，而不少的企业看中了互联网这块大"肥肉"，纷纷向互联网进军，从而在互联网上出现了很多类似的产品，使得消费者需要精挑细选，才会决定购买产品。

对于消费者来说，选择的机会多了，往往都会选择那些口碑好、能触发他们情感的产品，所以企业就要抓住消费者的消费习惯，例如，可以往情景发展，触发消费者的情景需要，使得他们购买产品。

例如，唯品会宣布，从2014年起的每个周末，都会与"我是歌手"同步推出一档网络购物活动"我是买手"，让用户边听《我是歌手》7大明星歌手最强音，边抢"我是买手"每期7大明星品牌以0.7折起售的连贯娱乐体验，并邀请人气星爸张亮担任活动大使，触发粉丝情感，从而使得粉丝去参与"我是买手"的抢购。这就是情景营销。

TIPS:

简单来说，情景营销就是抓住消费者在日常生活中的某个"相似的瞬间"来做推广，这样更容易使得消费者接受相同的宣传，而不会受到其年龄、性别、收入等因素的影响。

当社群营销与情景相融时，已经没有了"广告"的存在，而是让社群成员直接认为产品的存在，是为了解决自己的需求，社群里推送的消息是为了解决自己的问题，是便利生活的需要。

所以，在社群营销+情景的融合下，一定是精选的产品、有创意的产品、能触发消费者情感的产品，其本质，如图1-29所示。

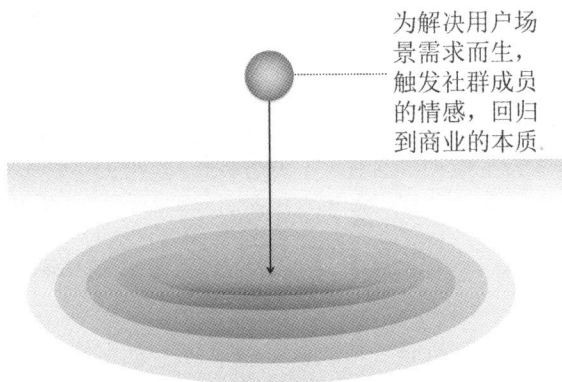

为解决用户场景需求而生，触发社群成员的情感，回归到商业的本质。

图1-29　社群营销+情景的本质

对于社群营销来说，触发社群成员的情景需求，能实现物品与人之间的快速连接，从而促使整个购买行为的形成。

也可以这么认为："一个情景就是一个产品，一个产品就是一个社群"，在情景时代，运营产品就是运营社群，而在社群时代，则情景就是触发社群成员情感的阀门，不管重点运用哪种营销方式，社群与情景都是不可分割的一体。如将社群+情景融合在一起，定能触发社群用户的情感，得到精准性。

社群+场景模式的运营，必须要抓住以下3点，如图1-30所示。

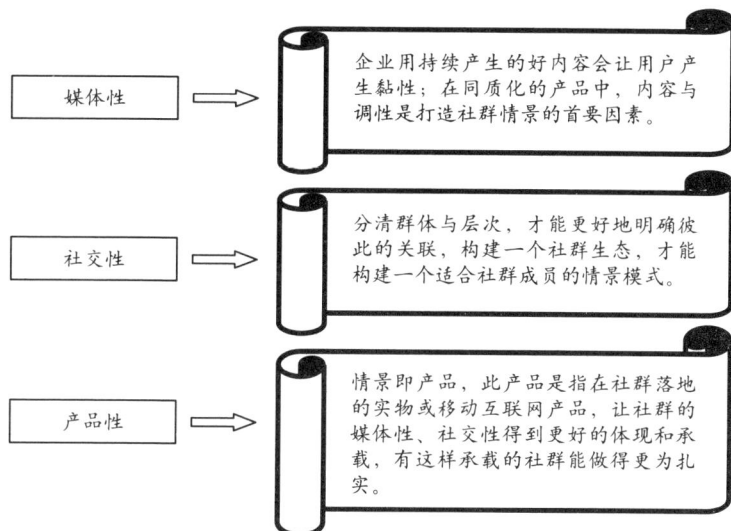

媒体性 ⟹ 企业用持续产生的好内容会让用户产生黏性；在同质化的产品中，内容与调性是打造社群情景的首要因素。

社交性 ⟹ 分清群体与层次，才能更好地明确彼此的关联，构建一个社群生态，才能构建一个适合社群成员的情景模式。

产品性 ⟹ 情景即产品，此产品是指在社群落地的实物或移动互联网产品，让社群的媒体性、社交性得到更好的体现和承载，有这样承载的社群能做得更为扎实。

图1-30 社群+场景模式的运营需要抓住3点因素

TIPS:

情景产品可包括，实物产品和移动APP、微信公众账号在实物产品上贴上二维码打造礼品经济，而线下场所创新空间就更大，面对一个社群群体，可以通过更多的方式进行联合跨界落地。

总之，现实生活已经被细分为各种情景，情景的兴起是社群营销的趋势之一。各种垂直生活类APP的大量出现也是这一趋势的体现。情景即产品、产品即社群，这充分证实了社群+情景=触发的营销趋势。

1.3.5 实时响应+服务=营销

社群，是以"人"为中心的一种营销方式，人与人之间点点相通，成为随处可在的信息节点。作为企业，不是失去了信息不对称时代的优势地位，失去话语权，而是融合在"人"的里面，以朋友、社群中一员的身份与社群成员一起交流、学习。

很多企业，打破了企业与"人"的边界，以及时响应客户服务，来实时地回应、响应社群成员所表达出来的需求，与社群成员产生互动。

很多企业选择在微信上建立社区，运用微信公众号上的客户服务，及时回应社群人员所需要解决的问题。目前很多行业，特别是银行、快递的微信公众账号，基本都推出了微信客户服务功能，企业只要将信息与微信客户端捆绑，就能使得消费者直接查询进度与数据方面的信息，便捷快速，下面就来讲解3个关于社群实时响应的例子，如图1-31所示。

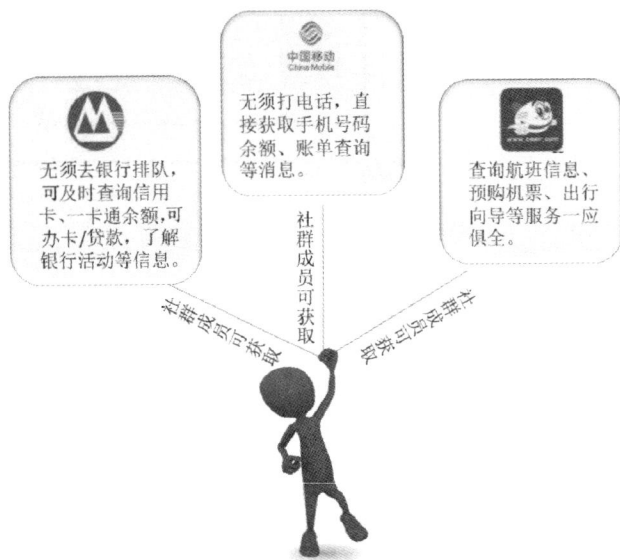

图1-31 社群实时响应的例子

（1）招商银行在微信公众号上推出微信客户服务，人们只要将信用卡、一卡通与招行的微信客户端捆绑，就能通过信用卡"微客服"完成余额查询、账单查询、贷款/办卡等业务，在这个平台上人们可以随时满足自己的需求，打破了地区限制和时间限制，如图1-32所示。

图1-32 招商银行社群实时响应服务

TIPS:

实时响应的服务，是给社群成员一种情景上的体验，若响应速度快、内容质量高，则能在人们心中有一个好的印象，好的服务态度能决定人们是否继续使用其产品，所以社群营销绝对不能落下实时响应服务。

（2）湖南移动在微信上创建了"湖南移动和你在一起公众号"，在这个公众号上，提供了查询服务、办理服务，湖南移动用户再也不用频繁拨打10086去查询自己手机号码的相关应用了，减去了麻烦，增添了快捷，如图1-33所示。

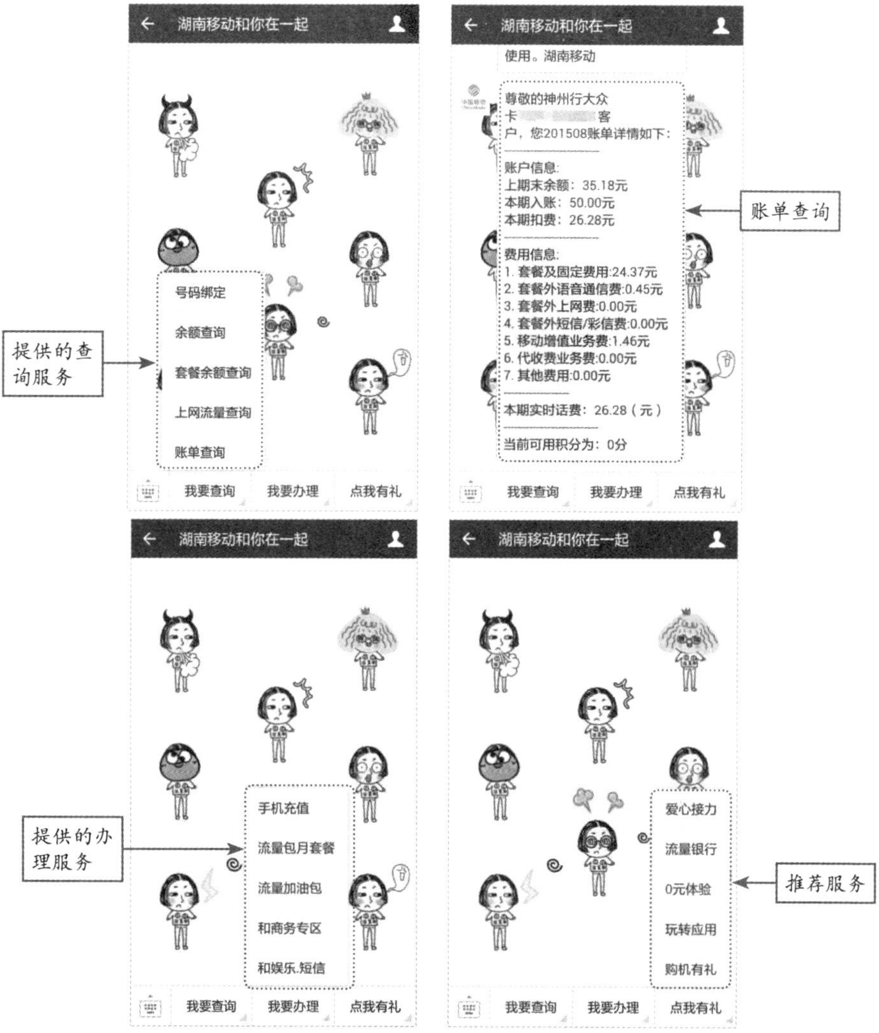

图1-33 湖南移动社群实时响应服务

（3）南方航空的微信账号可以提供办理预订机票、登机牌、航班动态等服务，这些实时相应的服务，将带给社群用户全新的体验。

假如人们需要查询2015年8月12日，从北京到重庆的航班动态，就可以点击"航班动态"按钮，进入航班动态查询页面，填入需要查询的信息，点击"查询"按钮，即可跳转到当天北京到重庆的航班信息，如图1-34所示。

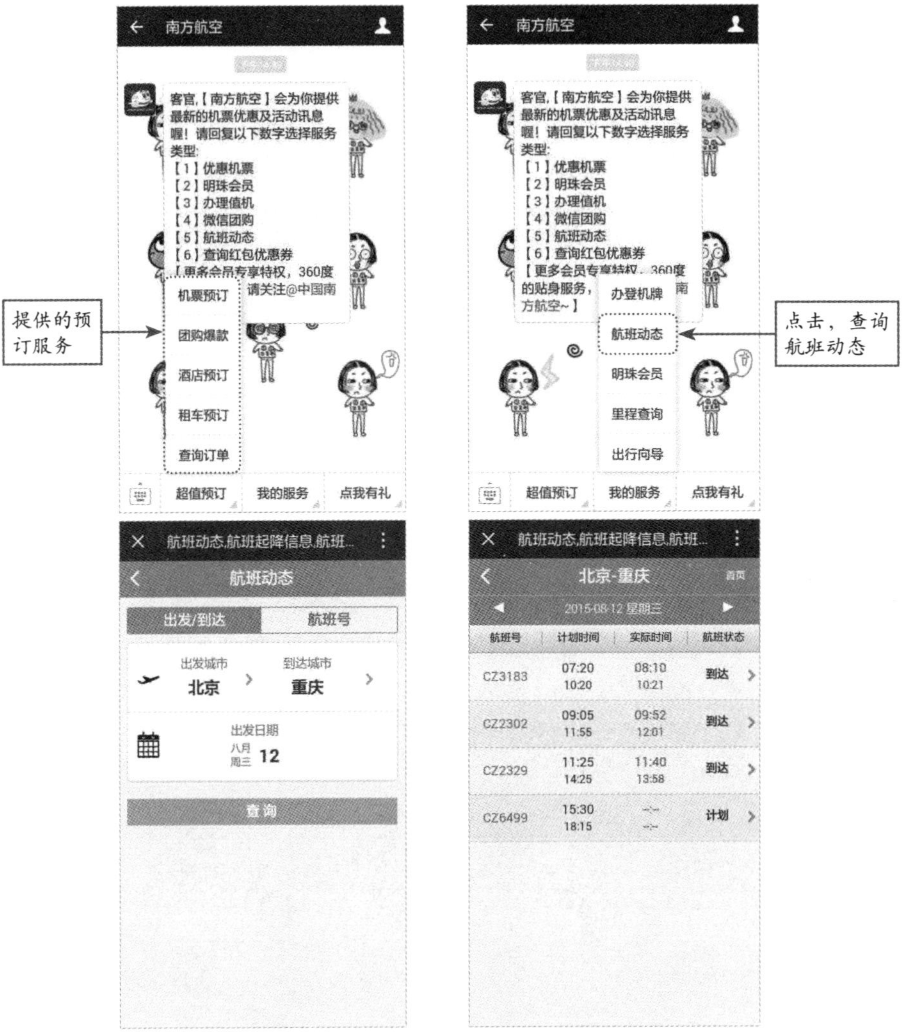

图1-34　南方航空社群实时响应服务

1.3.6　数据+协同=打破边界

如今，是一个数据大爆炸的时代，尽管所有的企业都各自拥有属于自己的数据管理中心和体系，但是，各种平台不同层面之间的数据各自独立，于是出现了"大数据孤岛"的局面，这是不少企业所面临的重要问题。

虽说社群所涉及的数据可能没有企业所需要得多，但是同样也面临着数据之间相互独立的问题，用户数据与后台数据之间，线上数据与线下数据之间，社交媒体数据与线下的零售数据之间，会员卡数据与微信粉丝数据之间等，都存在需要协同的问题，只有基于用户数据为中心，打破组织和部门管理的边界，带来全面的用户协同，才能让社群真正体会到大数据应有的价值。

但是，打破边界，对于很多企业而言并不简单，几乎都存在内部文化造成的极大挑战。然而，在未来，用户协同的界面对于企业创新和营销却是必然需要面对的改变，这需要企业各自想出方法，真正打破这一边界。

1.4　【商业案例】小米模式核心：别人先做产品，小米先聚用户

小米手机之所以名气大，是因为产品的背后有个大的圈子在支持着，并且圈子里聚集的人群有一大部分是"铁杆粉丝"，不管别人怎么看小米，他们都会一如既往地支持小米、爱着小米，这就是小米手机名气高的原因之一。

小米的营销模式，与其他企业的路数完全不同："别人先做硬件，小米先做软件；别人先做产品，小米先聚齐用户"，就是这样一个路数，开创了一次史无前例的先河，从而慢慢引申出了社群营销的概念。

下面就进行深挖，来看看小米是怎样做到先聚齐用户然后获得盈利的。

1.4.1　软件+建立感情=用户要求出产品

小米用了将近1年的时间做MIUI，MIUI是一种手机系统，是在安卓系统上的第二次开发，并且值得注意的是，MIUI系统是小米企业每周与用户进行沟通，根据用户的需求，与用户一起研发的一种手机系统。

通过这种方式与用户进行沟通交流，并采纳用户的创意、感受、需求等信息，来完善MIUI系统，使用户对MIUI产生了感情。

于是之后就有了2011年8月16日小米1的发布，有了50万的支持粉丝的事件，那么小米怎么突然做起手机来了呢？为什么小米1一出世就能拥有如此多的粉丝呢？这是因为有用户觉得将MIUI放在其他手机上应用会感觉不舒服，于是就向小米提议生产手机，并且说出"你出手机，我就买"的狠话，这无疑给了小米制造手机的勇气，于是就产生了小米手机问世之前就拥有50万用户的盛况。

所以说，小米这是"软件+建立感情=用户要求出产品"的营销路数，当然这种路数的成功是基于一个聚集用户、粉丝的社群之上才能实现的。

1.4.2 刷机+天使用户=核心粉丝

小米为了找到自己的忠实粉丝，就在手机论坛上找了1 000个人，将他们拉近小米的论坛里，并要求他们将自己的手机系统，刷成小米的MIUI系统，完成刷机工作，可是对于手机来说，刷机是存在一定风险的，手机很容易出现无法开机、开机死机、使用过程卡顿等问题，所以很多人都不会愿意接受刷机。

虽然有一大部分的人不愿意接受刷机，但还是有100个人愿意把自己的手机操作系统刷成小米的MIUI操作系统，于是这100个人就成为小米第一批的天使用户，并且他们的名字都出现在了第一版小米手机的开机页面上，在小米三周年时，小米还专门为这100个天使用户拍摄了一部微电影。

于是这100个人就成为小米社群的起点，而这100个人对小米的忠诚度是一览无余的，所以这100个人也是小米的核心粉丝。

小米的这一举动，也打破了传统品牌的传播模式，成就了一个新型的品牌传播模式，如图1-35所示。

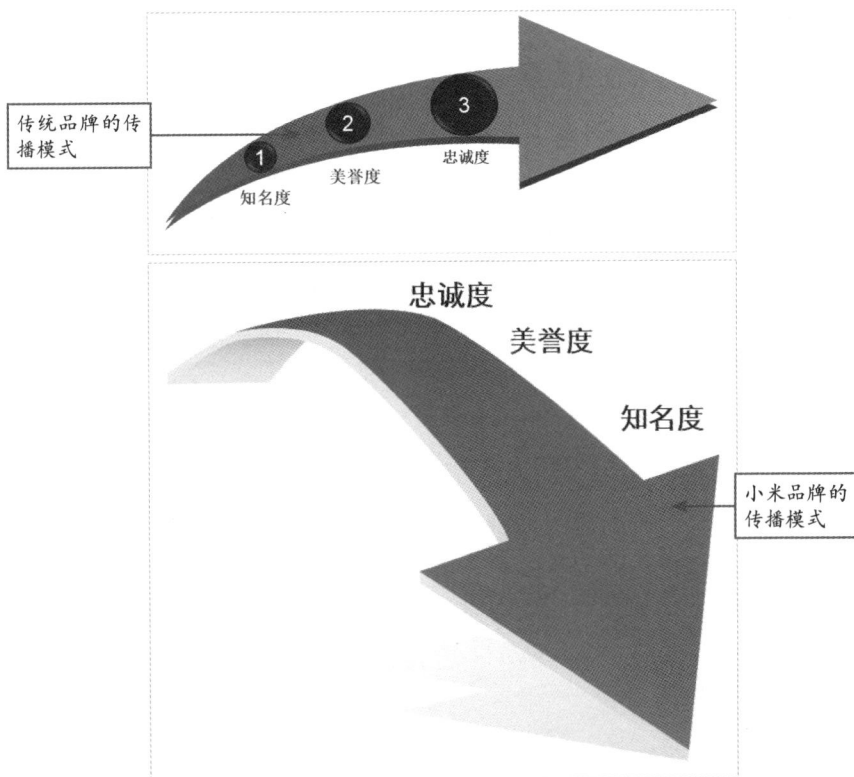

图1-35　传统品牌的传播模式与小米品牌的传播模式

1.4.3 社群+O2O=与粉丝增进感情

社群O2O，是指社群运营既要做线上，也要做线下，或者线上线下结合起来做。而小米的社群O2O，在线上有一个小米论坛，小米论坛是小米用户的聚集地，大家可以在论坛里讨论关于小米的一切事物，小米第一拨50万用户都是在论坛里完成积累的。

例如，在小米社区一篇为"80万台！12小时！红米Note2创首卖新纪录"的帖子，就有783 473人浏览，32 778人评论，可见小米社区里每天的人流量是非常巨大的，如图1-36所示。

图1-36 小米社区

在线下，小米还举办了"同城会"，聚集一个城市的"米粉"，小米与他们一起进行活动，有时是公益、有时是大型户外等能调动"米粉"情绪的活动，如图1-37所示。

图1-37 小米"同城会"

此外，小米还会为用户举办年度庆典"米粉节"，在活动中小米的合伙人也会亲自与"米粉"一起参与其中，增强小米与粉丝的感情。

1.4.4 参与感=销售

在小米的观念里，"参与感=销售"，在小米论坛上，大概有60万发烧友粉丝参与了MIUI手机操作系统的开发和改进，而参与MIUI测试的就有10万用户，而这些产品测试员，还成为小米手机的销售渠道。

对于小米来说，其销售就是参与感，小米有一个清晰的定位："聚集多人的智慧做大家能够参与的一款手机，这种荣誉感是他们推销小米很重要的动力"。

并且小米的参与感从以下两个方面出发，如图1-38所示。

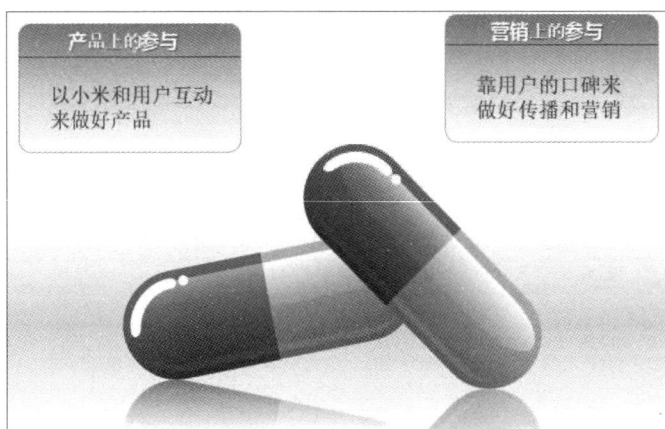

图1-38　小米参与感的两个方面

总之，小米成功建立社群，分为3个步骤，如图1-39所示。

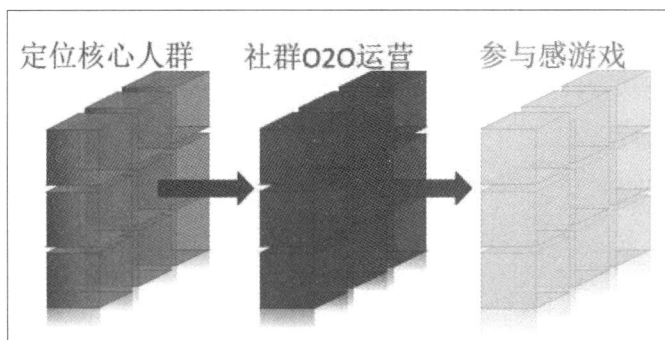

图1-39　小米建立社群的步骤

第2章

变革传统：PC互联网时代的社群营销

PC互联网时代的社群营销是互联网时代的变革，将原本以"流量"为核心的营销方式，带领到了以"群"、"人"为本的营销模式，将场景、小而美等模式带到了企业的面前，让企业的营销效率向高效出发，让企业更加接近消费者。

2.1 PC端：特征与生态

从社群的定义上来看，它可以是指实际的地理区域或是在某区域内发生的社会关系，或指存在于较抽象的、思想上的关系，也可以用来表示一个有相互关系的人际网络，下面就来了解在PC端下的社群3个要素和5个社群生态。

2.1.1 PC端下的社群特征

PC端下的场景、社交平台、去中心化开始生成社群，因多元、平等的连接产生，社群商业开始影响和改变社会经济形态，逐渐成为主体。

传统意义上的社群与地域相关，但互联网的发展早已突破地域限制；互联网意义的社群，具备3个特征，如图2-1所示。

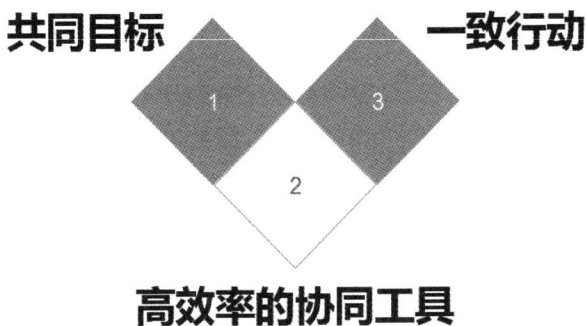

图2-1 PC端下的社群意义的3个特征

1. 共同目标

共同目标，是指人们利用自己独有的调性、格调去寻找属于共同调性的人群，做到让对的人在一起。在PC端下的社群，必须要社群成员协调合作，才能完成社群的建设。

例如，百度百科，就是一群人通过分享自己的知识，才能将一个知识大宝库建立起来。又如，一本用户协同生产而创造的健康食谱"美食杰"，里面所有的菜谱都由用户自己来生产的，将读者和作者融合在了一起，让用户加入生产的过程中，这也是一个非常好的"共同目标"例子。

在PC互联网时代的社群，主要的形态是社区、论坛，让人们能在一个终端上面，与远隔千里、志同道合的人群一起围在圈子里谈论自己感兴趣的东西，因"共同目标"，彼此之间连接在一起。

就拿企业需要打造团队来说，有人做过一个调查，就是问团队成员最需要团队领导做什么，然后从答案中可以发现"目标"在打造团队过程中的重要性，这是团队所有人都非常关心的事情，如图2-2所示。

图2-2　得到的答案

因此，人们的共同目标是一个有意识地选择并能表达出来的方向，它运用于团队成员的才能和能力，能促进组织的发展，使团队成员有一种成就感。

而PC端下的社群营销也是同样的一个道理，社群成员需要有一个共同目标来表明聚集在一起的意义，并且这个意义能够为企业在社群运行的过程中提供决策参照物，为社群成员提供一个共同交流、评论的焦点。

2．高效率的协同工具

在PC端可能没有手机这样能紧贴用户的工具，但是人们也是需要空间感的，在协调的同时，还是需要高效率的，而这里的高效率，是指需要给人们一些休息时间，不做"低头族"，给人们一个健康的社群体验。

人们依旧可以在贴吧、微博、论坛上时不时地逛一逛、看一看，一起和其他用户参与讨论、形成交流，认识更多的朋友。

3．一致行动

人们在具有"共同目标"和"高效率的协同工具"的情况下，想要"一致行动"是不会那么难的，只要企业的社群在一个流量高的平台工具上，并且社群里是聚集了一群有共同目标的人群，就能促进社群的稳定性，增强社群成员之间的团结协作。

2.1.2　PC端下的社群生态

PC端下的社群，是由一个个共同爱好的人群建立起来的，不同的社群具有不同的定位和性质，一般来说有5种社群生态，如图2-3所示。

1. 媒介生态
2. 兴趣生态
3. 产品生态
4. 品牌生态
5. 知识生态

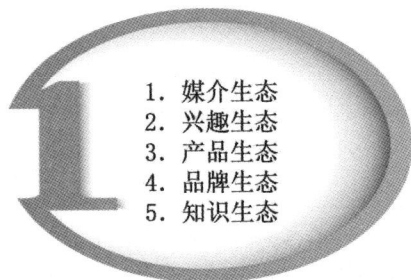

图2-3　社群6种生态

1．媒介生态

社群需要具有媒介才能成功地进行，而有哪些属于媒介呢？例如，魅族为自己的用户建立了一个社区，而这个社区就是魅族社群的媒介，如图2-4所示。

图2-4　魅族社区

由此可知，社群媒介就是能提供人们进行社群交流的平台、工具。在PC端下典型的社群媒介，如图2-5所示。

图2-5　PC端下典型的社群媒介

如今社群无所不在，社群已经成为了人们生活中减压、生活的一部分，基于成熟媒介下的社群，已经成为人们的日常必不可少的标配。

媒介社群生态，具有3种特点，如图2-6所示。

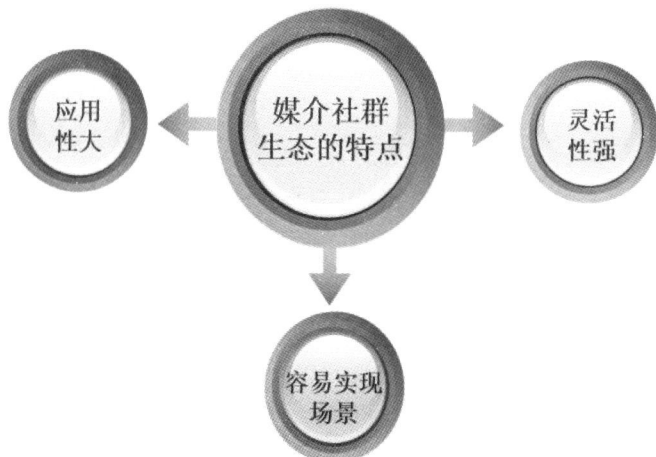

图2-6　媒介社群生态的特点

媒介社群可以如同社交软件一样进入人们的生活中，变成一种加强实时沟通、互动感的工具，完全服务于人们特定场景的构图需要。

2．兴趣生态

兴趣生态，是指以兴趣为核心来创建的社群。突破时间、地点的界限，将各地的人群聚集在一个社群里，而聚集的原因是因为"同兴趣"，使得社群具有无限的延展性。

而兴趣生态，是人们在一个平台上自由组织起来的社群，并且都是一群志趣相投的小伙伴聚集在一起，快速地建立起兴趣生态蓝图。

例如，2015年4月改版的着迷网，由"内容"转向"用户"的价值升级，凸显出"简洁化、开放化"理念，将兴趣化社群体现得淋漓尽致。

依照用户的浏览习惯和兴趣来重新划分"资讯区"、"着迷评测"、"着迷WIKI"板块的内容和排序，如图2-7所示。

在WIKI板块中强化了"用户生产"的内容，更好地满足用户本身的需求，通过3种并行的方式，在兴趣生态下积累了高质量活跃用户，如图2-8所示。

图2-7 WIKI板块的内容和排序

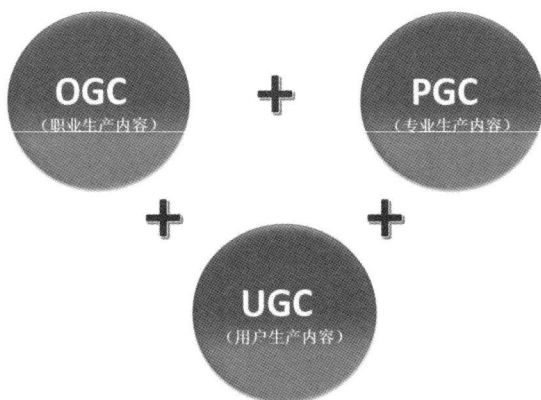

图2-8 兴趣生态下并行的3种方式

着迷网新版首页版块划分相比之前来说更清晰，能帮助用户精准匹配到感兴趣的内容，提高用户浏览的效率，并且还根据不同人群将内容进行个性化划分，例如，新增了"男生最爱"和"女生最爱"兴趣标签，如图2-9所示。

图2-9 "男生最爱"和"女生最爱"兴趣标签

这样一种由专业游戏网站推荐的内容，能提升用户获取信息效率，并提升页面的交互性，使用户简明查找所需内容。

着迷网新版首页对重要业务"着迷WIKI"进行了全新规划，正在不断拓展至更广泛的兴趣领域，不限于游戏和动漫，更有DC、二战、羽毛球等兴趣领域的探索，如图2-10所示。

图2-10　"着迷WIKI"新增兴趣领域

"着迷WIKI"为用户提供了分享信息的平台，并且还推出了"WIKI贡献者"的荣誉，当用户分享信息时，此荣誉就会呈现在页面上，让用户的荣誉感倍增，也正是因为"着迷WIKI"能提供用户分享信息的功能、提供与其他用户交流的平台，才让"着迷WIKI"变成了一个真正"好玩的"用户专属兴趣社群生态。

总之，改版后的着迷网，加强了UGC，便于用户在"着迷WIKI"分享内容，以便吸引更多的用户来加入到这个基于兴趣的社群中。

3．产品生态

虽然产品社群生态并非互联网时代企业生存的唯一方式，但这条路径是目前被验证的、且符合逻辑推演出来的一种路径。

产品社群生态就是让产品不仅承载了自身的功能属性，还能承载社群中的趣味与情感属性，让产品变成一个连接中介，让社群因产品而聚合成一个成熟的社群。

优秀的产品能直接给企业社群带来可观的用户、粉丝群体、顺利开展业务，从而实现利润递延。当企业能够经营自身的产品社群，如果做到如图2-11所示的两点，那么未必需要通过产品直接盈利，还有更多的盈利方式可供企业探索。

图2-11　产品社群生态需要做到的两点

产品社群生态已经有了一些成功的实践，例如，在互联网时代，罗永浩的异端气质与工匠精神让他集结了一个关于锤子手机的社群，而锤子手机则是罗永浩与社群相连的一种媒介。

在这个社群里不仅有一群热捧锤子手机的人群，甚至还出现了未曾谋面就肯愿意为锤子手机埋单的用户，可见产品意识早已深入人心。锤子手机也许只是一款小众的手机，但在未来，也许这种"产品即社群"，即只为某个社群定制符合社群精神产品的商业实践会越来越多，从而成为常态。

4．品牌生态

品牌社群生态是以消费者对品牌的情感体验为联系纽带，是产品社群生态的一种延伸，社群成员都是因为认同品牌的价值观而聚集在一起的，通过交流、互动从而产生强烈的心理共鸣。

例如，"罗辑思维"在一年内，它由一款互联网视频产品，逐渐延伸为互联网趋势社群品牌。

又如，星巴克的品牌社群运营非常的成功，通过互动社群、微信公众号、在线游戏等创意营销，建立了强大的粉丝团体，除了星巴克的创意营销之外，都不能排除"品牌"效应对星巴克社群营销的作用。

总之，品牌社群生态的本子就是一种以社群成员为中心的关系网，通过社群成员对品牌的感情而产生的经济效应。

5．知识生态

"知识就是力量"，对于社群来说，知识也是一种生态环境，人们会因为知识的魅力而聚集起来，一起学习、交流。

例如，"知乎"、"百度知道"等就是典型的知识型社群，通过网友问答和知识分享，为社群成员不断提供高质量的知识信息。

2.2　连接：变革与互联网社群形成

PC端的兴起，互联网开始慢慢地变革，待互联网有去中心化的苗头起，社群才慢慢出现在人们的视线之前，下面就来详细了解社群营销的形象。

2.2.1　多元化的场景社群

随着PC互联网的发展，已经从单一的Web连接，开始了3种多元连接替代的模式，使得大众逐渐消失，场景化的社群屹然出现，如图2-12所示。

下面就来进一步了解多元化的场景社群，如图2-13所示。

图2-12　3种多元连接替代的模式

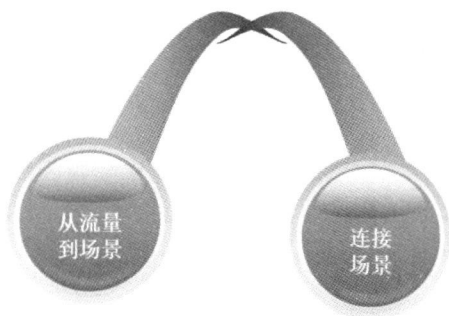

图2-13　多元化的场景社群

1. 从流量到场景

在PC端互联网中，流量模式开始失效，场景模式因去中心化悠然升起，用户开始成为一个个精准的人，任何地理位置、时间、环境等要素企业都能在社群中得知。基于云计算、大数据可将用户的需求、喜好、消费习惯等了解得清楚明确。

传统互联网基于流量构建的商业模式在PC端互联网上似乎没有多大的效果，PC互联网社群是基于共同喜好的聚合，使得流量时代逐渐远去，以场景触发为基础的场景时代已经来临。

例如，京东携程成为传统流量模式的终极版，用户越来越愿意为特定的场景解决方案埋单，而不只是价格敏感的商场式购物。

2. 连接场景

互联网快速发展，将人与一切的关系重新进行了定义，包括企业与用户、用户与用户、用户与产品的关系等，使得连接变得多元化。从而使得新的生态链开始形成，用户成为"生产者"，交易以社群"参与感"为起点。企业组织架构以社群为主，向多元化连接而发展。

多元化的连接，催生了场景的出现，越来越快的节奏与海量的信息，使得用户只能对场景化的信息作出反馈。

并且用户生活中的某个环节、某种生活方式、某种特定需求，用户需求的社群化，能使企业的研发模式、生产模式、营销模式发生变革，企业组织、生态链、客户关系等都将转为社群化管理。

2.2.2 虚拟社群下的真实性

互联网是虚拟物品，但是它能接触到人们真实的生活中去，而一个真实性强的社群，是具有灵魂的，而这个灵魂是基于社群成员的共同目标而形成的，促使社群成为一种直接化的真实性社群，将社群的生成和维护变成可行性的营销模式。

PC端上的社群，可以让企业直接面对消费者，去掉那些烦琐的中间端，将消费者的利益扩大化，让生产者可直接与用户发生连接，这样具有更可靠的真实性。

下面就从两个方面来看，虚拟社群的真实性，如图2-14所示。

从形式上来看，网络所营造的群体环境确实带有"虚拟性"。在虚拟社群里，人与人之间的交流，主要依靠电脑实现互动，实现从"人"到"机"再到"人"的互动关系。

实质上来看，是一种从"人"到"人"的互动关系。

图2-14 从两个方面来看，虚拟社群的真实性

总体来说，虚拟社群在本质上是一种"真实的社群存在方式"，而这种真实性主要来自四个方面，如图2-15所示。

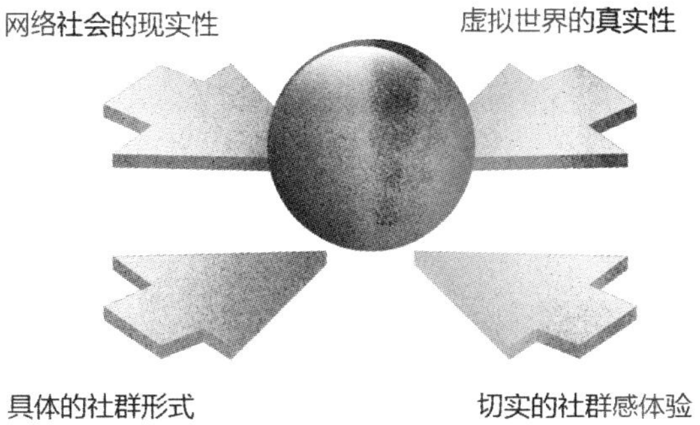

网络社会的现实性　　　　　　　虚拟世界的**真实性**

具体的社群形式　　　　　　　　切实的社群感体验

图2-15　社群真实性的来源

网络社会是虚拟社群的生存环境，网络社会是自由自在的，在PC时代下，社群有3个组成部分，如图2-16所示。

电脑　　　Modem

网友

图2-16　PC时代下，社群的3个组成部分

☀ **TIPS：**

Modem又称为调制解调器，是一种计算机硬件，当两台计算机要通过电话线进行数据传输时，就需要一个设备负责数模的转换，而这个数模转换器就是Modem。

在PC端下的社群，需要让社群成员切实地体验到社群的活跃氛围，这是人们聚集在一起的基本原因之一，人们希望在社群中获得归属感、自豪感、安全感等。

2.2.3　重视社群价值

PC互联网实时工具使协同变得更为容易，基于更平等、更便利的连接，个体具备崛起的基础，围绕个体的社群才慢慢开始形成。

社群经济真正的价值在于"我为人人，人人为我"，凝聚一群志趣相投的人，通过互相帮助、分享、交流，而形成强大的凝聚力。社群就像"梅特卡夫定律"一般，越做越大，将社群的价值无限地放大。

TIPS:

"梅特卡夫定律"是指，如果一个网络中有n个人，那么网络对于每个人的价值与网络中其他人的数量成正比，通俗来讲就是像滚雪球一样，因为黏性，使得某样东西越来越大。

例如，人们在逛百度贴吧时，可能最初是一个问题、一个产品、一个机缘，可是一些人选择了常常在贴吧里逗留，那是因为百度贴吧能将相同志趣、相同爱好、相同才能的人群聚集在一起，把每一个人的价值放大，从而形成一个人人都是主角、人人都会分享的社群。

有一些人在现实社会中不善于表露自己的心声，而在网络社群里却愿意谈笑风生，愿意做暖场的人，这是为什么呢？那是因为社群能够给他安全感，能让他体会到被重视的感觉，在他无助之时，也能给予他鼓励和援助之手。

不管怎样，用户在社群中只要自己愿意，就能无限放大自身的价值，并且还有不少的小伙伴一起在一个圈子里，将自己的圈子放大，吸引更多的志同道合的人，一起将社群的价值放大。

因此，企业在追求社群经济时，需要想到企业能够为社群创造怎样的价值，而不是追求就是意味着追求经济。

企业需要将社群经济拆分为"社群"与"经济"，这样才不会忘记"社群价值"的重要性。

2.3　趋势：互联网社群颠覆未来

互联网在还没有出现社群之时，企业总是需要到处寻找目标人群，大量投放广告，这也使得企业的营销成本大大地提高了，而社群营销的出现，则是一种颠覆未来的企业"救世主"，不仅让企业减少寻找精准用户的难题，还能让他们自己主动找到企业，主动为企业推广产品，对于企业来说，这无疑是减少成本的好方法。

2.3.1　从"小"开始，塑造社群常态

社群的出发点不需要有多么庞大，而是需要从"小"抓起、在精准上体现社群的商业价值，企业需将社群带领到真实性、价值性回归、小而美上，才能将社群变为成功常态。

下面就来详细了解塑造社群常态的3个方面，如图2-17所示。

1．从表现形态来看

随着社群不断的发展，越来越多的企业、商家、教育、交友等社群生态形成。几乎都是由一个小圈子、专业垂直的氛围、稳定的用户群、活跃的社群氛围而慢慢扩大形成，小米如此、罗辑思维如此、魅族依然如此。

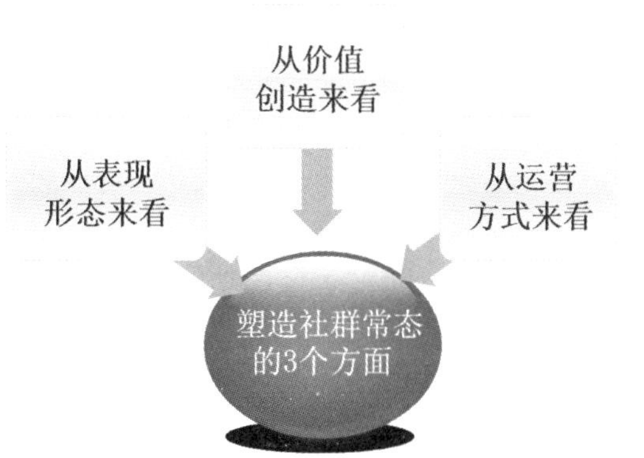

图2-17　塑造社群常态的3个方面

2．从价值创造来看

用户有时候会对企业发布的信息产生疲惫感，他们越来越想要自己来参与企业的产品制造，想要一个属于自己心中所想的产品，想要把自己的创造力融入在社群价值中，于是坚持内容UGC、PGC的社群，与其他普通社群相比，要走得更加长久。

3．从运营方式来看

社群会因为社群成员的需求、兴趣、场景变得越来越垂直细分，信任成为了社群运营的关键，社群成员与企业的交流互动、社群成员对企业的实时反馈，将会促进信任和真实性的形成，也会成为维系社群生存的纽带。

2.3.2　遵从人内心，依托内容

遵从人内心，依托内容，是指以某个社群的目标为核心，推出人们喜欢的、需要的内容信息，让社群成员找到归宿，让他们感觉到自己并不是一个人在生活中战斗。

在社群时代，人们在社群的媒介中，形成了某种共同的心理诉求，因而聚集到一起，共同完成和参与一个事件。

例如，《小时代3》有一部分人群觉得它没有小说好看，觉得就是一部炫富的电影，无法理解电影的含义，但也有众多喜欢郭敬明、郭采洁、沉迷于小说的人群走入影院，一起观看电影版的小时代，享受《小时代》带给消费者独有的人生故事。

在当时，《小时代3》还举办了带有弹幕功能的观影活动，全体影厅的受众通过互动方式参与电影评论，并发到屏幕上，届时《小时代3》不仅仅是一场回忆小说的电影，还是一个喜欢《小时代3》的粉丝的一场现场互动活动。

这次的互动将观众变成用户、电影变成产品，使用户与用户，通过产品产生了强烈的连接作用，实现了人们能及时表达对产品的评论和心声。

互联网的社群时代是遵从人的内心，将适合社群成员的互动活动，展现在社群成员的面前，因此带动参与度以及社群的活跃程度。

2.3.3　PC端下，社群营销模式

在PC端时代，刚开始社群多数处于基于社会关系、朋友关系型互动的躯体，但随着社群的影响力不断的扩大，慢慢地人们意识到社群是基于感兴趣、互动，从而衍生出的经济性群体。

在PC端时代下的社群，人人都可以是明星，企业只有让自己与社群成员打破"企业与消费者"、"企业与用户"的关系，变成"企业与生产者"、"朋友与朋友"的关系，多让社群成员参与到产品的制造上去，让他们的创意有处可去，才能调动社群成员购买产品的积极性。

那么为何他们会买购呢？因为，这样的一个产品加入了他们的想法，是他们心中最为需要的想法，并且还能勾起他们一点点的虚荣心，甚至可能用炫耀的口吻在自己的社交圈子里，营造别人对自己的崇拜感，这些都是使他们去主动购买这样一个融入自己想法的产品的原因。

对于企业来说，在社群中想要触达社群成员的共鸣，就必须做到两点，如图2-18所示。

总之，社群营销在PC端下就是一环扣一环的营销模式，如图2-19所示。

1. 有价值的内容

企业的社群内容必须能营造出一种号召力，才算是有价值的，如果企业能在这个领域里面有话语权，企业讲的东西都能够说服社群成员，这就是吸引用户的一个关键点。

2. 实现协作能力

企业需要将富有创意的内容搬到社群成员的面前，想办法放社群成员主动帮企业进行分享，完成一个社群协作，这样才能使得社群扩大发展。

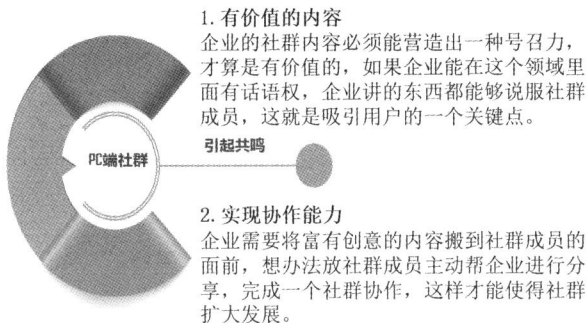

图2-18　引起共鸣

图2-19　社群一环扣一环的营销模式

2.3.4　PC端下，社群运营模式

其实PC端不比移动端下的社群容易运营，移动端可以打破时间和空间的界限，而PC明显在这两点上失去了优势。

但是企业也不能不关注PC端社群的运营，因为PC端下的流量还是比较有"历史性"的，人们是不会一股脑全在移动端上进行社交活动，而是两者兼顾着在自己的社交圈子上进行游走。下面就来了解基于PC端下的社群运营模式，如图2-20所示。

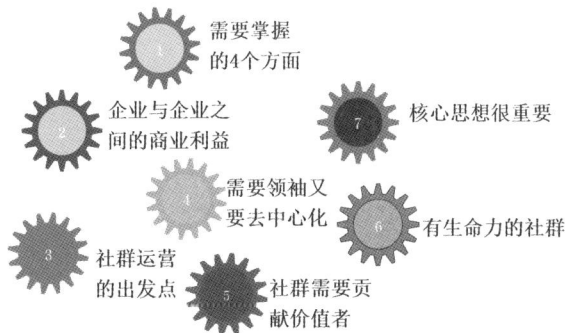

图2-20　基于PC端下的社群运营模式

1．需要掌握的4个方面

社群是以人为核心的生命体，若是社群中的每个人都愿意表达自己的想法，将一些鲜活、张扬、有魅力的想法拿出来与其他成员讨论，那么社群就会变成一个活跃、参与度极高的社群。

届时，企业与这些社群成员一起交流，获取他们的信任，打好与他们之间的关系，让社群变成"失控"的状态，那么企业在社群中的营销活动定能收到社群成员的注目礼。

总之，在社群中企业要掌握4个方面的内容，如图2-21所示。

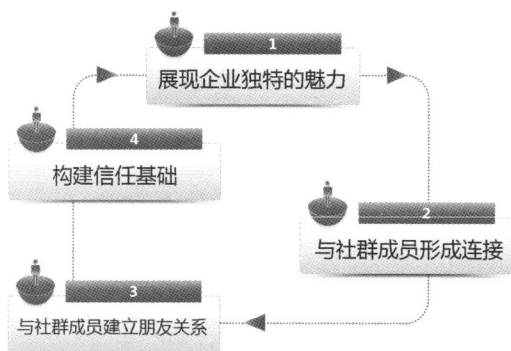

图2-21　企业需要掌握的内容

2．企业与企业之间的商业利益

企业运营社群的价值是建立自己产品场景、打造个人魅力与品牌、透过社群成员轻松经营品牌、产品。企业的价值观是需要打破以前营销的旧规则，创造新秩序、新模式、新魅力人格体。

在社群中，企业与企业之间的利益共享、合作是需要在4个基础下才能完成的，否则企业与企业之间很容易出现分歧，如图2-22所示。

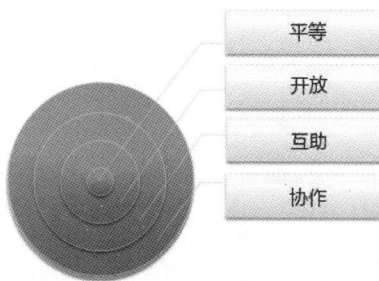

图2-22　4个基础下完成企业与企业之间的利益共享

社群就是企业将一群有共同兴趣爱好的人群聚集在一起，并且这类人群的爱好也与企业的品牌、产品、理念有关，这样才能为企业的社群营销产生影响力。企业还需要边实践边探索每一位社群成员对企业的看法、想法以及建议。

企业与企业之间还能进行合作，相互分享自己的资源，共同将社群营销运行得当，当然每一个品牌的创始初衷不同、条件不同、专注点不同，不一定每一次的合作都能成功，届时企业需要探寻到最适合自己、最适合品牌发展的路径。商业模式的品牌与之合作，最好是具有共同的兴趣，这样才能互相有借鉴，互相有帮助。

3．社群运营的出发点

在PC端下的社群营销的运营可以从3点出发，如图2-23所示。

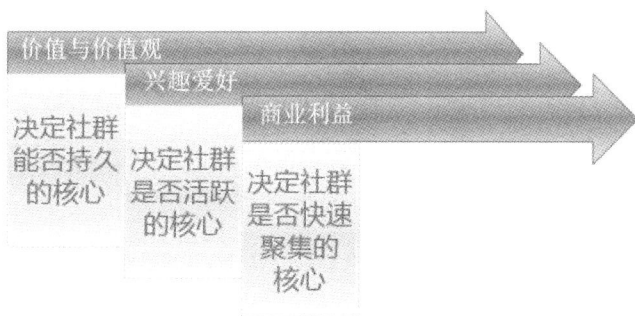

图2-23　社群运营的出发点

4．需要领袖又要去中心化

PC端下的社群领袖只是担当建群者、组织者、指引者，主要的职能是让社群不偏离方向，不迷失价值观，并找到更多更好的资源来反哺社群。

而社群真正主导地位的是每一位社群成员，没有独特只有大众，社群就是要将去中心化展现得淋漓尽致才算是真正的社群。

5．社群需要贡献价值者

社群里不能长久生存价值索取者，在企业社群运营中，价值贡献者才是王道，才能将社群营销的意义展现出来，若社群成员全部都是索取者，那么社群就是一个想把企业"榨干"的普通群，这样社群营销的意义将会失去。

社群想要成功，企业在运营社群时，需要把控社群成员的质量，将那些不会制造内容的群成员踢出去，"社群不必有多大"，只需质量高，才是社群营销的核心运营思维。

6. 有生命力的社群

社群是一个**集众人智慧的生命体**，在PC互联网时代，任何人都可以透过价值和价值观输出，寻找志趣相投的伙伴，基于共同利益建立的社群阵地，经过企业的推波助澜、精心培育，社群即会长成为一个富有生命力的商业体。

例如，小米手机的系统与其说是雷军团队研发出来的，不如说是小米社群生长出来的。若当初没有100个铁杆粉丝，就不会有小米手机、也不会有如今受人喜欢的MIUI手机系统。

7. 核心思想很重要

社群最重要的是起步时的核心思想，并且这个思想能决定企业产品的用户群体的范围，所以第一批进入者必须保持对社群建立者的高度认可，高度认可群文化，这样才是一个好的开头，为以后社群的发展做了良好铺垫。

俗话说得好，"有钱能使鬼推磨"，在这里暂且不说这句话是否正确，但以金钱作为进入社群的门槛也是一种不错的办法，当一个人愿意花费金钱而进入一个群体，就说明他对这个群体充满着热爱，或是非常需要这个群体，当然，这只是代表着一个群而已，并不是一个社群。

不过社群一旦有了核心思想，只要企业精心运行社群，他定会自动成长，就像滚雪球一样迅速变大。

第3章

时代宠儿：移动互联网时代的社群营销

移动互联网时代下的社群，是时代不断变迁的产物，至少在当下，它是不可或缺的营销手段，是企业与用户拉近距离的桥梁，是用户随时随地变成"生产者"的纽带，在移动端的带领下，社群营销可以融入人们生活中的方方面面，本章节将会详细讲解移动互联网时代的宠儿——社群营销。

3.1 社群新经济的崛起

移动互联时代的社群商业模式正初露端倪。社群商业模式的几个关键要素是内容、社群和商业。内容是媒体属性，用来做流量的入口；社群是关系属性，用来沉淀流量；商业是交易属性，用来变现流量价值。用户因为好的产品/内容/工具而聚合，然后通过社群来沉淀，因为参与式的互动，共同的价值观和兴趣形成社群而留存，最后有了深度联结的用户，用定制化 C2B，用交易来满足需求，水到渠成。

3.1.1 新思维商业模式

《罗辑思维》在一年内，由一款互联网视频栏目，逐渐延伸为最先锋的中国互联网知识社群第一品牌。活动、出书、会员"罗利"、C2B定制等一系列创新玩法让行业内外目瞪口呆。

2013年《罗辑思维》首次试水付费会员制度，在6个小时内《罗辑思维》便从粉丝的口袋中，"掏"出了160万元，在第二次会员招募中，仅仅用了一天就"捞"到了800万元。这样的效益，使得不少企业都红了眼。随着时间的推移，人们才慢慢明白罗振宇所说的"新媒体的本质就是社群"，并越来越重视社群营销的魅力。

在未来，《罗辑思维》很有可能会形成一个完全的"社群商业"机制，它可以帮创业者融入一切的东西，如品牌、钱、初始用户、传播渠道等创业者需要的所有因素，任何商业化的禀赋都可以通过"社群商业"机制完整地释放出来。

由此可见，《罗辑思维》已经将"社群商业"看作未来移动互联网时代的新商业模式了，下面就来了解未来的移动商业模式所包含的内容，如图3-1所示。

图3-1　未来的移动商业模式所包含的内容

TIPS:

　　C2B是一种先有消费者需求，后有企业生产的一种电子商务模式，即消费者对企业，通常情况为消费者可以根据自身需求定制产品和价格，或者主动参与产品设计、生产和定价，以彰显消费者的个性化来定制产品、价格等，使得生产企业进行定制化生产。

1. 范围经济

　　在移动互联时代还没有到来之前，企业的产业逻辑以"标准化"、"规模化"和"流水线"为主。

　　随着移动互联网的快速发展，传统工业时代逐渐离去，未来经济与社会组织将不再是中规中矩的"矩阵式"形态，而呈现为移动互联网社群支持下、去中心化、碎片化"网状"模式。

　　在规模经济时代，规模越大越经济，在标准化和流水线的需要下，品种越少越好，而在未来，这个规律很可能将倒转过来，使得互联网经济变成了一种范围经济。

TIPS:

　　范围经济是指由厂商的范围而非规模带来的经济，即当同时生产两种产品的费用低于分别生产每种产品所需成本的总和时，所存在的状况。

　　社群经济、粉丝经济的自限规模，就是未来商业的自觉行为。工业时代过去了，规模经济结束了，社群经济就开启了。

　　而在移动互联时代的新思维商业模式下，吸引大众已经不流行了，而吸引高质量人群，使得他们对企业永不言弃，毫无理由地一直跟着企业、品牌、产品共同生活。例如iPhone，不需要别人懂苹果产品，苹果粉丝不需要苹果对产品的过多宣传，苹果的一举一动都早已被苹果粉丝所关注。

　　由此可见，在某一个范围内的企业粉丝社群，绝对是企业的核心人群，而这些社群成员给予企业的就是无比的忠贞。

　　就像人们对榴莲一样，喜欢的人会很喜欢，不喜欢的人会完全无感，从而将人们分割开来，划为一个圈子，而在移动互联时代的新思维商业模式下，人们会根据自身对品牌偏好，形成不同的小圈子，不同的社群，来为企业品牌造就盈利。

2．物围绕着人转

传统的商业模式是，人们购物就必须到线下的门店中去进行挑选，需要围绕着门店开展活动；而互联网出现之后，人们将线下购买移植到线上，打破了空间、时间的界限，使得电商平台、厂商和物流商围绕着用户需求进行活动。

届时的商业模式就由原本的"人围绕着物转"进化到"物围绕着人转"，于是就有人提出了"未来的商业基于人，而非基于产品"的观点，实实在在地体现出了"人"的核心价值和地位。

例如，在一个社群中社群成员的意见、需求，会被企业采纳，甚至会推出这样的一种产品，如图3-2所示。

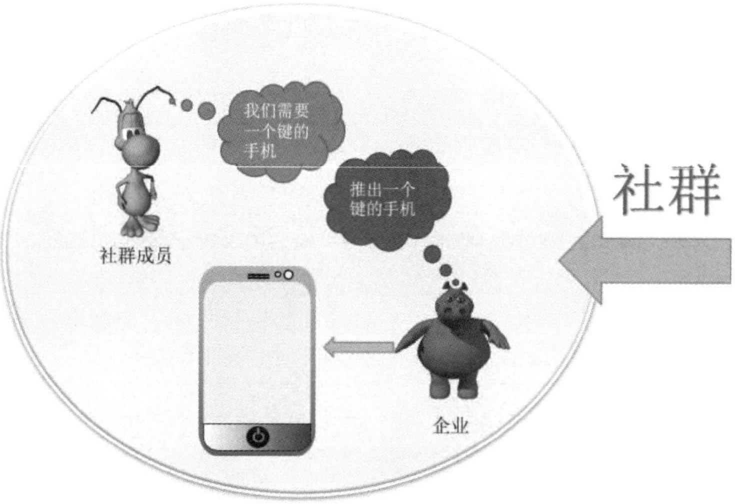

图3-2　社群成员的核心地位

索尼公司解释索尼衰落的根本原因为："新一代基于互联网DNA企业的核心能力在于利用新模式、技术、产品，以消费者的需求出发，高效分析出贴近消费者生活、需求的信息并做出预判。传统企业衰落不是管理能扭转的。而互联网的魅力就是'The power of low end'"。

由此可见，"人"在如今的互联网时代是如此的重要："人"="力量"="企业的兴衰"。

对于已经将社群营销发展成功的小米公司来说，手机只是一个聚合用户的入口而已，它并不是单纯地销售产品，而是在运营用户。这也是社群经济与粉丝经济背后的一个本质区别。

企业需要将产品当作聚合用户的一个入口，在与用户不断的交互中为用户创造持续的价值，从而获得收益。只有如此才能在这样一个移动互联时代的新思维商业模式下，准确理解"物围绕着人转"的内容。

3．消费者转变为生产者

移动互联时代的社群经济，就是一种用户主导的 C2B 商业形态。品牌与消费者的关系成为双向的价值协同，互动即传播成为主力军。例如，小米所提倡的"参与感"，就能很好地体现出在社群经济之下，用户与企业之间的关系和连接。

社群经济下的品牌，是用户主导的口碑品牌，而不是企业主导的广告品牌。互联网时代的品牌是一个个用户评价的产物，是一次次互动中完成的体验，如图3-3所示。

图3-3　社群经济下的品牌延伸

社群经济下的品牌打造方式，是让用户参与到产品创新和品牌传播的环节，使得人们跨越厂商变成实实在在的"生产者"。

尤其在80后、90后的年轻消费群体中，他们更加希望自己的想法、创意参与到企业的产品研发和设计环节中，希望产品能够体现出自己的需要、个性。只要企业能满足消费者转为生产者的这一"大转变"，就能获得一批质量高的粉丝、社群成员、忠实消费者、自主宣传者。

3.1.2　从Foursqure看移动社群

Foursquare简称4sq，自2009年年底以来，Foursquare的新闻就一直没有间断过。

（1）Foursquare在美国的使用人数逐渐成长，达到45万人之多。

（2）Foursquare连续与几家大公司签订合作广告，例如，Marc Jacobs、纽约时报等。

Foursquare是一个近似于真实版大富翁的社群游戏，参与的人需要打开自己手机的网络连线功能，通过GPS（卫星定位）侦测到自己的位置。当人们处在某一个地点（如餐厅、咖啡厅、商场等）连上Foursquare，就可以登入（check in）该地点一次。用户登入一个地点次数越多，就越能在Foursquare获得一些虚拟地位或头衔。

例如，Foursquare用户常常到处跑，则会获得一个"冒险家"的徽章；用户常常去某咖啡厅，则在Foursquare里就能获得该餐厅的"市长"称号。这样一种调动用户使用Foursquare的方法，对于Foursquare来说，是留住用户的好想法。

总的来说，Foursquare是一家基于用户地理位置信息的手机服务网站，并鼓励用户同他人分享自己当前所在地理位置等信息，如图3-4所示。

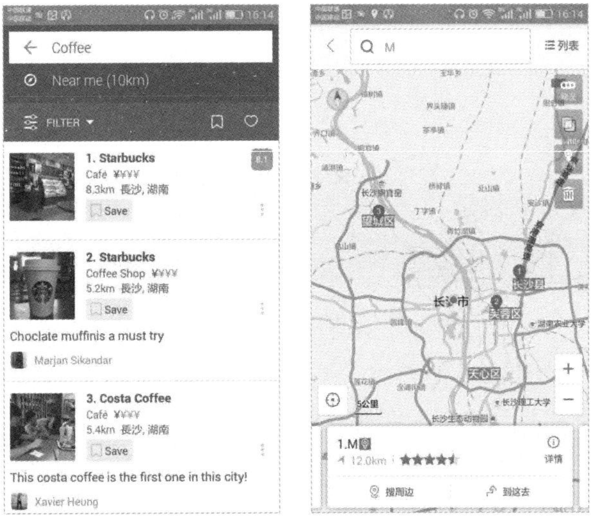

图3-4　Foursquare应用

Foursquare用户界面主要针对手机而设计，以方便手机用户使用，按照官方的说法，Foursquare模式50%是地理信息记录的工具，30%是社交分享的工具，20%是游戏应用工具。

2010年1月，Foursquare解决了地理限制问题，使得用户即使不在家乡也能够在Foursquare上看到家乡的餐厅，让用户不受限制地观察到各地的情况。

Foursquare最重要的功能，就是"知道你的朋友在哪里，在做哪些事情"。用户可以把你在Twitter、Facebook上面的好友拉到Foursquare上，从而在Foursquare上建立起属于用户自己的小社群。

用户可以在Foursquare上看到自己的朋友，在哪个店当上了"市长"；还可以使用户在Foursquare上看到自己最常去的地方，了解"市长"是哪位，大家在该地点的留言是什么，例如，某家咖啡厅的咖啡好喝、某家餐厅服务态度不友好等，并且还可以在Foursquare上与陌生人交流，从中能认识几位志同道合的朋友。

Foursquare这个地理资讯服务的火红，是基于社群与游戏元素相互联手而驱动的。于是又出现了不少基于LBS（Location Based System，基于位置的服务）运作的工具，甚至还出现了能"同时登入多个LBS"的网站。

为什么地理资讯服务会那么火爆呢？这可以从Foursquare与一些纽约店家合作说起。

一些纽约店家发现，他们可以跟Foursquare合作，在Foursquare上宣布只要在该店拿到"店长"徽章的人，就可以到实体店获得一杯免费的饮料，而这一消息发布出去之后，在短时间内就获得了不错的效果。

随着Foursquare知名度的提高，逐渐与许多知名厂商展开广告的合作，甚至用户在赌城Las Vegas，登入某家旅馆，则能在旅馆的大霓虹灯看板上，立刻出现用户的大头照，以及目前在Foursquare上这家旅馆的"店长"的名称。

由此说明，企业只要从一开始就找到可行的盈利模式，那么LBS一定能引起人们的瞩目。

Foursquare的盈利主要通过4大途径，如图3-5所示。

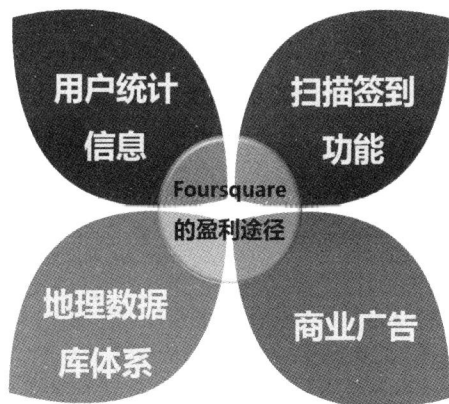

图3-5 Foursquare的盈利途径

1. 用户统计信息

作为全球领先的位置服务商，Foursquare全球用户已突破两千万，它把用户的分享信息视为自身最大的资源财富，针对商家推出了顾客消费习惯分析工具，以便商家了解消费者的活动规律和购物习惯。当然这是一种有偿服务，商户可以根据这些数据，对自己的经营行为进行更好的设计、规划。

用户分享的位置信息越多，各商家对自己潜在客户的了解程度也就越高，这也正好迎合了商家的核心需求，而这一商户服务业务在国内还没有成熟的应用。

Foursquare呈现出的发展曲线，比当年的Twitter还要快。Foursquare成立于2009年，目前拥有超过200万注册用户。

Foursquare用户人数达到100万耗时12个月，达到200万仅用了3个月时间。Foursquare网站"签到"数量超过1亿次。自2010年2月以来，Foursquare每周"签到"数量超100万。

2．扫描签到功能

Foursquare对其基于地理位置的传统签到社交APP进行拆分，一拆为二，发布新的免签到也可定位的Swarm APP应用与"大众点评"专攻推荐找寻场馆地点服务的APP类似。

此次一分为二的亮点出现在Swarm身上，这款涵盖传统签到和查询"附近的人"的APP与之前的版本功能相比，可以在Foursquare用户没签到的情况下查询到附近的人。

事实上，Foursquare推出此款免签到且具有扫描功能的初衷，是为了更好地让用户与此刻同在附近的用户进行即兴线下交流活动。用户可以根据此刻正在附近的好友的最新状态或者周围状态来即兴制订临时聚会计划。

比如，用户偶然发现身边一家影院将在15分钟内上演新片，于是爆发了想和人分享的即兴欲望，但是熟悉的朋友都不在附近，这时用户就只需使用Swarm发布一条附近活动的信息即可。

为了更好地促成本地用户举行线下聚会活动，Swarm还设置了消息推送功能，一旦扫描出附近存在用户的好朋友，Swarm便会立刻准确地告诉用户朋友的位置。 Swarm的出现或许预示了日后社交软件"只有不想找，没有找不到"的快速便捷交友寻友发展趋势。

3．商业广告

主要有页面广告、徽章广告、商家排行榜等几种形式。Foursquare发布的商家关注度排行榜服务中，也发布赞助商的广告，同时为赞助商提供对应的介绍和链接；此外，Foursquare还通过在广告中增加游戏环节，增加了广告的趣味性与吸引力。

TIPS：

总的来说，从Foursquare的火爆可以看出，Foursquare是基于LBS社群+游戏互动的一种移动互联时代的新思维、新运作。

对商家企业，尤其是大、中型商家企业来说，对LBS业务的需求是持续、大范围的，并对准确、实时等性能要求很高。

Foursquare免费向商家提供的帮助商家认领地点、开展特殊业务、查看用户行为分析数据的服务，显然对商家提高收益是很有价值的。

并且，随着用户规模的扩大、移动定位技术的进步、创新的高端服务的推出，将更能满足商家企业商户精准广告投放和细分商品服务开发的需求，为商家创造更高的收益。

4．地理数据库体系

Foursquare拥有十分强大的地理数据库体系，不仅能为商家提供更多的用户消费数据，还能为用户提供更优质的商家信息。目前，美国的许多应用和其他诸多在苹果和谷歌应用商店中主流应用软件都使用了Foursquare的地理位置数据功能。

通过统计Foursquare的地理位置数据所驱动热门应用软件的用户总数可以发现，Foursquare的数据实际上覆盖了数亿用户群。

Foursquare的健康发展以及维持API的开放对于苹果来说很重要，因为苹果商店中有太多的流行应用软件都依赖于Foursquare提供的数据。

对于地理位置数据的需求者来说，他们已经对Foursquare的地理位置数据库产生了巨大的依赖性，很难分离。

TIPS：

庞大的、黏性较强的用户资源是一个企业的核心竞争力，是企业未来发展的基础，也是企业现有业务快速发展的保障。Foursquare自2009年成立以来，不断在个人用户服务方面进行创新（如引入游戏元素、竞争和激励机制），吸引用户参与Foursquare举办的活动，增加用户活跃度和黏性。

3.1.3 社群模式构筑移动商业帝国

社群模式就是一种去中心化的自组织形态，通过社交工具聚合的关系链，形成社群组织中的主导者，以"失控"的模式打造品牌传播力，与社群成员一起分享观点，共同引起彼此之间的共鸣。

就拿K友汇这一社群平台来说，一直秉承这样的模式，而构建出："基于人际关系"的O2O社群生态圈，无疑不在透露着移动社群模式下商业帝国的滋长。

下面就从微信的朋友圈说起。在微信朋友圈上，出现了很多微商，他们在微信朋友圈里贩卖着面膜、服装、奢侈品、保健品等产品，理论上这可以看作一种普通的营销手段。

可仔细琢磨，不难发现朋友圈就是熟人经济，利用大家相互信任，所以才滋生出不少的营销成功案例。而这种微商也会长久不衰退，就算出现了假冒伪劣的产品、黑心商家，腾讯也不会封杀微商，只会采取一定的措施，为大家建立起一个良好的、健康的社交环境。

随着熟人经济发展至现在的社群经济时代，想利用欺诈去赚钱，成本会很高，因为获取一个忠诚客户的成本，要远远高于欺诈所获得的利益。同时，朋友圈有自主屏蔽功能，用户不喜欢的东西可以自己选择屏蔽或删除用户。

在社群经济时代，居于这个圈子的人们是相互熟知的，彼此关联的，如果用户一旦要对某个人卖假货，那么就会被这个圈子踢出去，那就得不偿失了，所以一般聪明的商家都不会做那种黑心又不讨好的事情。

朋友圈的传播非常方便且迅速，在这样的背景下，无数的购物体验从商场、网店转移到了彼此信任的微信朋友圈，并且随着社群时代的到来，这一点会愈演愈烈，而朋友圈的熟人经济，就是依靠彼此信任才达成交易的。

现在由于移动互联网的出现，人们已经逐渐进入了社群模式。而这种社群模式，是一种对企业产品的自产自销，自成体系的模式。

从理论上，社群可以无限大，可分化成无数个亚部落，各种产品可以跨部落制造生产，整个社群的自成体系，可以允许社群成员与企业共同制定社群中的游戏规则，使社群成员参与进去。

例如，每个社群成员的付出以社群积分形式回报，积分可以兑换本社群内所有的产品。这就是一种能激发社群成员参与活动的一种方式。

在先进移动互联手段的作用下，人们进入了以价值观与信任为基础构造的新社群时代。未来的经济，将是社群经济，未来的电商，也会是社群电商。

3.2　日益突出的移动社群型用户需求与体验

随着移动互联网的发展，移动社群已经成为人们日常生活中必不可少的社交工具，对于企业来说，抓住移动社群用户的需求和体验，才是移动社群营销的重中之重，才是企业与社群成员最为贴近的时刻。

3.2.1　基于用户演变而来的移动社群

人们喜欢社交网络，从感到新奇，到依赖，到讨厌，到另寻新的社交网络，这便是时下的行情。社交网络经常是与很多朋友保持不及时的交流，维系自己的好友圈，并掺杂着自己的喜怒哀乐。

随着移动互联网的普及，社交也开始推陈出新，建立适合大众"胃口"的新型社群平台，这个过程大致有3步，如图3-6所示。

图3-6　人们旧社交演变成社群的过程

1. 圈子从热闹变得无趣

当第一个热门社交网络开心网崛起时，用户迫不及待地把很多好友从QQ、MSN拉到开心网上，成为好友。

但是这些好友，在2～3年后，很多人已经联系不多，还有很多人与主人的关系会发生微妙的变化，比如情侣分手了、同事高升了、同学发财了等，这就造成许多用户已经不愿意再与这些人像以前那样亲密无间。

同时随着这个社交网络中变淡关系的"好友"增多，人们的热情也就消退了。

除了这些让用户不平衡、不喜欢、不爽、不屑的"好友"以外，原来的好友也变得有些枯燥，有经常发美食的、转发段子的，也有到处释放负能量的，这些让用户感到有些厌倦。总之，旧的社交网络变得暮气沉沉，让人越来越感觉乏味。

2．添加新的社交网络形成社群

移动互联网带来了一种新的社交方式，各种各样的社交APP如浪潮一样呼啸而来，喜欢新潮的朋友们纷纷开设账户，尝鲜体验。而作为老社交网络的用户，也发现这是一个好时机。

于是，用户会把用户最常联系的朋友，最想再联系的朋友，都第一时间加到新的社交网络，形成社群模式。

除了淘汰一些不喜欢的人外，用户们还希望能跟自己好朋友亲上加亲，多一种联络方式，有何不可，还增加了一丝亲密感。有的时候，打开一个社交网络，就基本可以把自己的好友动向全部掌握，是用户所追求的理想状态。

3．寻找共同点

古人有云，独乐乐，不如众乐乐。社群也是一个寻找众乐乐的过程，在微信基本的聊天功能外，用户喜欢刷朋友圈，在对朋友圈腻烦之后，用户又不断地去寻找新的共同点，对一张照片的看法，对一个新游戏的感受，一个又一个共同点加强了彼此的联系。

例如，微信中的游戏就是一种与好友很好的互动社交过程，喜欢同一款游戏的用户就有了共同点，如图3-7所示。

图3-7　微信社交游戏

图3-7 微信社交游戏（续）

社交网络有一个特点就是高峰过后是低谷，人们的兴高采烈，只能持续一段时间，而后又会归于平静。所以，新的社交网络，需要带给用户新的共同点，让用户有新的认同感。

用户现在的兴趣爱好，主要是通过论坛、QQ群、豆瓣进行交流的，也许从兴趣诞生的社群，更具有活跃度和生命力。

老树可以开花，一个社群也可以通过细心的设计，让有共同点的人们聚在一起，形成新的体验。

3.2.2 手机移动互联网与用户体验

随着移动互联网技术的不断发展，用户体验与之前相比也上升了一个档次，高级移动用户体验设计是采用各种新技术和方法实现的，如"安静的"设计、动机设计和"好玩的"设计等与社群相结合能积极带动社群成员的参与性。

在移动时代的设计者，创建了用户体验度高的应用，例如，部分用户关注和中断或者能够利用增强现实等新颖的功能来使用这个技术。

领先的消费者的移动应用程序将为用户界面设计制定一个高标准，所有的机构必须掌握新的技能并且需与新的伙伴合作以满足用户日益增长的需求。

例如，定位技术也是用户体验的一种，高精确度移动定位技术是现在运用较为广泛的一项技术，也是发展较为成熟的一项技术，知道一个人的精确位置是提供相关位置信息和服务的一个关键因素。

室内准确定位的应用需要使用Wi-Fi、图像、超声波信号和地磁等技术，从长远来看，智能照明等技术也将变得非常重要，而准确的室内定位技术与移动应用的结合将产生新一代非常个性化的服务和信息，如图3-8所示。

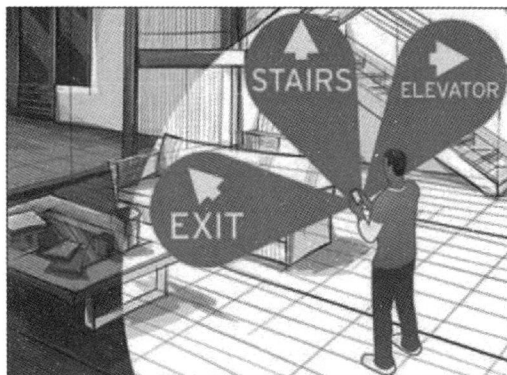

图3-8　室内准确定位

对于用户来说，移动互联网时代下的用户体验，才是能维持移动互联网的开发，对于移动互联网下的社群，用户体验度必须具备以下几种模式，如图3-9所示。

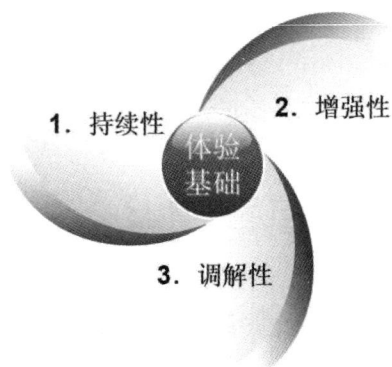

1. 持续性　　　2. 增强性

体验
基础

3. 调解性

图3-9　室内准确定位

1. 持续性

移动互联网时代下的社群应该一直保持运行状态的，时刻都在与用户交互。例如，微信用户玩腾讯游戏，就会时刻记录用户的游戏数据，显示用户的游戏进展情况，所以社群可以真正实现信号流"从人到设备，从设备到人"。

2. 增强性

用户不管在何时何地，移动社群都能为用户服务。例如，移动社群下的可穿戴型设备，可以大大增强用户的感官，还能通过分析提升办事效率。

3. 调解性

有时候社群还可以调节人们的心情，例如，实惠APP就是通过摇一摇的形式，来让用户参与到"免费精品福利"的活动中，使人们在紧张压抑的生活中，通过别具一格的形式，让人们调解自己的心情之余还能让自己获得一些奖品，并且还能与实惠APP里的社群成员一起交流，分析自己的奖品。

3.2.3 移动Google+的社群服务

Google+新推出了"社群"（Google+Communities）功能，为有着相同兴趣爱好的人提供一个聚集地，而这些社群里的成员彼此之间可以是亲密的朋友，也可以是毫不相干的陌生人。在Google+里的社群可以是对公众开放的，也可以是私密的。

对移动互联网来说，手机应用提供的群组产品是这个互联网时代不可或缺的一部分，只要群组是活跃的，那么必定会使移动互联网的寿命更长久。

Google 在2012年宣布Google社群正式上线，开启网络分享模式新思维、给予了网络用户新的体验。在Google+里用户可以实现每天与人互动的实际体验，每天与志同道合的人一起笑、一起互动、一起交流。

透过Google+社群，可以弥补以往网络社交活动的不足，让使用者感受焕然一新的网络社交体验。

用户和家人、亲戚、朋友、同事之间在Google+社群上能有各种有趣的分享和互动，可以让Google变得更好。

TIPS:

Google+社群给人们带来了不少的便利，几乎是根据用户的需求，来设定Google+社群的功能，这完全可以看出在这个移动互联时代，社群对用户的需求和体验都非常的看重。

下面就来了解Google+社群为用户所带来的一些功能，如图3-10所示。

图3-10 Google+社群的功能

1．将用户分成不同的社群圈子

在现实生活中，人们认识很多朋友，可是这些朋友不一定认识彼此，他们只有一个"人"来作为联系点，所以在Google+社群里，用户可以将自己的朋友根据喜好、兴趣将他们分布到不同的社群圈子里，经常交流，相互认识。

2．帮用户收集话题

用户可以把自己感兴趣的话题在Google+上告诉Google，那么就能得到很多相关的文章、照片、视频。对于Google来说，搜索本就是强项，而将这一功能放到Google+上，那么就是为Google+上的用户进一步完善了移动社群给他们带来的体验和需求。

Google+在节省用户搜索兴趣爱好的时间之外，还能自己慢慢阅读、欣赏，并且给自己的社群朋友分享这些内容，最后还能根据这些内容进行交流，从而可以引出一个新话题。

3．定位与上传

手机已经成为最佳的分享工具了，用户可以随身携带、随时连接网络，变成每人与好友随时联系感情的必备物品。Google不想让自己的Google+APP只是一个单一的社交功能，于是就有了Google+透过卫星定位、相机和传讯等功能，让手机成为一个个移动的电脑终端。

（1）+Location（定位分享）

在生活中，当人们出去旅游时，自己的朋友就会询问旅游地点的景色好不好，有遇到什么好玩的事情等一系列的问题，当人们在Google+中留言时，就可以附加所在位置，让自己的朋友能知道自己在哪里，这样朋友们就可以通过位置，搜索一下当地的风情、美食等信息。

（2）+Instant Upload（及时上传）

Google+为社群用户提供实时上传手机照片的功能，可以让用户的手机留下一些空间，并且Google+里的照片还有私人相册服务，若社群用户不想将自己的照片分享给别人看，那么就可以将照片放入私人相册里。

4．视频聊天新体验

在生活中，人们喜欢三五成群的与朋友在一个餐馆、酒吧、咖啡厅等地方，享受着聚会的时光，可是有时候碍于生活的压力，朋友可能不会在一个地方，或者很难有一个共同的空闲时间，于是就出现了几个月之后才能聚在一起的情况。

于是Google+建立起了视频聚会模式，人们可以在这里Google+上随时建立起视频聊天，这样就算是不在同一个地方，也能看到彼此。

3.2.4　LBS+型社群关系网

如今，丰富的LBS服务让企业的营销更富想象力，星巴克就是坚定的LBS拥趸，也在世界各地推出了多项市场活动，包括与Foursquare合作推出的"市长奖励"计划。

星巴克与美国地理信息和微博社交网站Foursquare展开合作，推出"市长奖励"计划，公司希望正式通过一次全国范围的"市长奖励"活动，启动了一项实验性的Foursquare忠诚度计划。

根据双方的合作措施，如今成为Foursquare虚拟社区"市长"的用户不仅仅可以炫耀其"权力"，而且还将由此获得星巴克提供的1美元折扣优惠。

"市长奖励"活动的机制并不复杂，用户只需在Foursquare应用中建立自己的社区，并在社区中"检入"星巴克咖啡店，如果该某一用户进入次数最多即可获得该网络社区的"市长"称号。但它更重要的意义在于，帮助商家探索如何借助地理位置，利用共享服务展开营销活动。

虽然对很多老客户来说，不会为了1美元折扣而频繁进入Foursquare网站中的星巴克咖啡店争取"市长"职位，但是1美元对于那些渴望获得"市长"殊荣的客户、还有那些可能以此作为提醒以保持不断"检入"星巴克的客户而言，可能还是一笔可观的奖励。

现阶段的定位式广告，主要帮助消费者所在地区的商家强化区域性营销；在未来，可以预期将会有更多丰富、新颖的定位应用营销出现。Location（定位）为移动广告开拓了一个新的舞台。

由此可见，LBS要想成功，它必须先进入一个"LBS＋"的状态，比如"LBS＋SNS"的人人网、微信、陌陌、QQ等，"LBS＋电商"的嘀咕、街旁、大众点评，"LBS＋营销"的谷歌，甚至"LBS＋N"等，这样才能使得社群与LBS相结合，让大家在聊天的过程中，还能参与互动。

TIPS:

"＋"是一种合力，不同工具的叠加，形成推动互联网服务进步的力量；"＋"更是一种智慧，开发者之间的借力、相和，将激发出更多商业价值落地的可能性。

下面就来看两个关于移动LBS社群的案例，进一步了解移动LES"＋"社群关系网，如图3-11所示。

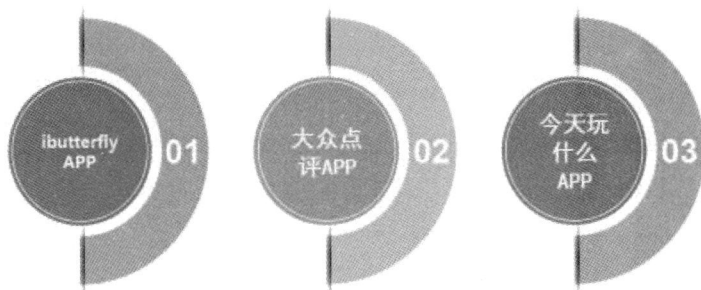

图3-11　移动LES"＋"社群案例

1．iButterfly APP

"iButterfly"APP是一个有趣的捉蝴蝶应用，使用AR（增强现实），运用运动传感器和GPS定位功能，使用用户的手机捕捉虚拟蝴蝶。

"iButterfly"项目将各色优惠券变身为一只只翩翩飞舞在城市各个角度的蝴蝶，如图3-12所示。

图3-12　"iButterfly"项目将优惠券变为飞舞的蝴蝶

用户通过下载"iButterfly"APP利用手机摄像头进行捕捉，根据各个地区的特点，蝴蝶的种类也有所不同，帮助商家进行有趣的宣传，如图3-13所示。

图3-13　利用手机摄像头进行捕捉

"iButterfly"项目采取升级制，以等级来区分蝴蝶品种，不同等级的蝴蝶拥有不同的分数。用户每次捕捉成功后都会有简单的分数介绍和捕捉时间记录，如图3-14所示。用户在捕捉蝴蝶的同时还能意外获得折扣优惠券，收集蝴蝶的同时不仅获得了更多的优惠券，还同时获得了多种多样的商业信息及内容，如图3-15所示。玩家还能通过蓝牙与其他人交换蝴蝶。

图3-14　根据用户分数进行排行

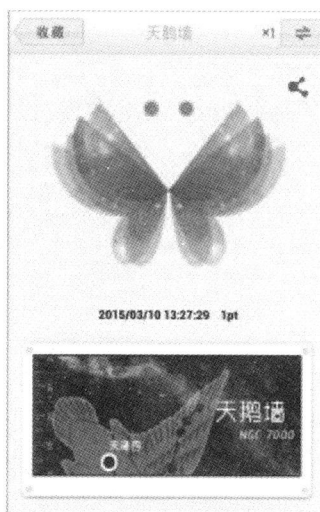

图3-15　获取蝴蝶中的商业信息

"iButterfly"项目将APP＋AR＋LBS有机地结合，使客户既得到实惠，又享受了良好的游戏体验，如图3-16所示。"iButterfly"项目对旅游业和餐饮业来说是一个完美的宣传平台，通过优惠券成功地将社群APP跟企业营销结合起来。

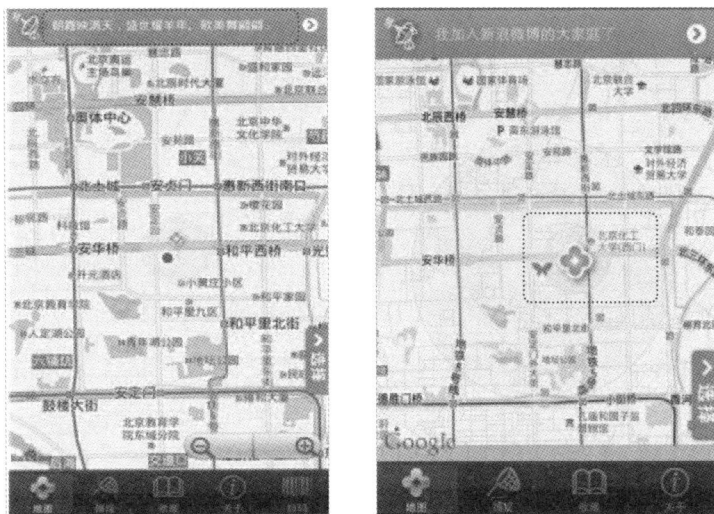

图3-16 "iButterfly"项目具有LBS定位功能

当前，APP、LBS、AR等"新名词"、"新技术"的运用正风生水起，面对这场由移动时代带来的全新机遇，各品牌商家都在蓄势待发。AR增强现实是利用计算机生成一种逼真的视、听、力、触和动等感觉的虚拟环境，通过各种传感设备使用户"沉浸"到该环境中，实现用户和环境直接进行自然交互。

AR技术可以让用户享受更愉快的实景体验，将AR营销应用于产品展示、卖场、街头路演等活动中，不仅可以聚集人气，吸引关注，还可以通过这种具有丰富互动性的终端产品展示，给社群用户最接近真实，又最简便的产品体验。

相对于传统营销来说，移动社群营销更加精准、实时、互动。而作为移动互联网中融合了移动、位置、社群三种重要元素的APP，通过LBS与AR加入了可以联动线上与线下的位置维度，使其成为移动社群营销中不可或缺的一环。

2．大众点评APP

众所周知，大众点评是一个团购APP，却不知道大众点评也是一个社群APP。基于原有的分类生活信息服务和LBS，大众点评网为每个大众点评用户提供实时或不实时的信息引导，告诉消费者去哪里吃喝玩乐，大众点评用户还能发布自己的点评，给其他用户提供自己宝贵的意见，也能与企业形成公开的一对一交流。

❶首次进入软件时，APP会进行自动定位，用户也可以自行选择城市，点击要选择的城市即可，如图3-17所示。

❷进入软件主界面，即可看到详细的生活服务类别，如图3-18所示。

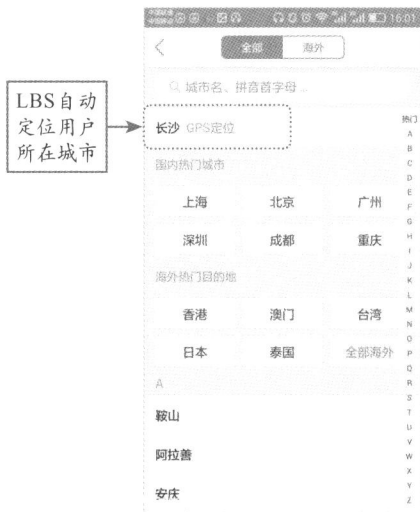

图3-17　选择城市

图3-18　软件主界面

❸点击"美食"按钮，就能自动显示用户附近的美食信息，如图3-19所示。

图3-19　附近美食信息

❹点击筛选按钮，用户可在弹出的菜单中设置查找条件，例如，将价格定为"0～165"，然后点击"确定"按钮，如图3-20所示。

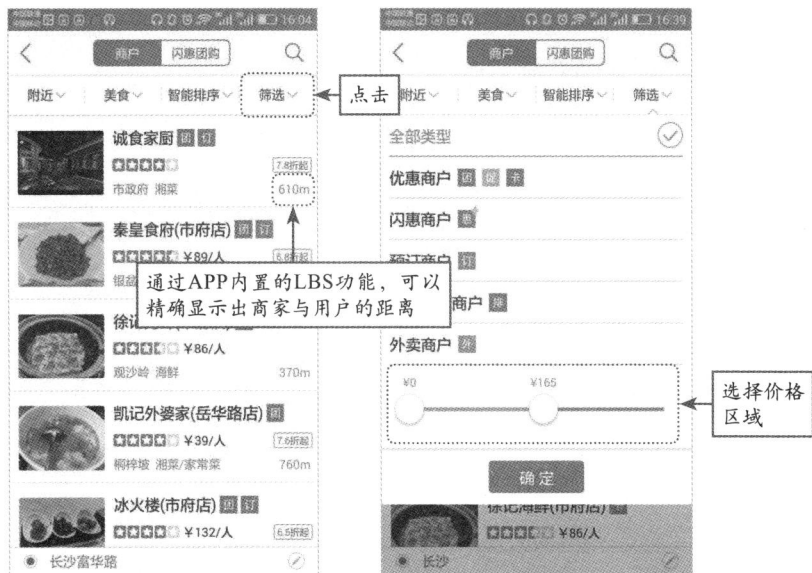

通过APP内置的LBS功能，可以精确显示出商家与用户的距离

选择价格区域

图3-20　设置查找条件

❺选择相应商家后，可以查看其详情，如图3-21所示。

基于LBS和折扣信息推送，大众点评网不仅能将用户带到吃喝玩乐的地方，还为用户提供了丰富的优惠信息。

图3-21　查看商家详情

❻大众点评的"发现"区域中有查看"好友去哪"的功能，方便用户知道好朋友都喜欢吃什么或者去尝试好朋友去过的美食店铺，如图3-22所示。

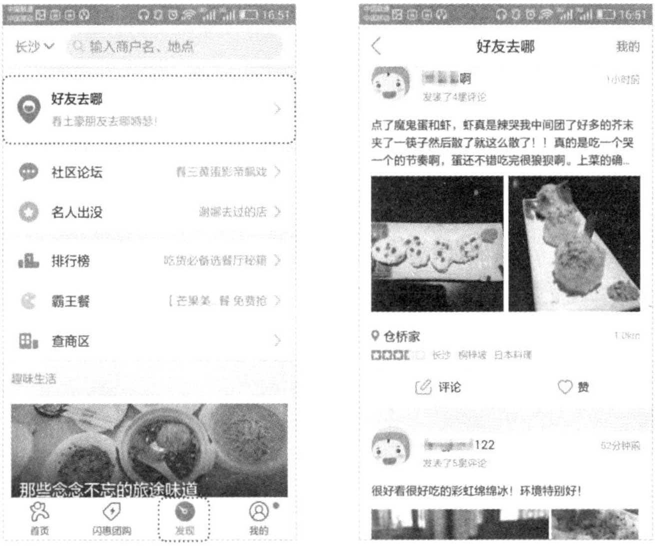

图3-22　查看好友都去哪儿了

TIPS:

移动互联网下的LBS要获得影响力必须跟社群相结合，而LBS要盈利就必须与移动社群APP相结合。

❼大众点评的"发现"区域中有查看"社区论坛"的功能，方便用户在一个圈子里围绕自己感兴趣的话题聊天，人们还可以在这里发帖子，这个功能使得大众点评APP更像一个基于社群的一种移动APP，如图3-23所示。

图3-23　社区论坛

73

💡 **TIPS:**

大众点评APP里的社区论坛，一个帖子就是一个社群，大众点评用户可以在帖子里评论、点赞、参与活动。例如，"9月国外大片，点评请你看"这一篇帖子，点赞量就有197 814，评论数量有7 624，可见大众点评APP里的社区论坛是一个多么容易聚集用户的宝地。

目前，LBS社群运用最为广泛的应用就是大众点评网了。不少手机用户都有一个习惯，由于有快捷开关，所以在不用任何位置服务时，一般位置开关都是关闭的，而在打开大众点评前都会去做一个操作，就是打开位置服务。

其实，大众点评不用位置服务也可以用，用户的这一个动作也可以看出位置服务对于大众点评网的重要性。

特别是在吃和玩方面，由于消费者的选择面太丰富了，有时真不知道该去吃或者去玩什么，而有了位置服务就可以方便消费者查找就近的生活服务，周边功能的转化率是相当高的，因为周边服务给用户多了一种选择的途径，而这种选择的途径是最方便的。

总之，移动社群对于大众点评网来说至关重要，未来会有更多大众点评网的用户转向移动社交端，大家已经习惯了使用大众点评的周边功能来查找餐馆，更重要的一点还可以通过大众点评和点评团来"找便宜"，用户和用户之间的交流形式也非常的广泛。

3．今天玩什么APP

今天玩什么APP，是提供用户在忙碌了一天后，找到适合自己放松的活动，或是人们出差到一个陌生城市，却不知道有什么好玩的，届时通过今天玩什么APP的LSB功能，找到当地一些好玩的活动。

其实在人们生活的城市里，每天都有非常丰富的活动在进行，如电影、运动、亲子、文艺等各式各样的活动。

但依然有不少人宅在家里，不出大门、不去感受这个世界的生活乐趣，难道他们真的不想开心快乐地融入这些活动中吗？并不是，他们所遇到的问题在于信息渠道不通畅，可能出现活动离他们很近，也非常喜欢，但从来都不知道这些活动，更不知道如何参加的情况。

而今天玩什么APP，就是一个娱乐信息聚集平台，汇聚了城市里各类新鲜好玩的活动，让人们通过今天玩什么APP能快速找到附近自己喜欢的活动或娱乐项目。并且今天玩什么APP还为用户提供了讨论区，让用户及时与发布活动的人联系，找到和自己志同道合的朋友，从而形成基于一个活动下的小社群。

例如，在今天去哪儿APP上，找到了一个一起学习舞蹈的活动，届时人们就能在这个活动的讨论区问自己想问的问题，或是与讨论区内的成员一起交流，如图3-24所示。

图3-24　今天去哪儿APP上的活动讨论区

今天玩什么APP能帮助用户发现更多好玩的地方、有意思的活动，让人们的生活品质更高，业余生活更丰富，能结交到高质量的朋友，也让在今天玩什么APP发布活动的商家，不用自己去找客户，而是客户自己送上门，并且这些客户也是高质量的客户。

今天玩什么APP就是在商家和用户之间起到桥梁和纽带的作用，商家可以通过平台发布活动，增加活动的曝光率，让用户更容易发现并参与活动。这无疑证明了今天玩什么APP是一个天然的社群营销平台。

而对用户来说，可以通过今天玩什么APP定制自己的喜好：

● 系统会根据用户喜好推荐匹配的活动。

● 编辑会主动推荐一些高品质、热门的活动，省去用户在海量的活动信息中寻找的过程。

所以，今天玩什么 APP对于用户来说，就是一个非常自由的社交平台，也是一个用户与商户之间的纽带，更是LBS技术+社群的完整结合体。

3.2.5 领英：专业打造用户至上

LinkedIn创建于2003年，总部位于美国加州硅谷，LinkedIn于2011年5月登陆纽约证券交易所。2014年2月25日，简体中文测试版LinkedIn上线，并正式启用中文名称"领英"。

"领英"是全球最大的职业社交网站之一，"领英"可以帮助用户求职，但除了求职之外，领英还能提供给用户其他更多更高的价值，而这些价值都是"领英"专业打造"用户至上"的因素，如图3-25所示。

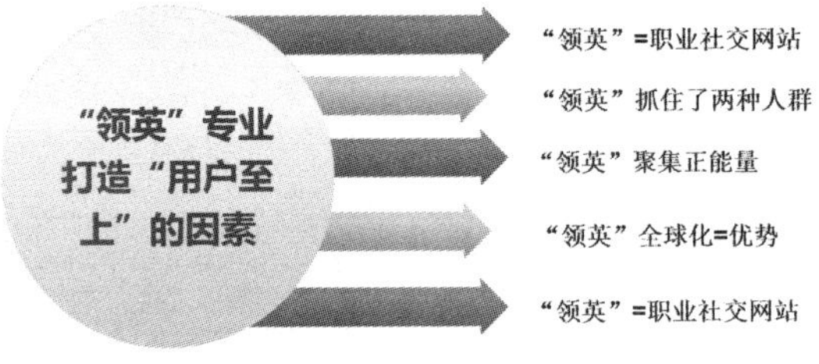

图3-25 "领英"专业打造"用户至上"的因素

1. 领英=职业社交网站

"领英"的商业模式是，通过免费的服务为用户搭建一个职业社交平台，在"领英"平台上创建符合众需求的应用。其中效果比较好的应用是为企业和个人提供的招聘解决方案，如图3-26所示。

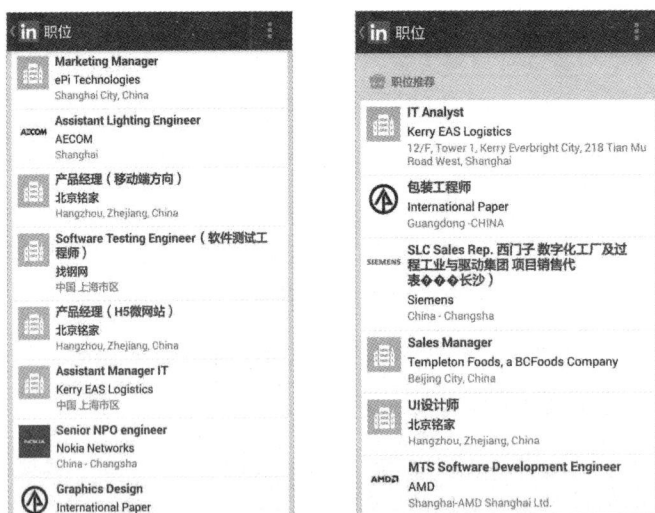

图3-26 "领英"平台上的招聘信息

这也是为什么很多人把"领英"当作招聘网站来看的原因之一，更是传统的招聘网站把"领英"当作潜在竞争对手的原因之一。"领英"除了招聘解决方案之外，还为企业提供了企业管理、财务预算等方面的解决方案，如图3-27所示。

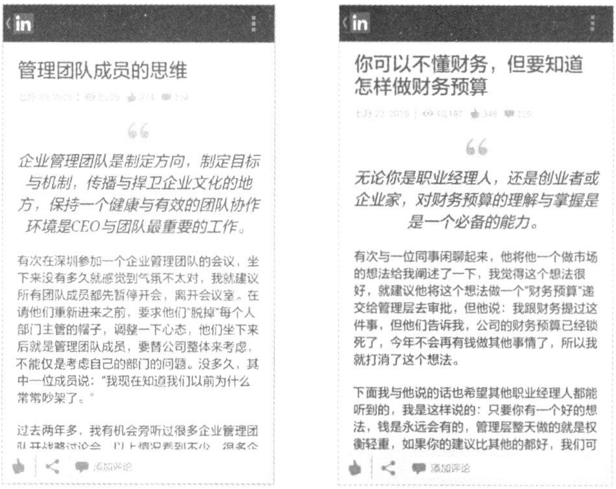

图3-27 为企业提供某些方面的解决方案

2. 领英抓住了两种人群

"领英"曾经对在职人群做过调查，发现：

- 10%～20%的人群会对目前的工作状态不满意，想换工作，"领英"将这部分人称之为"主动求职者"，而且这些人会去招聘网站搜索职位、上传简历、找朋友推荐工作等，想方设法找到一份舒心的工作。

- 另外80%～90%的人群不是没有不想换工作的想法，只是安于现状，但是若有一天，一份好的机会找到他们，他们一定也会看一看、踌躇一番，"领英"将这部分人称之为"被动求职者"。

在功能上"领英"和招聘网站都能帮助这10%～20%的主动求职者，但是从优势上来说，"领英"却能服务规模更大的被动求职者，而被动求职者人群是招聘网站还没有涉及的"点"。

于是"领英"对于那些招聘网站来说，它能聚集更大的人群，并且所提供的功能是人们所需要的，这也为企业社群营销奠定了基础。

3. 领英聚集正能量

"领英"作为职业社交网站，用户一开始可以在"领英"建立真实的交际圈，并通过自己的交际圈拓展人际关系，也可以在"领英"上关注知名度比较大的企业或个人。

用户可以进入"添加联系人"界面，通过邀请微信好友和导入手机上的好

友两种方法，来添加自己原本的人际圈；用户还可在"推荐关注公司"界面上
关注自己想要了解的公司，如图3-28所示。

图3-28　在"领英"上扩大交际圈

在"领英"里用户愿意分享专业知识和职场经验，这相比其他社交网站来
说，用户的人际圈可以更高效了解对方。并且对于那些不那么热爱分享和互动
的用户来说，通过人际圈获取的信息，也能帮助自己获得更快的职业成长，还
能在文章下面进行评论，形成社群模式，如图3-29所示。

图3-29　"领英"人际圈

在招聘网站上，用户所交的更多的是一份份冷冰冰的简历，而不是一个个
实时更新的朋友。用户在换了工作之后最想做的第一件事，就是将招聘网站上

的简历删除或者隐藏；而在"领英"上，当用户更换工作时，用户想到的第一件事是去更新自己的资料，展现出更真实的自己。

"领英"是一个容易聚集正能量，社交性强的社群模式，人们可以在"领英"上与品牌企业相互交流，会从名人的文章中看出企业的运营之道，抑或用户能自己发布文章，将自己的经验分享给"人际圈"的朋友们。

4．领英全球化=优势

"领英"是一个全球化提供招聘解决方案的一种社群平台，虽然"领英"不仅是涉及招聘应用，还有其他不错的应用，但单就招聘而言，和其他招聘网站相对比，"领英"最大的优势就在于全球化。

当企业选择"领英"作为发布招聘信息的平台时，"领英"不单可以帮助企业招聘到本土人才，还可以帮助企业把海外优秀的人才招到企业中去，甚至也能帮助企业成长为一个跨国企业。

同样对于个人来说，"领英"就是帮助人们找到工作的好帮手，是人们面临机会的"圣地"，是人们找到好归宿的手段之一。"领英"独一无二的价值非"全球化的平台"莫属。

5．领英=树立企业品牌

一般招聘网站利用传统互联网的招聘模式，让企业在自己的平台上发招聘广告，下载用户的简历，招聘广告需要通过薪资、福利、职位本身等来吸引、招聘人才。随着信息越加透明化，优秀的人才对企业的品牌、团队文化及工作环境等条件有了更高的要求，届时企业就很难找到适合的人才。

而"领英"所倡导的是"树立企业品牌"。"领英"帮助企业在用户中展现企业文化、讲述员工故事、分享充满激情而有趣的工作经历，这样才能吸引住优秀人才，同时也能为"领英"建立起长久的竞争力。

除了长久竞争力之外，"领英"还拥有大概500多万高质量用户，企业品牌在短期招聘的效果也很可观。例如，特斯拉在"领英"的企业品牌专区上线后，仅仅一周的时间，其申请人比专区上线前一周增加了45%之多。

TIPS:

总之，"领英"是一个职业社群平台。招聘只是"领英"的一部分功能，单就招聘应用而言，"领英"更多的针对80%～90%"被动求职者"的服务，专注于职业社交，用户黏性高，业务和盈利模式比较多元化，这样的优势加起来，可以说"领英"在未来更有想象空间。

2015年6月23日，"领英"宣布，基于真实身份的职场社交App"赤兔"上线，并开放邀请码注册。

"领英"的新产品取名为"赤兔"，是寓意着"领英"希望更多的职场年轻人成为驰骋职场的千里马，成就更优秀的自我。

过去在人们的意识中，总是认为职场应该是严肃的、理性的、专业的，但是基于对职场年轻人的观察和研究，"领英"希望把"赤兔"打造成一款有温度、有趣、年轻和鲜活的职场社群APP。

"赤兔"通过产品功能、UI和LOGO设计等，让人们感觉到，职场社交也可以很有趣，职场社交也可以有温度，如图3-30所示。

TIPS:

UI即User Interface（用户界面）的简称。UI设计则是指对软件的人机交互、操作逻辑、界面美观的整体设计。用户界面设计的三大原则是：

- 置界面于用户的控制之下。
- 减少用户的记忆负担。
- 保持界面的一致性。

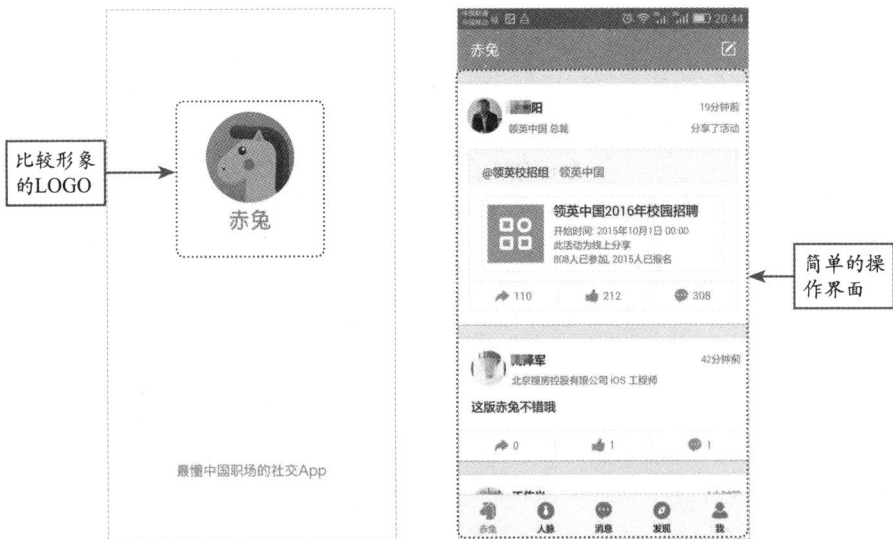

图3-30 "赤兔"LOGO和UI

全球化平台的网络效应，是"领英"的长板。但是，全球化平台更能吸引的是那些有海外或者外企背景，具备一定英语能力的用户。有些地方具有显著的层级分化，拥有海外留学或工作经历、外企背景的只占少数，而更加广泛的则是刚步入职场和处于职场上升期的20～35岁的年轻人。

他们对于工作、资讯、人际关系和机会非常渴望，愿意结识陌生人，愿意从线上走到线下进行更真实和充分的沟通交流。这些主客观因素都促使"领英"推出贴近年轻化的新产品。

在产品层面，"领英"中文版PC端和移动端将持续深入本土化，增加符合市场需求的功能、开展本土合作，将"领英"的品牌和价值传递给更广泛用户。

而"赤兔"着重开发移动客户端，纯中文语境，帮助用户拿出真实的职场身份，在职业场景下发现人际关系，实现在线沟通，并把线上和线下的职场活动和行为在"赤兔"上形成纽带。

目前，"赤兔"安卓版已经可以很好地运行了，并且"赤兔"还支持"领英"账号的登录，用户可以导入"领英"的人际关系，也会有独立的社交图谱。

在"赤兔"里，一般会向用户推荐3种群类型：

● 职场群。

● 乐跑团。

● 瘦身馆。

"赤兔"还会推荐用户可能感兴趣的群，在"赤兔"中"群"被称之为"小组"，用户可以加入一个感兴趣的小组，在小组里与小组成员一起交流，而这种交流模式，其实就是社群模式，也是"赤兔"被人们使用的原因之一，如图3-31所示。

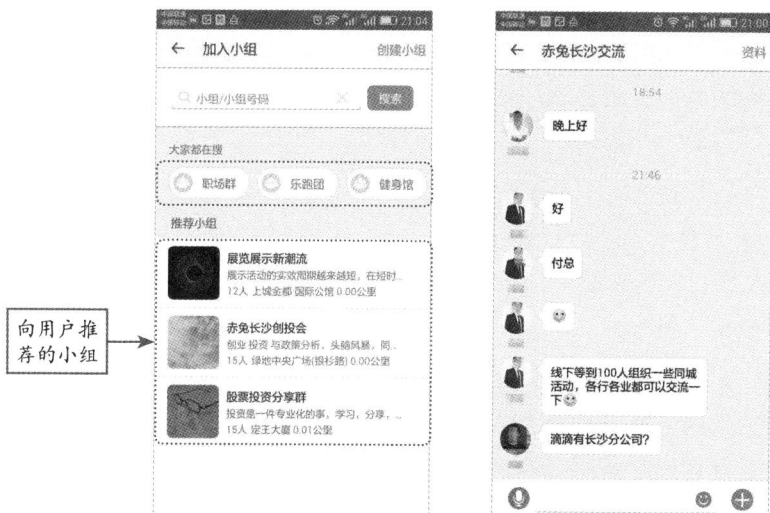

图3-31　"赤兔"社群小组

总之，不管是"赤兔"还是"领英"，都运用了社群模式，才会被多数人群所喜爱，才会选择两个平台，与其他志同道合的职场人士、刚进入职场的应届毕业生以及即将进入职场的学生进行交流、互动、分享。

3.2.6 微博：移动社交快餐

微博是一个可供网友们自由选择和交流信息的平台，基于这一特性，如果企业试图通过单一的发布品牌硬性广告进行微博营销，不仅对于品牌内涵的深化和宣传毫无作用，还会打搅到用户的浏览体验，从而使他们从品牌的粉丝圈中流失，显然，这对于企业利用微博做营销活动的最终目标与聚拢最大多数的品牌消费者是一种背离。

那么，如何创新发布产品、品牌信息，如何做推广、传播，如何聚集一群用户，凡客诚品的经验也许可以作为案例进行借鉴。作为最早"安家"新浪微博的广告主之一，凡客诚品多年来培育出来的成熟的电子商务实战技巧，成就了其作为广告主"围脖"明星的天然优势。

凡客诚品由卓越网创始人陈年创办于2007年，产品涵盖男装、女装、童装、鞋、家居、配饰、化妆品等七大类，支持全国1 100城市货到付款、当面试穿、30天无条件退换货。

由于凡客诚品是网购企业，无法在实体店与客户面对面互动，也不能直接通过百度搜到客户的想法和意见，虽然开设了博客、官网、论坛，但仍然缺少一个与客户直接交流沟通的平台。为弥补这一不足，凡客诚品于2009年率先开通企业微博。

在微博平台上，凡客诚品坚持细水长流，通过平日对品牌理解的输出，建立起与粉丝之间的长期互动关系。凡客诚品希望即使没有爆发性事件，也能保证与粉丝的良性沟通。

在凡客诚品的微博页面上，人们可以清晰看到这家迅速崛起的企业对待互联网营销的熟练运用："联合新浪相关用户赠送凡客诚品牌围脖；推出1元秒杀原价888元衣服的抢购活动来刺激粉丝脆弱的神经；通过赠送礼品的方式，拉来姚晨和徐静蕾等名人就凡客诚品的产品进行互动等。"

除此以外，人们还能看到凡客诚品畅销服装设计师讲述产品设计的背后故事，看到入职三月的小员工抒发的感性情怀，对于关注话题中检索到的网民对于凡客的疑问，凡客诚品幕后团队也会在第一时间予以解答。

凡客诚品发现微博社群营销效果很难评估，但是相应的投入也很少，只要细心经营，微博社群对企业形象的构建、品牌内涵的宣扬的意义不言而喻。

凡客诚品目前的顾客定位在30多岁，喜欢创新、新鲜事物，而这正是微博的客户群。因此，凡客诚品可以利用微博的影响，扩大客户群。凡客诚品没有实体店，对用户的体验和服务又很重视，这样一来，具备特殊性质的微博成为凡客方便与客户互动的一个很有效的途径，如图3-32所示。

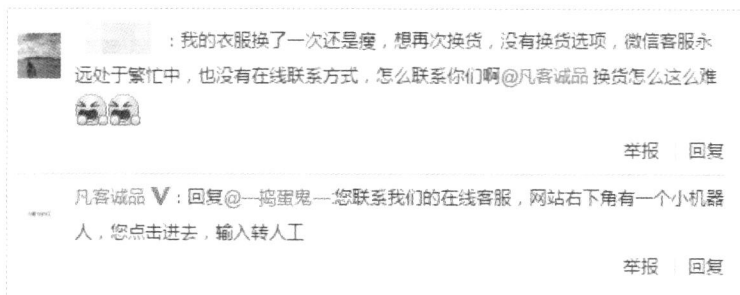

图3-32　凡客诚品在微博上与社群成员互动

到目前为止，凡客诚品已拥有111 194位微博粉丝。微博的介入，让准客户更容易寻找凡客诚品的用户评论、建议和意见，能看到更多社群成员的评论，还可以彼此之间在微博上进行交流，如图3-33所示。

相对于其他之前的网络载体，微博是一个更真实的工具，对于凡客诚品来说，微博作为一种社群营销方式的优势也会越来越明显。

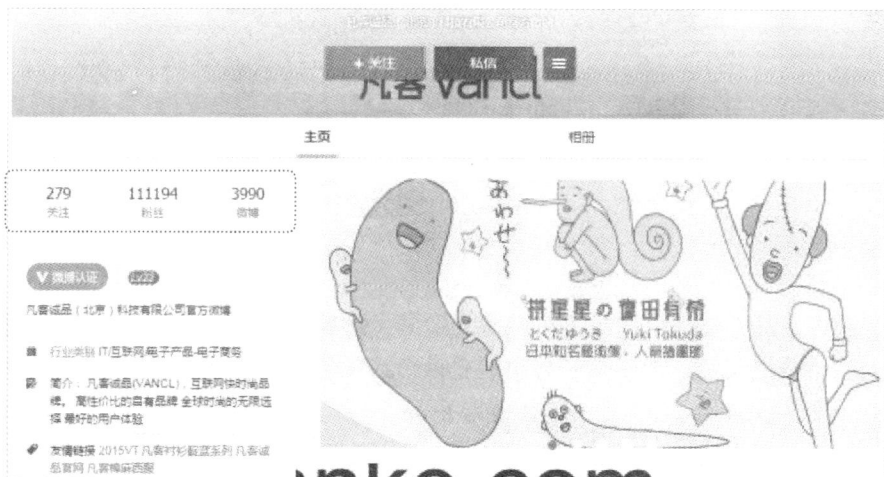

图3-33　凡客诚品微博粉丝

例如，为了提高微博的人气，凡客诚品邀请了李宇春出任形象代言人，并独创了李宇春凡客体广告宣传词，如图3-34所示。

图3-34　李宇春代言带动凡客VT销量

凡客诚品的该广告系列意在戏谑主流文化，彰显该品牌的自我路线和个性形象，备受年轻人关注，这次代言凡客诚品更是在粉丝中激起了不小的波澜。

随着社群营销的深入发展，凡客诚品也逐渐意识到社群精准营销的重要性，为此凡客诚品采取了以下措施，如图3-35所示。

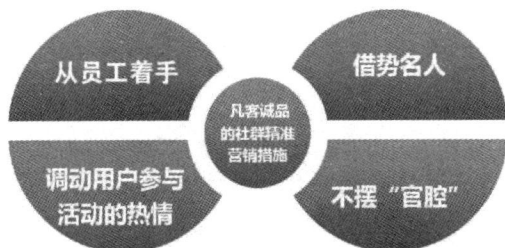

图3-35　凡客诚品的社群精准营销措施

1．从员工着手

凡客诚品推动各层次员工在微博上扮演"形象大使"的角色，与众多社群成员做平等的交流，提供更多有趣的更具个人视角的图文信息。同时还动员员工在一个下午注册了100多人的微博账户。

凡客诚品认为在网络互动中，太多规矩会影响员工的微博社群维护，于是便鼓励员工按照自己的理念经营自己的微博，微博的内容可以超出公司范围，比如，可以表明凡客诚品员工身份。

当这种线下员工齐上线收集数据的时候，每天凡客诚品掌握到的用户数据是不可估量的，尽管数据的价值并没那么高，但是就单单从推广上来说，微博拥有的社群成员数量就足以达到品牌传播效果。

2．借势名人

利用名人效应是企业微博社群推广的重要途径，对于提高微博人气、吸引粉丝都有着很大的帮助。为此，凡客诚品借着与新浪合作向注册微博的名人、明星发起了送围脖的活动，给微博起了一个昵称"围脖"。

凡客诚品与新浪达成协议，规定：新浪在首页为凡客诚品做企业重点推荐，凡客诚品为新浪提供围脖产品，打上新浪LOGO，如果有明星注册微博就赠送围脖。而明星拥有大量的粉丝，明星收到围脖后便会在微博上发表相关议论，晒照片，让众多粉丝都关注到凡客诚品的产品及品牌。

3．不摆"官腔"

凡客诚品认为，微博上社群数据是有限的，并且比较零碎，适合于谈论些"小事"或细节。所以，在微博平台上，凡客诚品杜绝官腔和软文体，积极谈论一些用户们真正关心的事情，用真情实感打动用户，从而赢得社群成员、粉丝的主动追随。

例如，凡客诚品不在官方微博上做新闻发布，不用官腔去回应社群成员，而是采用网络语言以及用户口语化的词语，让社群成员觉得亲切。

另外，为了拉近品牌与粉丝之间的心里距离，凡客诚品的微博不会充斥着产品介绍或是硬广告的内容，只有与配送、退换货服务、回答客户问题以及一些美女、名人、新闻等话题。

例如，凡客诚品通过微博数据分析发现，"校花"在微博中经常被提及，由于讨论这一问题的都是年轻人，与自己产品的客户群相一致，于是，凡客的高管在自己的微博里发了一张凡客面试校花的图片，吸引了不少转发和评论，而这对于自己产品来说算作一次社群精准的营销。

4．调动用户参与活动的热情

凡客诚品为了调动社群成员的互动性，经常性地在微博上开展活动和设计话题以满足社群成员的创造精神和分享意愿，调动社群成员对于企业微博与品牌的热情。

同时，凡客诚品微博一直在跟踪社群成员对公司产品、服务的反馈意见，每天在微博平台上搜索关键词"凡客"，把所有关于凡客的对话交流都搜索出来，其目的就是发现与自己品牌相关的数据。

凡客诚品的一系列举措无疑是为了社群精准营销做准备，微博中的用户数据能够最直接反映用户的需求，在与微博用户互动的同时，既拉近了与社群成员之间的距离，也实现了产品信息的社群精准营销。

3.3 【商业案例】堆糖App "Club" 拉开移动社群序幕

堆糖网是一个全新的社群，主题是收集发现喜爱的事物，以图片的方式来展示和浏览。堆糖提供超快捷的图文收集工具，一键收集分享兴趣，还有各种兴趣主题小组，可以轻易地找到难以遇到的、跟自己志同道合的朋友。

堆糖历经了4年的探索和尝试，在2015年1月发出了新版APP，也融入了"Club"元素。

3.3.1 自由社群连接：兴趣与成员

堆糖APP "Club" 是以社群形态模式，在更细的兴趣点上，帮助用户找到志同道合的好友，并一起分享感兴趣的内容。堆糖APP "Club" 将人和兴趣连接在一起："通过图片，将人和人在兴趣层面连接起来。"

如今在堆糖APP "Club" 中，有6个模块面向社群用户，如图3-36所示。

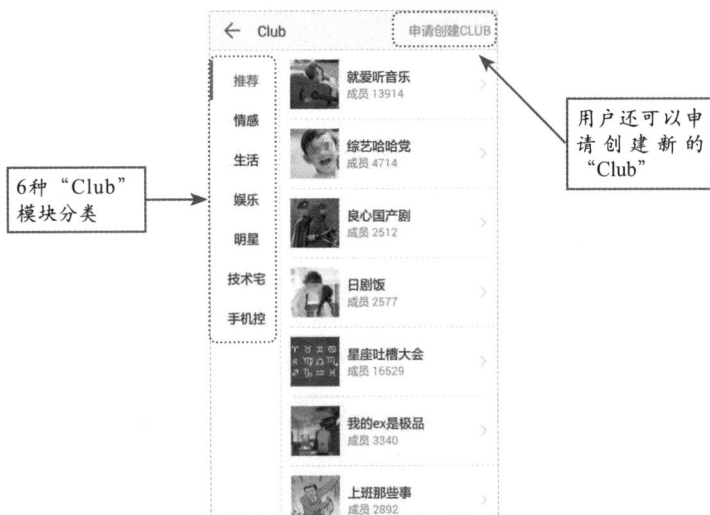

图3-36 "Club" 模块类别

堆糖APP "Club" 中有一个称作 "好书推荐社" 的 "Club"，有81 713位用户进行了关注，用户可以在 "好书推荐社" 发表自己想要聊的话题、想要推荐的书籍、想要寻找的书籍等帖子，与其他社群成员进行交流。

例如，用户想要创建"喜欢哪个作家都来说说吧"的话题，用户可以点击"✏"按钮，进入创建话题，输入想要发表的话题，还可以添加图片，然后点击"完成"按钮，即可在"好书推荐社"上出现，签到功能为增强Club的黏度留了空间，如图3-37所示。

图3-37 新建话题

建完话题之后，就会有人过来一起讨论、回复，并且社群用户回复的信息还能被人们点赞，这也是堆糖APP"Club"人性化设计的一部分，如图3-38所示。

图3-38　新建话题

3.3.2　Club与移动端：图片战略不可少

Club 上线两周，主要流量入口仅为"发现"标签，已有超过100 000名用户加入其感兴趣的"Club"，平均签到率超过30%。

堆糖APP"Club"与陌陌、豆瓣那些社群最大的区别，在于堆糖APP"Club"重点放在了图片上而非文字。在PC时代，文字发帖、跟帖是水到渠成的事。但到了移动时代，在手机上产生大量文字是很困难的，而依靠图片内容则成为用户所追捧的事物。

如果仅仅将PC端的产品搬到移动端上，在用户体验上会有不少的缺陷，移动时代的社群形态会有很大的不同，更倾向于图片的产生和分发。堆糖APP"Club"是一个开始，在未来，堆糖一定会创造出与社群营销搭配的应用，提高社群的黏度。

例如，用户可以订阅感兴趣的内容，然后在"订阅"界面选择一个想看的内容，即可进入相关"Club"界面，其操作如下。

❶用户可以先进入订阅界面，若没有"订阅"，则可以点击"你可能感兴趣的"按钮，进入"你可能感兴趣"界面，勾选自己感兴趣的内容，例如，"室内设计"、"音乐"、"旅行风光"、"LOGO"，如图3-39所示。

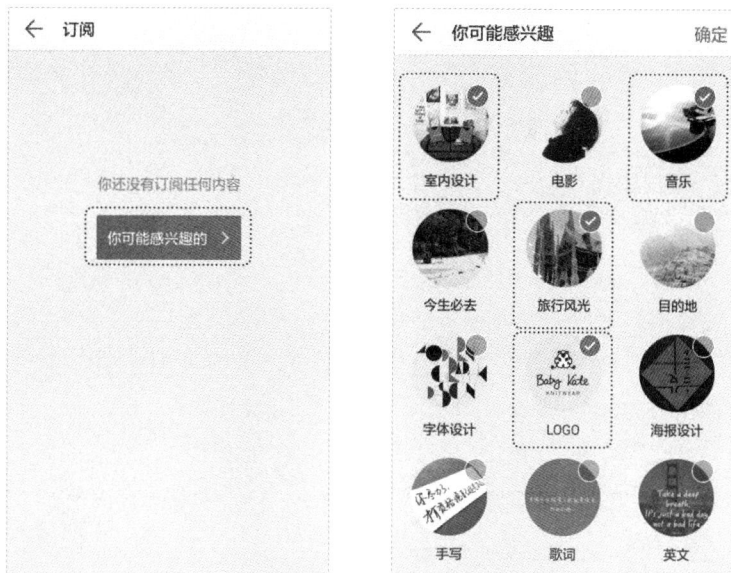

图3-39 "订阅"内容

❷进入"订阅"界面，选择自己想要看的话题，例如选择"音乐"，则会进入"音乐"界面，用户就能看到关于音乐的信息，如图3-40所示。

❸点击"加入Club"按钮，进入"音乐Club"界面，在"Club"里用户可以发布话题，与社群成员交流，一起聊音乐，如图3-41所示。

图3-40 进入"音乐"界面

图3-41　进入"音乐Club"界面

TIPS:

移动社群不能少了图片的存在，只有图片与文字的结合才能在页面设计上贴合社群成员的欣赏视角和习惯。

第4章

QQ社群：带来海量用户、流量与收入

腾讯QQ拥有一个庞大的用户群体，并且绝大多数都是忠实的用户，不管在何时，都有不少的用户在使用QQ，而腾讯QQ用户的庞大、功能的数量，为企业进行社群营销奠定了基础，若一个企业想要进行社群营销，那么绝对不能错过QQ给企业带来的社群效果。本章将讲解QQ社群营销的那些事。

4.1 腾讯QQ的社群功能应用

腾讯企鹅的诞生，伴随了一代又一代人的成长，目前，它已经成为人们离不开的"宠物"。QQ的存在使很多年轻人的交流沟通变得更加方便；使我们能够化解相隔千里的亲情思念，使得企业、商家与个人的无纸公办便捷化，营销推广快速化、效果化。

QQ使得这个世界在慢慢地变小，只要加入了好友，无论走到哪里都可以加强联络，随心所欲地进入畅聊的世界，这就是它的魅力所在。总之，QQ的诞生改变了人们原有的生活方式，甚至改变和取代了人们曾经依赖的通信工具，它的出现和很多人都建立起了深厚的情感。

4.1.1 QQ群：快速聚拢更多新用户

对于社群营销来说，QQ群是理想的营销圈子，群内往往聚集着有共同爱好、共同需求、同一行业的人，并且通过QQ群，用户与用户之间可以即时沟通，也可单独聊天，因为QQ群具有话题集中的特性，所以QQ群已经成为一个非常好的社群营销平台，下面就从以下几方面来了解QQ群的社群营销技巧，如图4-1所示。

图4-1　QQ群社群营销技巧

1．加入机制

在生活中，人们加入QQ群有以下两种方式：

● 主动式。

● 被动式。

一般来说，主动式居多，主动式是指人们自己看到宣传或者利用群搜索功能加入；被动式是指突然接到一个群消息，将人们加入群里，只要个人同意，则会立即进入群圈子里，与群里的成员交流。

对于企业来说，想要被别人拉进QQ群，就需在某个圈子内有比较大的名气，这样被动加入的机会比较多，一个群里的名人越多，大家愿意继续留下的概率也越大。

并且企业要用QQ开展社群营销，必须掌握加群技巧，有群可加才能为QQ社群营销增加销售对象和社群营销平台，并且企业应该想方设法进入人气高的群，因为这种群的人群质量比较高，便于运行社群营销。

当企业运用QQ群来做社群营销时，第一步就是加群，在这里介绍几种可以获得QQ群的途径：

● 通过朋友或同事的介绍。

● 在一些网站、论坛等媒介上寻找推荐群。

● 企业可以直接在QQ进行搜寻。

例如，企业是减肥行业，则可以在QQ界面上点击"查找"按钮，然后输入群号码或关键词，点击"查找"按钮，就会出现相关行业的群，企业还可以根据"同城"或"热门"等条件进行筛选，如图4-2所示。

图4-2　在查找界面搜寻合适的QQ群

企业最好根据活跃度来选择要加入的群，因为很多人数多的群往往发言的人很少，而且有时可能几天都没有人发言，而活跃度高的群，就不用说了，其发言率一定很高，且人数也不会很少，十分便于企业进行推广，接下来就来介绍建立QQ社群的技巧。

（1）企业需要了解QQ群的规则，了解QQ等级与对应可加的群数量，如表4-1所示。

表4-1　QQ等级与对应可加的群数量

QQ等级	好友上限人数	QQ等级	好友上限人数
0～15	500	28～31	700
16～19	550	32～47	800
20～23	600	48级以上	900
24～27	650		

（2）很多企业追求所谓的效率，直接忽略加群的验证信息，为了更容易获得群主和管理员通过，加群的请求语一定要认真填写，千万不要留空，这样才能显得比较有诚意。

例如，加入一个学习CAD的群，可以用请求的语气：你好群主，我想学习CAD，加群可以吗？如图4-3所示。

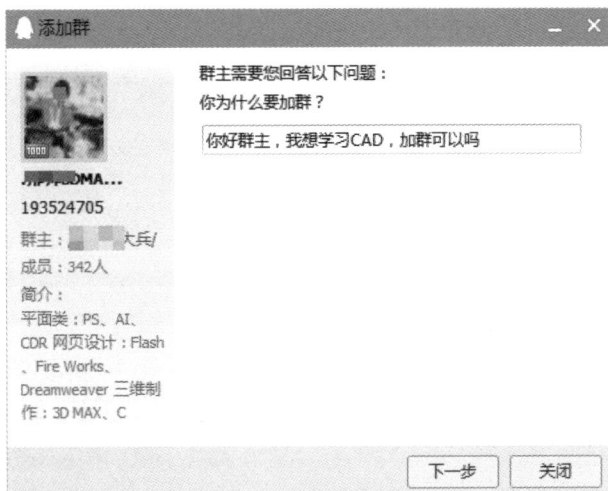

图4-3　加群验证语的设置

类似这种验证语的通过率比较高，当然具体的群的性质要用的请求语也大不相同。也可以简单地在验证信息里标明你跟群有关的身份或是行业信息。

（3）大多数群成员都讨厌发广告的人，并且群主或管理员会留意昵称和个性签名带广告宣传性质的词句，若带有广告性质的，则不会同意加入。所以在加群时，应该临时改一下昵称和个性签名，去掉广告气息。

（4）很多群都会有意识地控制群成员的质量，因而在审核加群申请的时候，个人资料是一个重要的参考。一片空白的个人资料难以引人注意，而个人资料用乱七八糟的内容，会让人觉得是非主流等，这些都很容易导致群主或是管理员拒绝其加入群。

（5）在群主批准入群后，企业首先需要报到，介绍一下自己的姓名、业务、联系方式等，填写的信息要尽量诚恳，此外，看看是不是要改群名片，如果需要的话马上改，企业还可以根据群成员名片的风格，设置一下自己的群名片，尽可能在群名片中把自己的姓名、业务、联系方式、公司介绍等填写准确。

（6）进群后要优化群名片，因为这里面涉及一个排名靠前靠后的问题。大多数情况下，很多活跃群都会踢出刚进群却不按群规发言或者长期潜水的账号，所以新进群要注意发言，不要发违反群规的话题，更不要刚进群就狂发广告，很多群不允许发广告，但混熟了，偶尔发发也是可以的。

（7）企业进群后除了设置群名片外，还可以看一下群之前的聊天记录、共享文件、群活动，这样对群会有比较初步的了解。对于商家来说，进群很重要的一步是获取一些群的信息，这样对自己的专业及业务开展都有好处。企业可以把群通讯录，分类整理到自己系列表中，或者下载群共享里面对自己有用的资料，还可以从历史聊天记录中寻找与自己业务相关的群成员。

（8）对群进行一段时间的观察，看看经常有哪些人在里面聊天，然后专门针对他们推出产品或者服务。

（9）在企业充分了解群特点、群主特点以及与群内成员，并成为朋友后，根据情况可以发布一些推广信息，一般方法有4种，如表4-2所示。

表4-2　4种推广方法

方法	好友上限人数
建立群讨论组	讨论组里面最好不要有群主或管理员，也不能直接发广告，可以先和大家套近乎或发软文
发群邮件	发群邮件不要是纯广告形式，最好是软文和联系方式并存
给群成员单独发信息	单独发信息广告性质可以明显一点，但是也要客气
QQ群发	群发选项里面发送速度设置成"普通或更慢"，尽量不要无限快速发送，并且发送的字数不宜过多，特别是对群内成员发送时，发送速度设置为最慢

发送的消息里面尽量不要带网址，因为腾讯有专门针对网址的算法，一旦发送的次数超过一定数量就直接屏蔽。

企业群发的内容需要多样化，添加大量不同类型的广告语，以图片和文字的形式混合发送，尽量经常修改发送的消息内容，并且进行更新，这样才能模拟聊天，达到更好的效果。

广告本着少而精的原则，每天只发一次，广告要做得吸引眼球，不要打几个文字就发出去，做些小符号在上面，做得漂亮些，让人看出是广告也舍不得删除，时常变换广告内容和样式，给人一种新鲜的感觉，如图4-4所示。

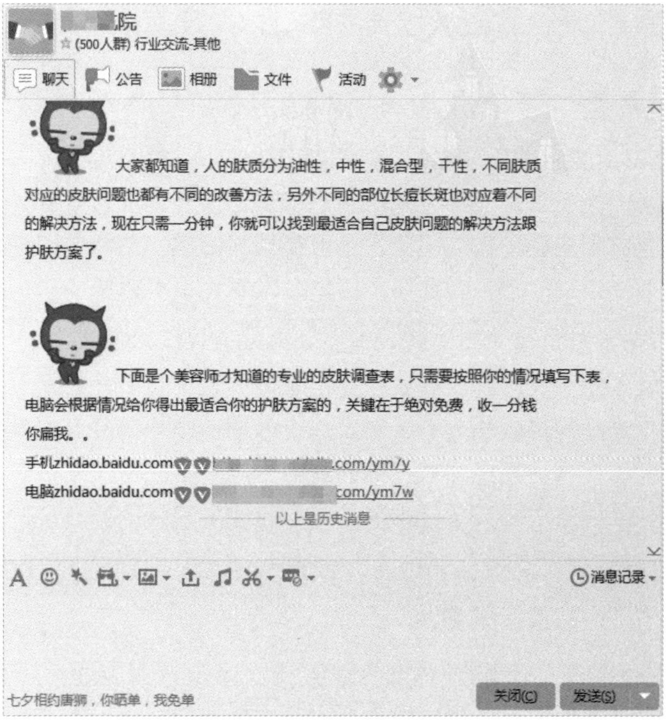

图4-4 有趣的QQ群广告

（10）不要滥发推广信息，滥发只能招致群成员举报，被踢出群甚至被腾讯锁定或封号。找群要找对行类，加群要加有影响力的活跃群。

（11）腾讯为了用户账户安全等原因，用户每天加群加好友等操作，都是有次数限制的，也有频率限制，超过了限制，不但操作无效费力，甚至还有可能被封禁IP和锁定账号。

💡 **TIPS:**

每个QQ号每天加群操作不要超过20次，最好控制在10～15次之间，频率也不要低于10分钟每次。同一IP也不要频繁进行加群操作，一个IP每天不要超过20个QQ号进行加群操作。

（12）企业要精准用户群体，对目标顾客进行分析，分析这些人会在什么样的群里交流，然后用QQ群按照关键字提取，或者按照相关条件提取。

例如，企业是卖面膜的，那么就需要去搜索美容、女人、女士、面膜、化妆品等词汇，因为面膜女性用得比较多，而这些搜索词能连接到不少女人聚集的群，但如果企业是专门卖男士用品的，去加这些群，社群营销效果就没有加精准群的效果好。

（13）选择好群会对QQ社群营销产生直接的有效作用，在选择可加入的群的时候，要切记以下性质的群不要加，如图4-5所示。

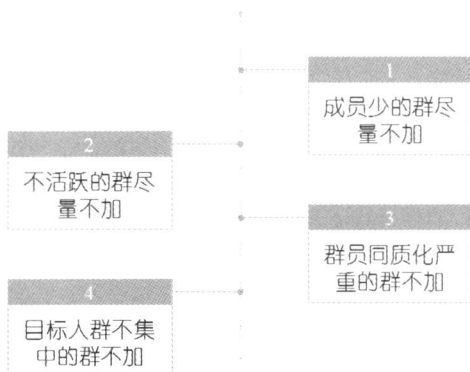

图4-5　加群注意事项

（14）在群里发言虽然理论上群成员都可以看到，但有时信息太多容易被淹没，这就要注意群成员间直接的沟通。企业在遇到与自己业务相关的潜在客户、供应商、行家高手、热心且人际关系广的群成员等最好的方式是申请加为好友，然后利用私下点对点的沟通、群里组织的活动、甚至跟对方私下约会等方式进一步互相认识。

2．建设机制

虽然加入群是QQ社群营销的捷径，但是QQ社群营销要实现最好的营销效果就必须靠自己，只有建群才能直接掌控群主享有的特权，那么如何建群呢？接下来介绍建立QQ社群的技巧。

（1）根据产品定位对象，比如说要对服装进行营销的话，首先定位好营销对象，分析他们的购买能力，确定人群的活动时间。

（2）企业应该尽量多建200人、500人的高级群。建议开通QQ会员功能，因为一个会员可以额外多建4个500人的群。另外，级别较高的QQ号也可以添加更多的500人群。

（3）选择合适的群类型，目前"兴趣群"拥有10种群分类可以选择，企业可以创建行业交流群或者品牌产品群，如图4-6所示。

图4-6　新建群可选的类别

（4）QQ群的名字代表着群的定位，起名字的时候可以考虑以下3点：

● 优化名字，包含搜索关键字。

● 群名称一定要符合推广的网站的定位，针对目标人群。

● 群名要有特点，这样容易让人记住，印象深刻，最好包含一个标志性词汇。

（5）QQ会员可以享受更多的政策，可以多建群，可以建高级群和超级群，人多才活跃，社群用户的黏性才高。

（6）作为一个网络社群，QQ群也应该有自己的社群规则，必须对成员做出相应的规则约束。

社群群规是建立QQ群的群主以及相关的群管理员（由群主任命）对QQ群制定的相关规定，目的在于确保群内的活跃度以及群成员和谐交流，另外也是规范群内成员的言谈举止的重要途径。

TIPS：

社群营销中的QQ群规则，也可以跟社群成员一同建立，只有充分吸取社群成员的建议、想法、需求，才能在QQ群中做好社群营销。

（7）管理员的作用是活跃群，积极与社群成员进行交流，及时掌握社群成员的动态，并且负责网站推广的操作，包括网站的活动，网站的打折信

息，网站的红包发放等，管理员是维持群和谐有序进行的核心人物，如图4-7
所示。

图4-7　群成员

（8）不管是管理员还是群成员，企业都要看他们在群里的表现，要及时
地清理不活跃的会员和做广告的人，还有一些在里面捣乱的人。同时，还要注
意群内的男女成员比例，这样才能进行精准的社群营销。

（9）只有QQ群有一定的活跃度，社群内的成员才会喜欢群，才会对群产
生归属感，这时候企业在群里进行推广，群成员才不会觉得反感，甚至有时还
会持支持的态度。

3．工具运用

在QQ群这种社群里，除了在群里发送信息之外，还有不少的小工具，可
以调动社群里的气氛，增加成员与成员、成员与企业之间的感情。下面就来了
解在QQ群里还有哪些宣传工具。

（1）群相册，在相册里可以放置一些合适群主题的图片（搞笑、时事、
健康、风景、美女等），这些图片可以打上关于企业产品、网站的水印。需要
注意的是所放置的图片不要是纯广告，那样只会让社群成员产生厌恶感。

例如，长沙小米同城会，就在社群相册里，放置了社群成员每次一起聚
会、搞活动时的照片，如图4-8所示。

图4-8　群相册

（2）群公告，可发布促销活动、特价商品、线下活动等，也可以直接放网站的名称或者网址，并且作为群主或者管理员，一定要热心，多为群成员解决实际问题，拉近跟群成员之间的关系。

例如，长沙小米同盟，就经常发布线下活动，如图4-9所示。

图4-9　群公告

100

（3）群共享，共享一部分的专业知识，然后在文档中表明"想获取更多信息，请到某网站（目标网站）下载（或浏览）"或者直接植入商品链接或者网站链接，共享文件包括WORD、PPT、XLS等格式文档和图片，切记一定要共享对群成员有价值的文档，如图4-10所示。

图4-10　群文件

（4）QQ表情，企业在社群里与社群成员进行聊天、交流时，可以发布一些搞笑、好玩的QQ表情，只要表情到位，就能吸引关注。

（5）群邮件，可以将邮件发给所有社群成员，群发有价值内容、内容较多时可用附件的形式群发文档。

不定期发送一些跟群主题相关的信息、新闻、八卦、资源等，邮件尾端带上自己的链接，如果是资源类，就直接在压缩包中加入自己的广告。

群发邮件后，不定期回复（群邮件的一个功能——只要回复，所有的群成员都能收到），提醒群成员注意。

（6）企业利用群邮件，还可以单独给社群成员发信息，企业可以定期发布有价值的信息，引起社群成员的兴趣，如图4-11所示。

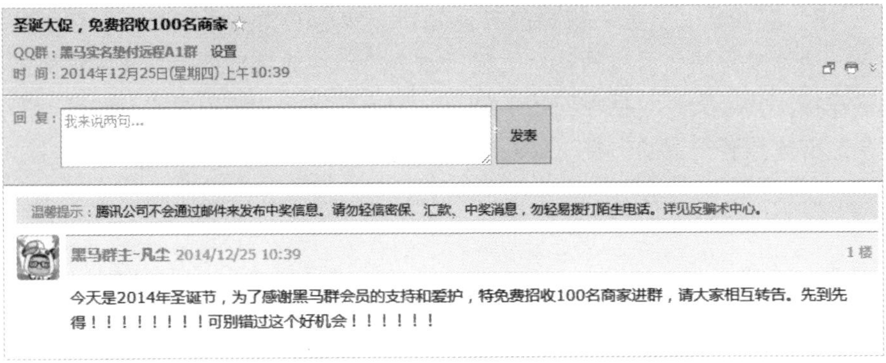

图4-11　单独发布的群邮件

（7）群活动，企业可以在QQ群里创建一个群活动，社群成员可以自愿参加，若愿意参与，在群里报名即可。群活动能增进企业与社群成员的感情，增进社群成员的参与感，如图4-12所示。

图4-12　群活动

（8）讨论组，是QQ群里又一细分部分，有时社群成员太多了，不可能与每个社区成员都成为非常好的朋友，但是总会在社群里找到几个，届时人们可以通过在群里建一个讨论组，与几个比较熟的社群成员进行小范围的交流。

例如，想要相约一起打游戏，则可将几个喜欢打游戏的社群成员，拉到自己的讨论组里，如图4-13所示。

图4-13　讨论组

（9）QQ红包，有时能将一些在群里潜水的人呼唤出来，活跃社群气氛，红包里面的金额不在乎多少，这只是社群成员活跃气氛的一种方式而已，如图4-14所示。

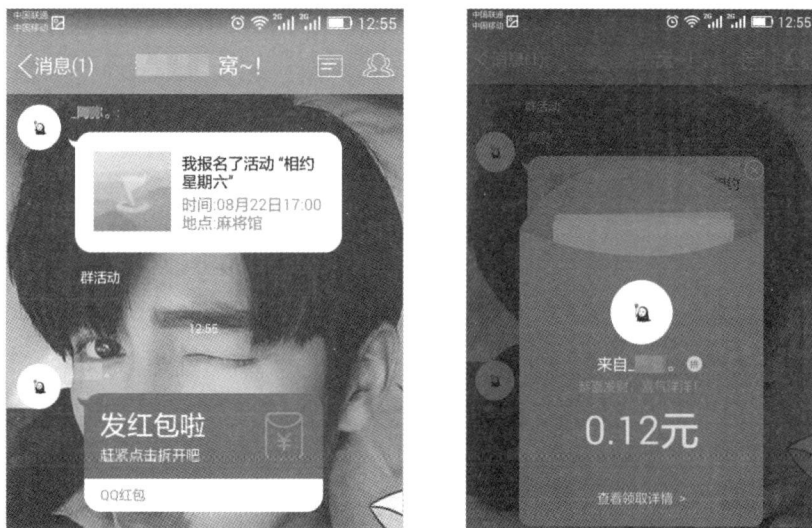

图4-14　QQ红包

（10）群共享演示，可以使得线上的群分享更加多元、直观。使用"群通话"应用中的"PPT演示"功能，可以实现语音加PPT演示的群分享，非常方便。

（11）匿名聊天，是一种在群里大家不知道你是谁的一种聊天方法，使用匿名聊天，可以说出很多好玩的对话，激发社群活跃度，并且匿名聊天容易引起人们的注意力，大家都会好奇，想知道匿名者是谁，如图4-15所示。

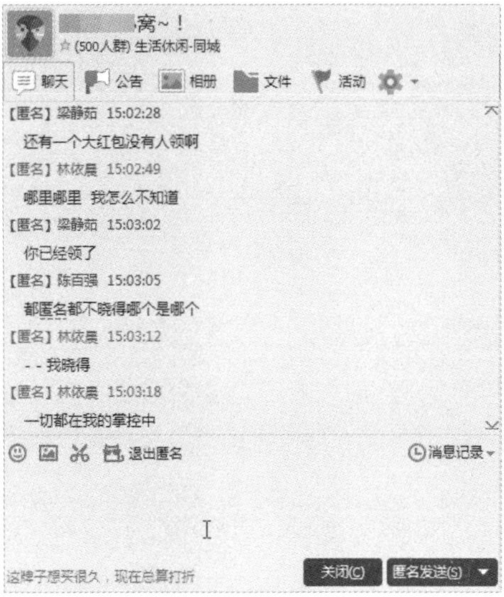

图4-15　匿名聊天

4．群内把控

企业不管是建群还是加群，都需要注重群质量的升值。只有高质量的群，才能增加服务、产品和社群成员之间的黏性，长久维持现有的社群营销关系。作为QQ社群营销者可以从以下四方面入手，如图4-16所示。

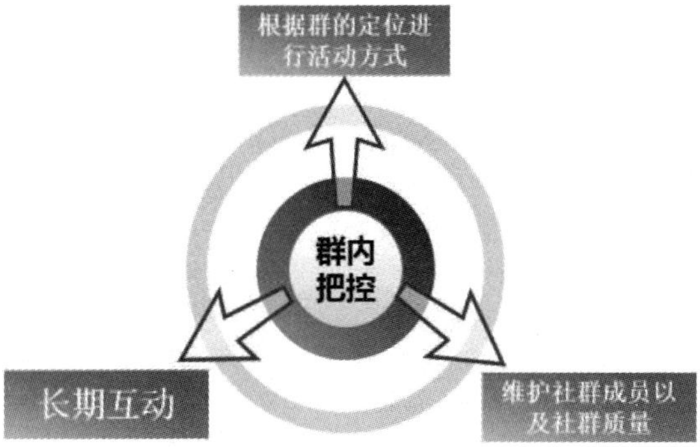

图4-16　QQ群社群营销运营技巧

（1）长期互动

企业不管是在自己的群里，还是在别人的群里，都可以定期组织相关话题讨论，长期与社群成员互动，让社群成员形成习惯。

开展话题讨论要天时地利人和，大家都比较空闲的时间就是天时，QQ群就是地利，人和则需看话题的组织者的主持能力，组织者心中要有"墨"，为人随和中立，主持不仅要懂得带动人气，还要能调节群众情绪，控制得住场面，这样才能使得社群活跃起来，只有一个活跃的社群才能够使得营销成功的概率变大。

（2）根据群的定位进行活动方式

根据群的定位进行活动方式，例如，学习群可以做讨论、培训形式；产品群可以定期提供活动推广产品；服务群则可以提供服务资讯；交友群则需要创造良好的交友氛围。

（3）维护社群成员以及社群质量

企业为快速聚拢更多的新用户，在群上难免会出现竞争者，不相关的广告发布者，届时群主就需要维护群的质量，及时清除对企业不重要的用户。

企业还需要把握社群成员交流的话题，以3∶7的形式进行把控，即其余话题与相关话题的比例，这样的一个比例，才能使得社群成员有一种不被束缚的感觉，能随心所欲地在社群中谈天说地，共同交流、交友。

社群是一个公共场合，群员却是形形色色的，在公共场合言语不文明应该进行有效制止，尽可能打造一个文明有质量的群，对于情况恶劣者应该予以管理。管理者要掌握化解群员矛盾技巧，最好的方法是私下化解。

TIPS：

在互联网交友时代，QQ号码几乎人人都有，而QQ群又是一个特别容易因某些爱好、兴趣、契机而聚集一拨人的工具，所以对于企业来说，在QQ群里运行社群营销再好不过了。

下面来进一步了解社群营销可以在QQ群上运行的理由：

● QQ群覆盖面积广，几乎涉及每个年龄段，人人都有QQ号码。

● QQ群的容量大，最多可达到2 000人。

● QQ群管理是灵活式的，群主或管理员具有禁言、改群名片、发群公告等管理员的权利，便于社群营销的管理。

● QQ群交互功能能强，支持多群同时互动。

● QQ群可以随时知道社群成员是否在线。

● QQ群基本对链接没有设置屏蔽，但还是要慎用。

● QQ群便于在某些场景下与社群成员互动。

● QQ群进行群分享的内容可以很快汇总变成对外传播的文字分享版。

4.1.2　QQ空间：精准不在话下

在没有微信之前，QQ空间可以说是年轻人记录心情必去的地方，从QQ空间日志的软文营销方式、懂懂日记、小米QQ空间等一系列成功营销案例来看，QQ空间的营销价值是毋庸置疑的。

QQ空间拥有多种功能，能够帮助商家打广告、推广品牌，以此吸引更多的用户，达到精准营销的目的，如图4-17所示。

图4-17　QQ空间的广告推广

对于企业来说，QQ空间就是一个天然的社群，它是基于QQ好友而形成的，这种社群有3点好处，有了这3点好处，就对社群营销的运行给予了非常大的帮助：

- 社群成员都认识你。

- 社群成员是因为喜欢你才会看你的QQ空间。

- 精准性强。

对于每年国内的各种小长假，讨论最多的应该是旅游，根据腾讯QQ空间最新发布的数据显示，2014年"五一"期间QQ空间的照片单日上传量突破5.1亿，再创历史新高。对于旅游景区来说，如果能够知道景区内都有哪些游客前来旅游，那么就可以针对这些游客进行精准营销。

而QQ空间基于亿万用户行为和旅游相册大数据推出的首份《中国玩货报告》，一张图读懂五一旅游那点事儿，就是一种"社群+大数据=精准"的一种营销手段。

来自QQ空间旅游相册的大数据显示：

- "五一"其间出游的女性占总体旅游人数的54.8%，稍高于男性。

- 从年龄上来看，80后占据旅游群体的近一半左右，比例高达48.8%。

- 大学生群体也是旅游的一大主力，不容小觑，占比23.6%。

同时，在《中国玩货报告》中显示出游的主力军以年轻人为主，如图4-18所示。

男	女
45.2%	54.8%

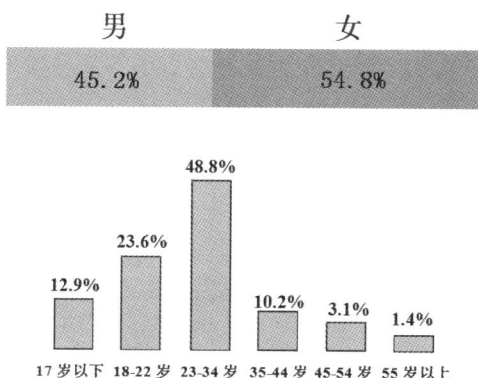

图4-18　出游年轻主力军

所以，可以分析出女性、80后、大学生是旅游的主力军。

在《中国玩货报告》中显示，无论是旅游出发城市还是旅游到达城市，排名靠前的大部分是东南沿海和经济较发达的中部地区。其中，深圳、成都、北京是名列旅游出发城市前三位，是中国的"最爱玩城市"，如图4-19所示。

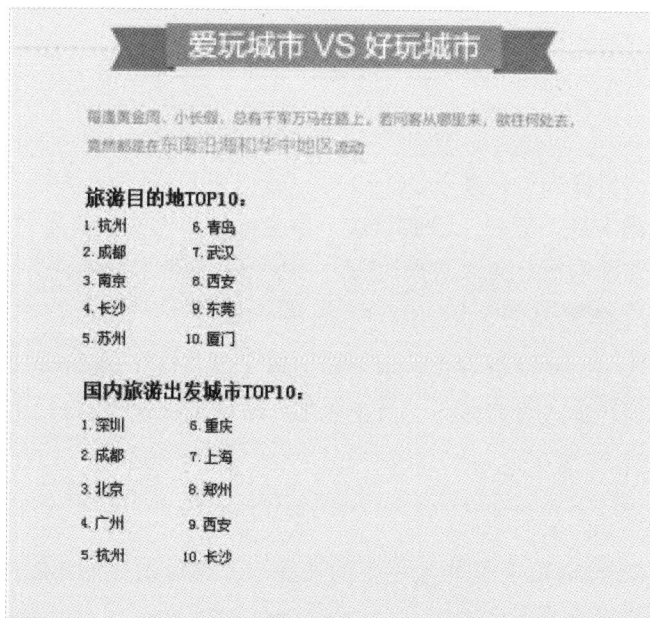

图4-19　爱玩城市与好玩城市

从"旅游目的地"排名前十的城市分析可以看出，"五一"假期南方城市深受游客喜爱，前十名占了八个席位，而北方只有古都西安和滨海城市青岛挤进前十，由此可见，北方游客在五月时节，更倾向于去阳光明媚的南方城市享受初夏。

腾讯优图团队通过照片人脸分析技术和大数据处理平台对照片进行分析，结果显示中国男生更喜欢合影，女生更喜欢自拍，并且国人生性含蓄，在合影中更倾向于和同性合影。

随着智能手机的普及，越来越多的游客倾向于带着手机走天下，平均每100张照片中有75.6张是通过手机拍摄的。从拍照的手机机型看，苹果手机一马当先，小米手机异军突起，成功进入前三甲，如图4-20所示。

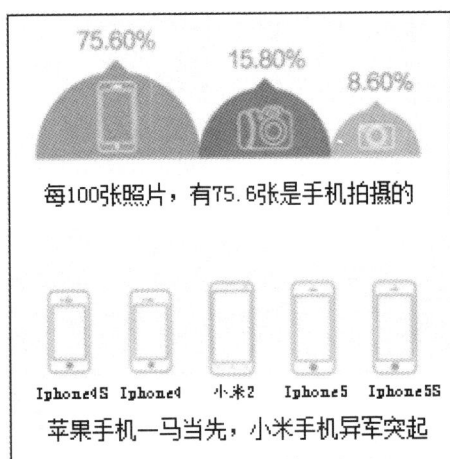

图4-20　手机拍照是主流

《中国玩货报告》是基于QQ空间用户行为和旅游相册大数据形成的，向人们呈现了国人的"五一"出游状态。作为国内最大的社交平台，QQ空间在未来完全可继续进行社交大数据挖掘，为各行各业带来基于社交网络大数据的精准社群用户洞察。

因此，从《中国玩货报告》中，可以看出基于QQ空间的社群营销，是以找到高质量的社群成员为核心，为企业推广做好精准营销的商业模式。

QQ空间自身具有分享、转载、说说、日志、相册、访客和评论的基本功能，充分挖掘这些功能的营销价值是实现QQ空间社群营销成功的关键所在。

下面就来分析QQ空间里所包含的功能，怎样运用它们才能对企业的社群营销带来不错的收益呢？

1. 分享

QQ空间里的每篇文章，都可以"分享"，当社群成员利用移动端"分享"QQ空间文章时，可以具体分享到QQ个人、QQ群中、微信个人、微信群中，还可以分享到微信朋友圈中，如图4-21所示。

图4-21　移动端QQ空间分享功能

当社群成员在PC端"分享"QQ空间文章时，可以将文章分享到自己的空间里、分享给指定好友、分享到腾讯微博中，也能同时进行"分享"，这样一来被"分享"的文章，不但会在QQ上所有的好友的空间动态里显示，还会在好友的好友的空间动态里显示，如图4-22所示。

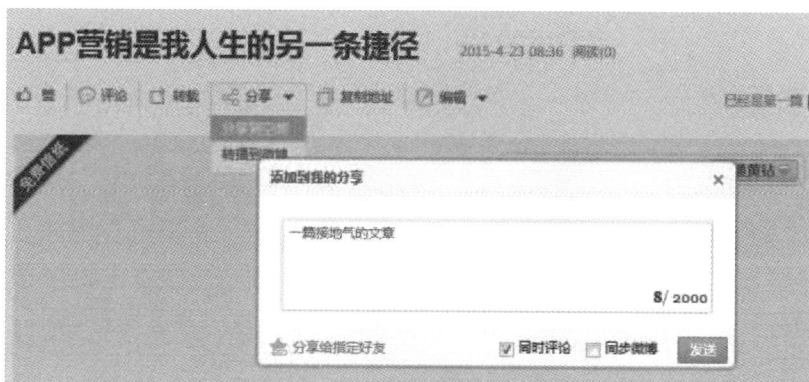

图4-22　PC端QQ空间分享功能

这样，文章就会在很多人的QQ空间里，自动形成病毒式传播，如此一来，很多潜在客户都会看到文章，继而通过超级链接，看到广告文章，企业又能获得不少的新社群成员和粉丝。

2．转载

对于会写文章的人来说，他们通常会写一些令人感受到很高的价值的文章，对于这类文章，QQ上很多好友都会不自觉地去转载，当好友转载了文章后，文章同样会出现在好友的好友的空间动态里。

"转载"与"分享"有同样的传播功能，平常在好友的QQ空间里，看到转载的一些看起来非常有价值的文章，这个时候，自己可以转载过来。但是一定要注意一个细节：转载过来之后，一定要对这篇文章进行编辑，这样可以在文章末尾留下广告文章链接。

因为这类文章被转载的概率很大，所以当自己的QQ好友看到后，他们也会不自觉地进行转载，这样，自己转载的那篇广告文章就会一起被转载过去，如此一来，对于会写文章的人来说，由于有了转载功能他们通常会写一些令人感受到很高的价值的文章。

3．日志

QQ空间其实就像一个博客，所以要利用QQ空间做好社群营销，原创文章的写作是最基本的。QQ空间的日志是私人化的，因此，人们更多是写心情日志，心情日志更加逼近人的内心，情感更加真实，所以很能够取得潜在客户的信任，如图4-23所示。

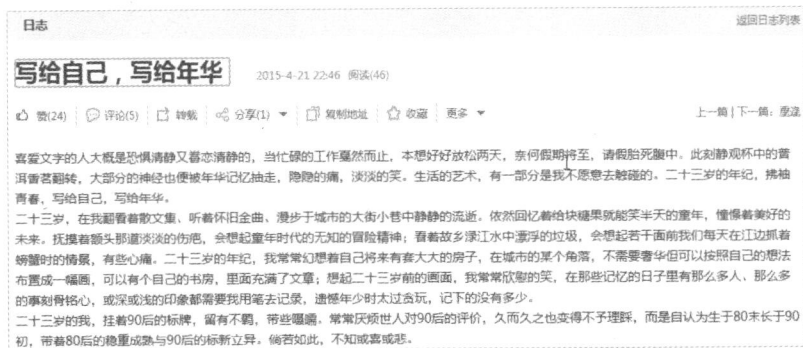

图4-23　心情日志

当然，企业不能在QQ空间总是发布心情日志，有时也要适当写一些商业文章。如果商家有阿里巴巴博客的话，也可以把阿里巴巴博客里的文章转发到QQ空间里。

最好把广告信息写成一篇有吸引力的文章（标题尤其要有吸引力），文章里一定要留下详细的联系方式，并且还可以插入产品图片，并在每篇文章的结尾，给广告文章做一个超级链接，即可点击的蓝色的超级链接，如图4-24所示。

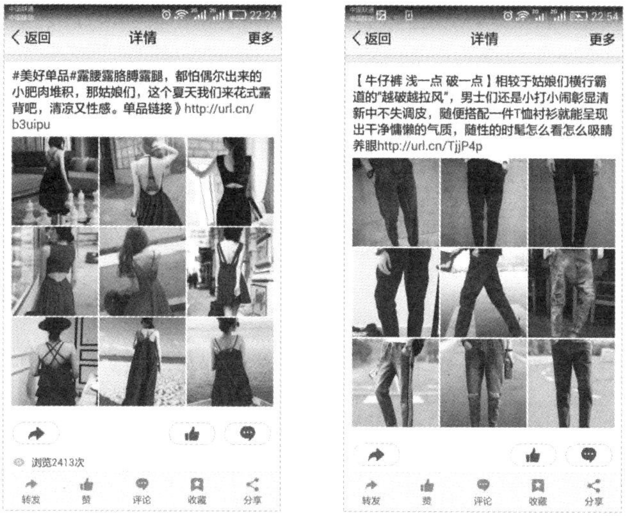

图4-24　给文章做一个超级链接

　　好日志同样注重价值，有价值的日志同样可以吸引读者转载分享，自动传播，企业还可以通过日志详细介绍公司或者产品、产品使用说明、客户见证、公司新闻等信息。

　　这里需要注意一个细节，就是当有日志更新，在没有被某一好友点开查看之前，在对方的好友列表中，日志将显示在个性签名中，由于个性签名的字数有限，所以日志的标题或者开头要精心设计，要能够让社群成员有点开查看的欲望。

　　例如，一篇为"这届好声音应该改名叫作'全明星撞脸大会'"的日志，从标题上吸引人，然后也获得了14 260人点赞，如图4-25所示。

图4-25　吸引人的日志

企业利用QQ空间日志进行社群营销最关键的是向社群成员传递有价值的事物，并且能够持之以恒，让社群成员每天都有阅读企业的日志习惯，如果能合理地植入营销信息，那就相当于社群成员每天都看一遍企业的营销信息。

TIPS:

QQ空间的日志社群营销其实也相当于软文营销，商家在进行日志营销时一定要遵循软文书写的规则，辅以心血，用优秀的文章来吸引和打动消费者。

4. 相册

QQ空间社群营销可以将产品的详细信息以图片的形式上传到QQ空间相册中，而除了在相册中显示照片以外，在个人资料卡中会显示最新更新的3张照片，如图4-26所示。

图4-26 个人资料卡

对于那些营销推广化妆品、衣服、鞋子等女性用品的人来说，如果放上3张漂亮的模特照，一般能起到很好的宣传效果，从而吸引用户点开查看空间相册。

另外，上传照片到空间相册的时候要对照片和相册精心设计一下：

● 在不影响照片美观的前提下，可以加上带有网址的水印。

● 选择最好的照片作为相册的封面。

● 相册不要设置密码。

● 照片不要全是产品信息和广告信息，要有些艺术性和可读性。

当企业把产品照片通过QQ空间的相册功能营销产品的时候，需要注意在这些产品图片上添加标签、添加说明、做好相册分类，这样才能够让用户方便的浏览，也才能够真正发挥QQ空间相册的社群营销能力。

5．说说

QQ空间里的说说功能，可以搭起企业与用户沟通的桥梁，建立信任感，才更有可能获得高质量的社群用户。因此，发表说说内容多以分享为主。

例如，企业是推广美容产品的，就可以从美容小知识出发，来给社群成员讲解如何做才是正确的美容、美容禁区又是哪些等关于美容的小知识，还可以在说说里配上适合的产品图片和链接，如图4-27所示。

图4-27　说说

每天发布说说在2~5条之间，提供有价值的信息，新闻或资讯，编辑内容应注重价值，好的说说内容能够吸引读者，并被进行转发分享，自动传播会带来更多访客，带来更多的客户，带来更多成交。

发布说说后面要有引导转发分享的内容，如果依靠活动或赠品的方式来鼓励社群成员转发分享，推广效果将更加显著，但是发布说说后还要注意以下两方面，如表4-3所示。

表4-3　发布说说后还要注意的事项

方法	具体做法
把握好时间	（1）早上上班时间，在公交地铁都是人手一机，到处看到的都是"手机党"，所以这是一个黄金时间； （2）午饭午休时间12:00～14:00，这时候大家都有时间关注好友的动态，打开网页做些其他的事； （3）下班搭车回家的路上； （4）绝佳黄金时间当然就是晚上睡觉前（9:00～10:30）
切勿随意更新	如果是发一些生活的感悟说说，一天发几次都没多大的关系，假如是转发文章，或者发布广告在空间里面，那么就得注意到量，不要一天到晚转发分享文章，一天转发一两篇就已经很多了

6．访客和评论

企业多进入别人的QQ空间访问和阅读，进入对方的QQ空间时，对方空间就会保留你的访客资料，当对方查看来访用户时，就会点击访客头像进入空间，来阅读自己有兴趣的日志。

企业可以多评论社群成员空间的日志，增加相互之间的感情，这样也可以及时地与对方产生沟通，增加回访用户。

7．生日提醒和礼品赠送

QQ空间会提醒企业，某个社群成员或者QQ好友要过生日了，企业可以通过生日祝福，拉近与社群成员之间的距离，如图4-28所示。

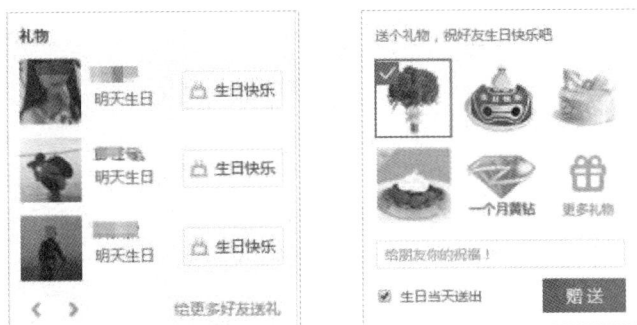

图4-28　空间生日提醒与礼品赠送功能

8．地理位置

在QQ空间中，地理位置的常见应用就是在照片上标记用户的信息，从最初的日期信息到现在的地理位置信息。另外，"QQ空间"APP的"签到"功能也可以让企业快速了解到社群成员的地理位置，在特定的时间其所在的位置，其操作如下所示。

❶在"QQ空间"APP主界面点击中间的"＋"按钮，弹出功能菜单，点击"签到"按钮，执行操作后，进入"签到"界面，如图4-29所示。

图4-29　进入"签到"界面

❷在"热门推荐"选项区中，用户可以选择参加相应的签到活动，如图4-30所示。

❸进入"签到"界面，点击"显示所在位置"按钮，如图4-31所示。

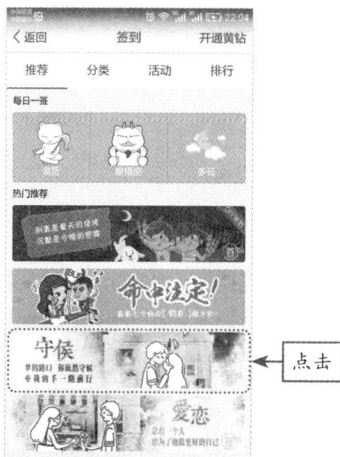

图4-30　"热门推荐"选项区　　图4-31　点击"显示所在位置"按钮

❹执行操作后，即可显示默认的地址，如图4-32所示。

❺点击所默认的地址，进入"位置"界面，手机可以识别出用户所在的位置，并且提供几个地点让用户选择，如图4-33所示。

图4-32　显示默认的地址　　　　图4-33　"位置"界面

❻选择相应的地点后，即可更改签到位置，让自己位置显示更加准确，如图4-34所示。

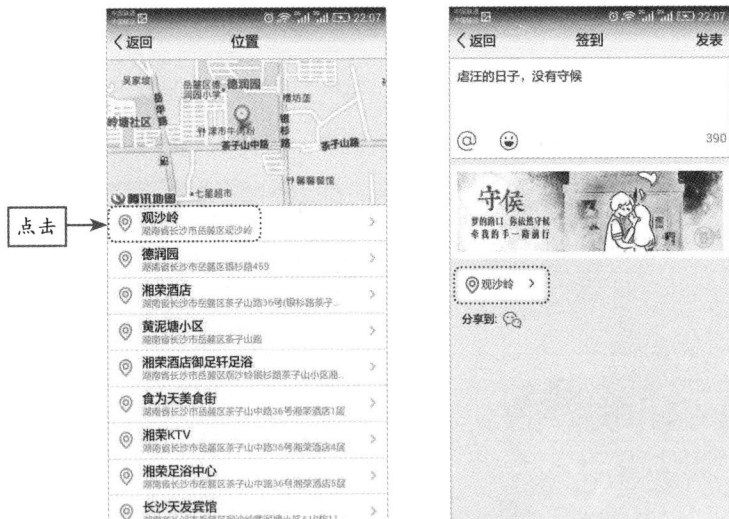

图4-34　更改签到位置完毕

❼点击"发表"按钮，即可完成签到操作，在"全部动态"界面中，其他QQ好友便可以查看此用户的位置，如图4-35所示。

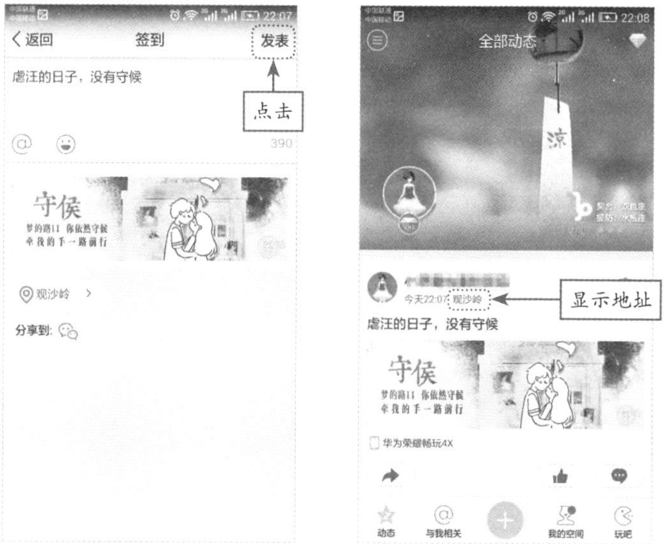

图4-35 完成签到操作

❽QQ空间还具有"水印相机"功能，用户可以将地理位置、当时的日期以及天气作为水印印在照片上，并且有多种水印模板可以选择，使照片能够传达更多的信息，如图4-36所示。

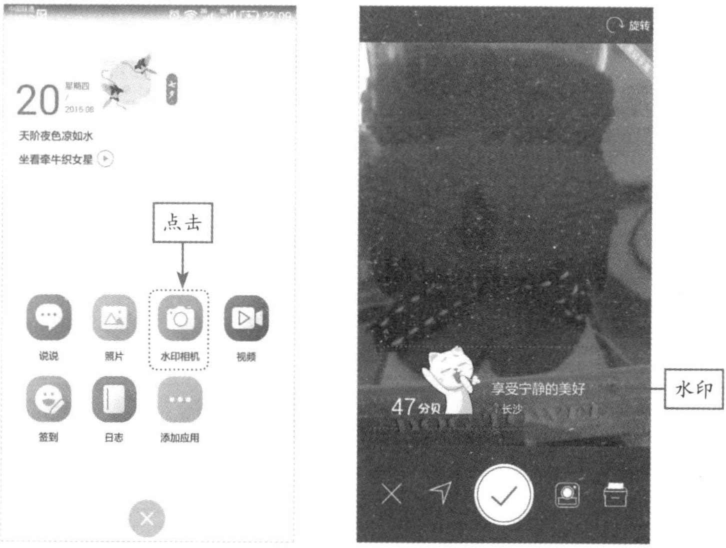

图4-36 "水印相机"功能

TIPS:

"水印相机"功能的出现让QQ空间里的照片越来越多的打上了水印，看起来非常漂亮，而这个功能中的LBS服务的应用虽然不多，但却是点睛之笔。

另外，"QQ空间"的地理位置功能包含了巨大的商业机会，有实体店的企业可以通过提供激励来为现有及未来的消费者进行互动，并为他们提供价值。企业可以为在店内签到的消费者提供奖励，借社会化媒体的口碑传播力量触动他的交际圈，为其带来更多的消费者。

TIPS：

地理位置服务业可以用于大型的营销活动。即使用户在某地并没有多少朋友，他也可以在特定时间查看人们聚集的地点，因为地理位置服务可以根据地点查看活动，同时个人信息不会在非好友用户中出现。

"QQ空间"这样的社交媒体可以用来与顾客建立联系，因此，企业可以参与到网络社群的活动当中，而这个社群最显著的成果是其凸显的数字化和即时、真实的网络对话。企业可以阅读、参与甚至测量分析这些对话，这都将是自己的资本。

下面进一步来了解社群营销可以在QQ空间上运行的理由，如表4-4所示。

表4-4 空间生日提醒与礼品赠送功能

理由	解 释
熟知度高	在人们开始接触网络的时候，或者在学习网络知识的时候，就已经接受了个人网站的概念，其实，空间就是个人网站，网上的家园。 在QQ空间，企业可以添加任何与营销推广相关的个人资料、相片、日志和动态等信息。QQ空间是天生的营销工具，这里土壤肥沃，可以向社群成员展示任何商品信息，而且传播力度非常大。 QQ空间就像一个对外的窗口，可以实现多种形式下的信息并存，产生最直观信息接受体验，随时都会受到用户的关注。此外，QQ空间立足的是熟人关系和朋友圈，从QQ上过来的流量熟知度非常高，这样能够提高交易的成功率，为社群营销奠定基础。 企业在QQ空间进行推广时，如果能合适地把握住社群成员对于广告、产品的敏感度，就能很容易引起关注，并且获得不错的销量。 因为，交易双方都是熟人关系： 信任感很足。 朋友也会为企业做宣传，这种口口相传的效果和效率能够让企业收获到更大的营销效益
互动性强	空间里互动的途径有很多，社群成员可以利用它留言、评论回复等。同时，QQ空间和其他QQ功能比起来，就显得更加的透明、全面与直观。 QQ说说内容也会进入好友圈，能引起一定的关注度；此外空间又是和QQ窗口绑定的，便于用户更好地、更加深入地去了解商家的营销商品。QQ空间的互动还表现宣传的力度上，它会超出人们的预料范围，不受时间限制广泛地进行推广。 空间配上说说连载就像是一部长篇日记，能让社群成员更加全面地了解商家的营销内容。懂懂日记为什么能够凭借自己的几篇文章获得过百万元的业绩，靠的就是空间这种极强的互动性。 企业若能在一篇浏览量过万的文章下留下自己的链接或是产品介绍，就能获得更多的关注

理由	解 释
流动性高	这里的流动性是批引流的问题，企业在空间里发布一条最新的说说，会立刻引起很多好友或社群成员的关注和转发，访客量和浏览量完全是透明的，方便企业去掌握和深入地了解社群成员数据。 此外，空间的包容性决定了它不仅可以吸引住熟人的眼球，也能让陌生人驻足。企业能懂得利用日志，"每天一记"就可以拴住诸多陌生人挑剔的阅读口味，吸引用户，从而获得流量。 然而，腾讯QQ空间是根据用户的需求与心理开发出来的产品，拥有多种社交功能，满足了用户在社交上分享与炫耀的需求，被众多的用户追捧。由此可知，空间就是一个值得企业驻足的流量大平台
自主性强	空间是企业的个人网站，它可以有目的地渗入想去的群体中，以扩大用户群体，增加卖点。在QQ空间这个平台，企业可以自主设置权限，针对不同的人群，发布不同的消息，灵活掌握营销推广的力度。 空间具有的自主性是其他产品所没有的，它对于社群营销走向和产品的价值观塑造都有明显的影响力，这一切在社群营销体系中都相当重要

QQ空间的社群营销优势是天生具备的，企业利用好这个窗口，能够帮助企业赢得更大的市场。人们对QQ空间的认可是一种交流的体现，更是一种认知的兴趣，这一切就像一个放大镜，放大了产品的营销途径，使得商品达到一传十，十传百的功效。

QQ空间中的商业气息流露着情感的交流，这样的优势可以说完善了人们眼中的社群营销模式，为社群营销带来更大的利益。

QQ空间的营销价值是不可忽略的，可以从以下两大方面充分利用QQ空间进行社群营销：

● 巧用QQ空间的功能。

● 精心设计主页。

之前讲完了QQ空间的功能，现在开始讲一讲QQ空间主页的设计。如果企业的主页想给社群成员留下一个好印象，那么主页就要做好，争取做到完美。首页要遵守五点，如表4-5所示。

表4-5 空间首页需遵守的5要素

要素	解 释
要整洁	如果要将空间里常用的模块显示出来，那么最新日志、心情说说、个人资料、头像等都要一一显示出来并且排版好，主页可以给空间加上一些印象分
不要太闪	有很多人喜欢在自己的主页放各种各样的闪图之类，这样不仅会让空间打开速度减低，还会让人觉得很刺眼，自然就达不到自己营销的目的了
不要太过炫亮	平凡也是美，太炫亮的事物给人一种不可靠的感觉，就像那些非主流之类的东西最好不要放到空间上去，因为这些东西会让你的空间减去一定的印象分。

要素	解　释
巧用自定义	一个设计精美的QQ空间，可以引起网友的自然愿望，给他们很奇妙的感觉，进而能够吸引更多的用户浏览！其实QQ空间设计就如同网站设计，必须给人大气的印象，内容要简明扼要，并且重点突出。企业可根据自己社群的特点，可以利用自定义模板设计出适合自己的QQ空间首页
空间认证	空间认证可以让社群成员打开企业的空间之后，看到的是网站形式的QQ空间，而且导航链接、首页内容链接等都是可以点击的，而点击跳转的页面是企业主站。

企业想要利用QQ来获得粉丝，QQ空间是首先考虑的因素，因为成功的QQ空间营销意味着人气，有了人气才会有人不断地重复访问你的店铺；而要想人气足必须拥有大量的QQ好友，这是一个环环相扣的逻辑顺序。

TIPS：

QQ空间作为一种老式的传播媒介，仍然具有强悍的营销能力，仅QQ空间在用户黏度的方面，就足以适合社群营销了。

下面通过两个方面，来详细介绍如何利用QQ空间获得粉丝，如图4-37所示。

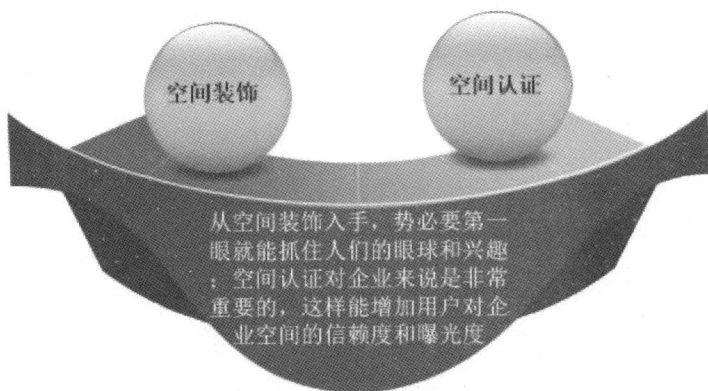

图4-37　利用QQ空间获得粉丝的方法

（1）空间装饰

QQ空间装饰很重要，这就跟人们的穿着一样，因为人们大都是以第一印象来判定一件事物的，所以QQ空间给潜在用户的第一印象非常重要。

例如，小米手机QQ空间主页装饰得：

● 专业。

● 精美。

只要用户进入小米手机的QQ空间，一旦用户关注了小米的QQ空间发售新产品信息，就会出现在用户的QQ空间里，如图4-38所示。

图4-38　小米QQ空间

（2）空间认证

认证空间拥有更多专属功能的腾讯专页。用户可以自主添加成为认证空间的粉丝，之后认证空间的相关更新会在其粉丝的个人中心里展现，粉丝可以及时关注到所喜爱的品牌、机构、媒体或名人的最新动态。

例如，小米QQ空间认证，如图4-39所示。

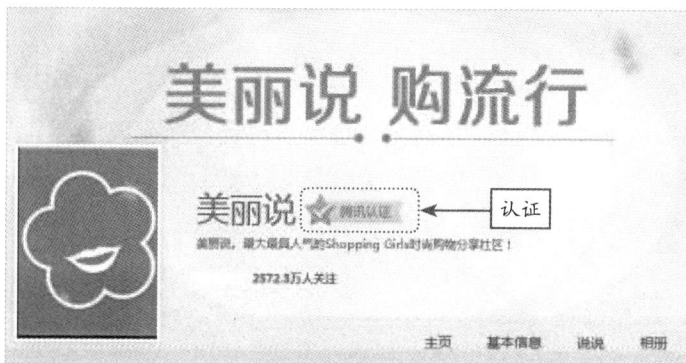

图4-39　QQ空间认证

通过认证空间，品牌、机构、媒体、名人除了进行形象展示、动态更新外，还可以发起各种活动、与目标用户保持持续、顺畅的互动交流。

4.1.3　QQ兴趣部落：陌生人社交的发力点

QQ兴趣部落是腾讯手机QQ于2014年推出的，它是基于兴趣的公开主题社区，并与拥有共同兴趣标签的QQ群实现了打通和关联，形成以兴趣聚合的社交生态系统。这也为社群营销奠定了基础。

121

QQ用户可以在"兴趣部落"里实现交流讨论、信息沉淀，使得用户从相对私密的QQ群里走出来，加入公开的兴趣部落，扩展社交边界。

那么QQ兴趣部落对社群营销有哪些商业价值呢？如表4-6所示。

表4-6　QQ兴趣部落对社群营销有商业价值

价值	解　释
兴趣社交机会大	QQ用户中有52%属于90后，他们的特点是生活很富足，互联网普及率非常高，面对一个认知盈余的互联网时代孤独需要被认同。同时，80后的诉求是找身边的人，90后的诉求是找同类，他们的共同特点就是需要找"人"，而兴趣社群就是一种以"社交"为中心的功能，也是兴趣社交最大的机会
快速聚集粉丝	QQ兴趣部落从2014年6月中旬正式发布以来，两个月的时间内，用户活跃度增长了近4倍多，百万级粉丝的部落已有近20个。 例如，自拍部落发出去仅15天，就有500多万粉丝。这种快速聚集粉丝的速度是社群营销所需要的特性
提高用户忠诚度	QQ兴趣部落，抓住了："最强的互动并不是在好友之间，而是在同类型的人之间"的特性。将基于同类兴趣的社群的生命力与手机移动相结合，使得整个潮流都开始走向兴趣社交和培养用户的生活方式。 正因为这种好的生活方式，可以最大限度地带动商品的销售和产出，所以能大幅度提高用户的品牌忠诚度
基于互联网用户的产物	手机QQ希望将强互动的时时聊天的群体，弱互动、强沉淀的异步讨论的社区做一个整合，为90后用户，甚至所有中国互联网用户提供一整套解决方案，于是就出现了QQ兴趣部落，用它来满足用户在兴趣社交上的内容生产、寻找和消费

随着智能移动设备的迅速普及，带动了移动社交需求的迅猛增长，而以兴趣为核心的移动社群平台："QQ兴趣部落"已经成长为国内最炙手可热的移动社群平台之一，使得不少的企业纷纷进军QQ兴趣部落。

下面就来了解QQ兴趣部落与社群营销的那点不可分割的事。

1．黏合剂

对于社群来说，兴趣是社群成员的黏合剂，企业若想将社群营销做成功，那么就必须要找到基于兴趣为基础，能快速聚集人群的地方，然后借助这种地方，开展社群营销。而QQ兴趣部落就是基于兴趣图谱发展而来的典型的移动社群产品。它不再以亲友、相识之人为建立社交的入口，而是突破了时空、地域、性别、年龄等限制，将有共同兴趣的人连接在一起，组成了一个志趣相投、其乐融融的小部落。

有机构调查发现，27.4%在兴趣类的陌生人社群里更加活跃，兴趣部落实现了人自由意志的聚合，是陌生人社交的发力点。

在兴趣部落上可以看到，1 699万喜欢玩英雄联盟的用户聚集成为英雄联盟部落社群；1 138万TFBOYS的粉丝聚集成TFBOYS部落社群，如图4-40所示。

图4-40　QQ兴趣部落聚集用户的大概情况

基于兴趣而聚集到部落里的用户越来越多，截至目前，已经有超过20万个不同标签的兴趣部落。不仅如此，兴趣部落发展至今也已达到亿级的月访问用户量。

正如腾讯公司高级执行副总裁汤道生在移动社群大会上所说："移动社群彻底突破了传统空间和时间的限制，为人与人交互提供了全面便捷的服务和体验，进而由兴趣社交进一步向资源协作和价值共享延伸。"

2．满足人群兴趣

有数据显示，QQ用户中有52%属于90后，"千禧一代"每天至少翻看智能手机43次，67%的亚洲"千禧一代"认为网络和社交媒体是最好的来源，于是各大企业都将注意力聚焦到更为年轻的这一代人群身上。

90后、甚至95后的特点往往是生活很富足，互联网普及率非常高，自我需要被认同，总喜欢以"你不懂我"、"笑点不一样，怎能在一起？"等口吻与人交流，这也意味着他们对兴趣共同点的看重，因此，基于兴趣为基础的QQ兴趣部落，必然能引起这类人群的注意力。

例如，在QQ兴趣部落里，90后人群有1 553万关注了90后部落社群；95后人群有245万关注了95后部落社群，如图4-41所示。

图4-41　90后、95后兴趣部落社群

在这个追求自由化、多元化、个性化的社群时代，来自个体社群成员的微乎其微的兴趣、精细的需求、细腻的情感都能找到有共同属性的人群，组成社群。

个体的兴趣因为有了社群的互动而得到共鸣和放大，使得社群成员乐在其中，而社群也因为兴趣更为凝聚，从而得到更为稳固的可持续发展，使得企业得到更为真实、忠诚的用户。

在QQ兴趣部落，不断产出的专属定制化内容，能充分满足80后、90后、95后甚至是00后用户挑剔的要求，反过来他们自身产生的优质UGC内容，也在不断地丰富着整个移动社群平台。

TIPS：

UGC（User Generated Content），是指用户原创内容，它并不是某一种具体的业务，而是一种用户使用互联网的方式。随着互联网运用的发展，网络用户的交互作用得以体现，用户既是网络内容的浏览者，也是网络内容的创造者。

3．互动模式开启

社群时代的社交关系，是一种全新的信任关系，这种全新的信任关系处于现实社交的熟人关系与虚拟社交的陌生人关系之间的交叉地带，形成"半熟社交"。

而兴趣部落的搭建，为这种基于兴趣的"半熟社交"找到了突破口。例如，在QQ兴趣部落，有一个由66万QQ用户聚集而成的穷游部落，这些用户是来自世界每个角落的独立个体，而因为"穷游"部落的召集，在部落里，成员可以自由组队，相约一起穷游。

例如，最近一次活动9月30日相约去江西萍乡武功山的活动，如今才8月20日，就有602人报名，585人参与评论，132人转发到了自己的QQ动态上，可见在QQ兴趣部落发布活动的影响力，如图4-42所示。

图4-42　QQ兴趣社群的影响力

一次线下活动，可以让一群人从相互知道到相互认识、熟悉，见证了兴趣社交从线上到线下的成熟社群商业模式转换。

4.1.4　"附近"入口：剑指LBS商业

QQ的"附近"功能，就是一种LBS应用（LBS是一种位置定位服务），这种LBS应该可以分析出一个人的消费习惯、消费水平。例如，一个人每周去一两次星巴克，毫无疑问，把星巴克优惠信息推送给他，他一般不会感到反感。

当企业通过LBS营销方法，将思维从消费者模式转变到生产消费者模式时，这就是所发生的事情。企业不仅仅在花钱的时候赚钱，还可以在你的推荐合伙人以及他们所有的合伙人花钱的时候赚钱。

对于企业来说，所有用户的消费行为都是重要的营销依据，只要LBS平台积累大量用户数据和消费行为数据，很多商家将会上门来进行合作，不但会为这个平台的用户提供特殊优惠，还将支出相应的广告费用。这个时候，LBS平台将是很大的一个营销平台，改变了原来的营销方式。

而QQ是一个用户社交的工具，对于企业的社群营销来说，QQ"附近"功能是必不可少的一环。

1. 筛选

在QQ"附近"的应用中，用户可以根据自己的喜好来筛选附近的人，例如，企业产品主要面对的目标人群是年轻男性，则可以选择"性别：男；年龄：23～26岁；兴趣：爱游戏"，选择完毕之后，点击"完成"按钮，QQ就会向企业推送附近比较适合的人群，如图4-43所示。

图4-43　"附近"的筛选功能

企业可以根据"附近"的筛选功能选出合适的社群成员，并且以兴趣为核心，精确查找离企业最近的用户，与之交流，建立感情，可以拉入社群中，成为忠实的社群成员。

2. 热聊

QQ"附近"还有一个"热聊"功能，这是一个话题聊天室，可以随时退出，随时添加，没有门槛，只要是自己感兴趣的，人们就会点击进入，参与讨论。

例如，企业想要将自己的QQ经营得比较有人气，可以进入"【互赞】美好一天胡＝互赞"聊天室，可以在里面呼唤陌生人帮忙点赞，还可以长期合作，互相加好友，这样不仅能为自己的QQ添加人气，还能多交集一些好友，如图4-44所示。

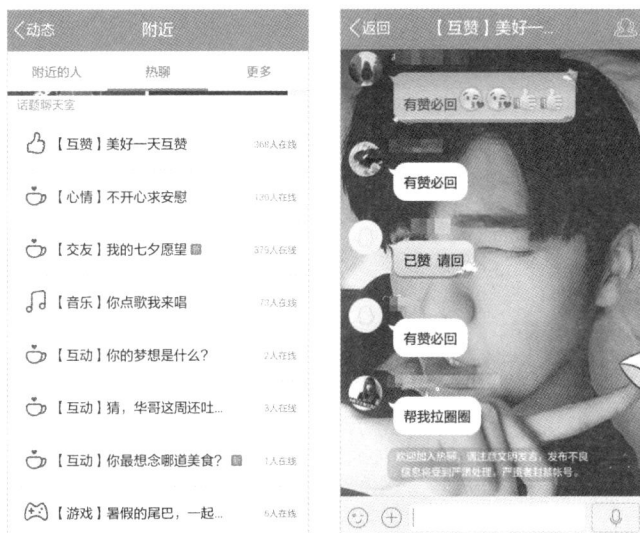

图4-44　"附近"的热聊功能

3．更多

QQ"附近"里还有一个更多的功能，里面包含了6种功能，如图4-45所示。

图4-45　"附近"的更多功能的类别

（1）附近的群

QQ"附近"中的附近的群，都是离企业距离近的用户建立的，企业可以选择可能目标客户群比较多的群，加入进行聊天，在里面活跃气氛，与成员成为好朋友，与群主打好关系，想方设法使得群里的成员变成自己的社群中人。

企业还可以自己建立群，这样可以让QQ用户主动来找企业，而不是企业去找用户，附近的群有10种类型的社群可以建立，企业根据自己的需要可选择建立，如图4-46所示。

图4-46　附近的群的建立类别

（2）活动

在"附近"的活动界面，给人们提供了6种类型的活动，人们可以根据自己的需求精心选择，如图4-47所示。

图4-47　附近的活动类型

如果企业的目标用户是喜欢唱歌的人群，企业就可以找到关于唱歌的活动，加入进去，企业可以参加报名，也可以加入这个活动的群参与讨论，这样企业就可以为自己的社群铺设道路了。

例如，一个名为"好声音-长沙单身麦霸英雄汇 我们的歌"的活动，报名参加的人数为106人，群成员的人数为1 957人，如图4-48所示。

图4-48 附近的活动类型

企业除了自己加入别人的活动中，挖掘自己的社群成员之外，还可以自己创建一个活动，而加入企业活动的人群，必然是有共同爱好的人群，企业可以与他们共同交流，玩耍，建立起一个社群。

（3）约会

约会功能就是发布活动，发布者埋单的一种功能，企业也可以利用这种功能找到忠实的社群成员，只是效果不理想。

（4）漫游

进入漫游功能，就会出现腾讯地图的界面，企业可以根据自己的需要，拖动地图上面的"小人"标签，选择自己需要的地方，将小人停在上面，就能搜索到企业停留地点的所在人群，这是一种按照地理来筛选的一种方式，当然企业还能更进一步筛选出需要的人群。

例如，企业需要找到湖南商学院的人群，就可以将小人放置商学院所在的位置，点击出现的地址链接，则会出现推荐给企业在商学院范围的人群，如图4-49所示。

图4-49　漫游功能

企业利用漫游功能，可以精确找到合适的人群，拉进社群里，努力将他们变成自己的忠实社群成员。

（5）排行榜

排行榜分为以下两个部分：

● 女神榜

● 男神榜

这些上榜单的人都是收获赞、获得附近朋友认可较多的、保持文明交友习惯、人气高的人群，若是企业上了榜单，定能自动地吸引不少的用户，与之交流，还能享受不少的特权，如图4-50所示。

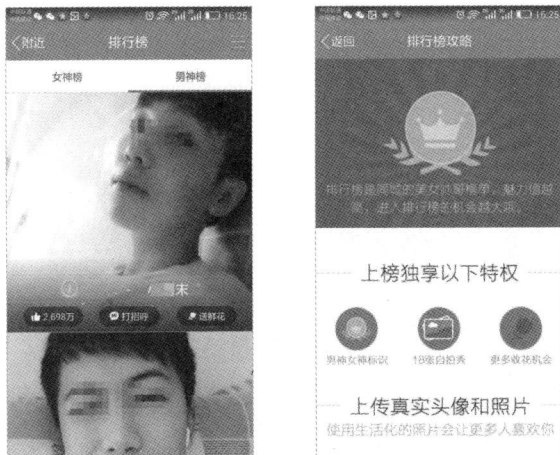

图4-50　排行榜功能

（6）语聊大厅

语聊大厅，是一种陌生人之间用语音的方式交友，省去了打字的时间，可以更加生动形象的聊天，更加容易增加彼此之间的感情。企业可以自己选择一个合适的话题，点击进去，与其他QQ好友进行交谈，挖掘出自己的社群成员。

例如，企业需要招人，可以进入"找工作求介绍"的话题中，直接与QQ用户交流，如图4-51所示。

图4-51　语聊大厅功能

4.1.5　QQ手游：移动社群承接起的生命

在移动游戏初期运营阶段，社交系统弱、游戏生命周期短等问题明显，"移动社群"能为移动游戏生态系统的健康成长，提供有利的解决方案，就像当年端游需要论坛和贴吧一样，移动游戏也急需移动端的"社群"产品来延长自己的"生命"。

腾讯在经营部落上面做了很大的布局，腾讯主营的很多部落有兴趣类和动漫，其都投入了比较大的经营团队在做，不止是提供一个玩家的场景，而是在产业链上游来投入布局，让大家在部落里互动。

通过在产业上进行很大的投入，将游戏制作团队、运营团队等导入资源，让用户在这里获得利益。部落具有很强的交互功能，如果用户在部落里粉了一个人，那个人更新了一个帖子，用户能马上看到。

随着时间的变迁，兴趣部落有着非常大的变化，从最开始的基础回帖功能，变成了社交性更广的一个平台，现在部落里有大神的专区和公会，使人们在这里能建立起一个高质量的社群。

而QQ游戏在部落有很多入口，很多用户不止是平台流量进来的，还有游戏流量进来的。未来将会对移动游戏市场造成很大的影响。

通过某数据分析报告可知，手游玩家中5成以上是95后，他们的特点是喜欢参与运营活动，拿奖励，更容易受到好友的邀请和影响，喜欢因兴趣而群聚。

从这里可以看出，兴趣关联性是非常重要的，比如，奇迹暖暖的玩家关注部落的自拍和女性的部落是很多的，是源于腾讯做的关联推荐。腾讯在做部落、群、公会时，不仅限于游戏，在很多领域是通用的，这些领域有结合也会有扩散。

腾讯所营造的部落基础内容，都离不开用户，不同游戏的用户也不一样，可以这么说，QQ手游的生命力，是基于移动社群承接的生命力。

4.2　【商业案例】QQ兴趣部落：基于兴趣的社群营销

随着时代的变迁，人们也不需要在互联网单纯地寻找朋友，而是可以自由挑选，选出与自己有着相同兴趣的人群，而腾讯QQ就看中了这一点，以"兴趣"为基点，推出了QQ兴趣部落，提供人们一个可以随意谈天说地、轻松快乐的地方，而给企业一个自然形成的社群，无须企业自己去建立，QQ兴趣部落会帮企业建立、QQ兴趣部落的用户会建立。

4.2.1　"90后说"：兴趣社交才是王道

不少企业一直在思考，互联网到底能给人们带来怎样的变化。互联网是一种连接方式，人与人的连接，人与物体的连接，人与设备的连接。不管是怎样的社交产品，都在不断地进行人与人的连接，看似这个市场已经非常的饱和。

但是随着用户需求的变化、社交产品的更新换代和潮流的变化，人与人的连接里出现了一个非常重要的因素："兴趣社交"。

简单来看，1999年人们能在互联网上连接到的用户只有773万，而且还不一定每天用。而今天，每天使用QQ的用户里，就有将近2亿人是90后。下面就从90后的特点着手，来看一看"兴趣社交"的营销机会有多大。

（1）他们很富足，几乎一半的90后的家里比较富裕，所以他们不必为生活过度担忧。

（2）90后相互之间互联网的普及率非常高，他们追求跨过空间、跨过地域限制的沟通方式和生活方式。

（3）90后非常需要被认同。更为重要的，某调查报告发现90后同15年前的互联网用户相比发生的最大的一个变化是：15年前的互联网用户面临的是一个匮乏的互联网时代，而90后用户面对的是一个富裕的互联网时代。

（4）他们需要被认同，需要有共同语言的人。

在这个时代，90后的世界是在人群中有很多朋友、很多同学，却觉得没有人懂自己，没有人值得去交流的。90后身边缺少的不是人，缺少的是他们认可的人、与他们有共同爱好的人，他们愿意同跟他有一样生活方式的人沟通，所以对于90后来说兴趣社交才是王道。

并且，在如今的互联网世界里，人们的存在越来越多样化，接触的人群也越来越多，人们将生活中更多的时间都连接到互联网中，通过互联网看到想要的信息，通过互联网找到购物信息等。各种便利能将人们分散开来，独自在互联网上遨游，而只有基于"兴趣"，才能长时间地聚集一群人，每天欢快地进行交流、分析、交朋友。

4.2.2　QQ兴趣部落运营方式：人+兴趣=社群

在腾讯QQ还没有推出QQ兴趣部落之前，人们把QQ捆在了"熟人社交"之中，认为没办法在熟人社交里把兴趣社交做起来，预测腾讯QQ离兴趣社交还有很长的一段路，就连腾讯也会有这种担心。

例如，人们喜欢旅游，但是人们的关系链都是好友、同事，很有可能人们想要找一个旅游伙伴都找不到，因为好友和同事都需要上班，时间不能达成一致。

然而，兴趣部落自2014年6月中旬正式发布以来，两个月的时间内，QQ兴趣部落的活跃度就增长了近4倍以上，用户对于兴趣社交的认知度和接受度没有腾讯想象得那么低，而是在快速地普及。

手机QQ虽然有三亿多的日更新用户，但是帮助用户找到他的兴趣是一件非常难的事情。于是腾讯通过分析所有的用户行为和产品数据后发现，如图4-52所示。

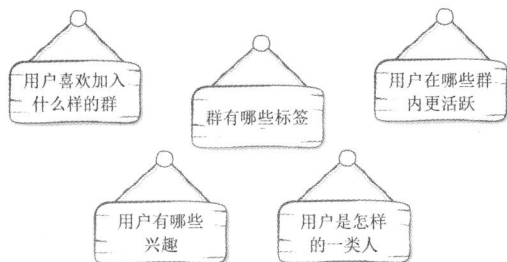

图4-52　分析用户行为得到的结果

在PC时代，群是一个强力的杀手锏，因为PC是不用考虑流量、不用考虑电量的，所以用户愿意加入多个群，每个群里有几十、几百甚至几千人在疯狂地聊天。但在移动时代用户的行为习惯变了，很多东西都是有限的（电、流量等），用户再也不愿意用手机接收大量的、无价值的群聊记录，而越来越希望看到群里优质的、感兴趣的、精华的内容。

QQ兴趣部落为互联网用户提供兴趣聚集的一整套解决方案，用来满足用户在兴趣社交上的内容生产、寻找和消费，从而产生出了高质量的社群。

4.2.3　兴趣部落优势：基于场景下的兴趣

如今移动互联网时代的用户拥有足够多的碎片化时间，而QQ兴趣部落就应该抓住用户碎片化的特点，来帮助他们寻找有价值的内容，让他们参与、互动。

在兴趣部落运营了两个月时，百万级粉丝的部落已有近20个，解决了很大一部分的用户诉求。例如，兴趣部落以自拍的火爆性，开设了自拍部落，希望从中了解用户在这里诉求的强烈程度。而这个部落发布仅15天，就拥有了500多万的粉丝，可见以兴趣为基础的社群，很容易聚集到不少的人群。

随着兴趣部落的兴起，天天都有评论超过10万的话题，火爆程度远胜当年的百度贴吧。于是腾讯为了建设良好的社群环境，就会派工作人员去加在自拍部落发照片的人，来判断该用户是不是良好的用户。

得到的结果是，90%以上的用户真的是爱美又爱拍照且在社交网络上非常活跃的大学生，或是刚进公司的小白领，这批用户的诉求非常强。

接着基于这个场景，腾讯后续跟美图秀秀、美拍一起搭建了一个满足女性社交和晒照片的社群。

而场景类的兴趣社交效果是非常强大的，QQ音乐、游戏大厅已有部落相关产品的联动，这里面有很大的机会。

在很长一段时间内，很多人认为腾讯游戏、手游很强，是因为腾讯有一套非常强的关系链，用户通关了游戏可以分享给朋友们，与朋友们产生PK对决。但是腾讯最新的研究分析发现，最强的互动并不是在好友之间，而是在同类型的人之间。

当用户对一款游戏的使用越来越深以后，追求的是超越极限的表现，用户开始与王者较量，跟他们PK，跟他们交流。直到游戏进展到这个阶段，才能将游戏社群的价值真正地展开。

这种基于兴趣的分享、互动、讨论的社群，基于同类游戏的社群生命力及其未来对于手机游戏的拉动，会远远大于基于关系链的分享社区。

4.2.4　兴趣部落的策略：合作不可少

QQ兴趣部落与其他企业进行合作，提供给这些企业的是庞大的免费流量。例如，QQ兴趣部落与一家国内旅游攻略和交流的网站："蚂蜂窝"进行合作，在QQ兴趣部落里设立了一个蚂蜂窝的部落，在这个部落里每天可以获得几十万的PV，并且这些PV数量，超越了蚂蜂窝之前在其他平台、移动PV的总和。

由此可见，QQ兴趣部落给蚂蜂窝带来了价值非常高的移动策略、一个用户聚集的地方。在QQ兴趣部落上，蚂蜂窝最初希望所有的帖子都可以链接到自己的官网，把流量留在自己的平台上，但运营到现阶段，蚂蜂窝将目光放在了建设年轻人国内中短途旅游的兴趣论坛上，并且效果非常明显，聚集了不少的人群，如图4-53所示。

图4-53　蚂蜂窝部落的人数

QQ兴趣部落和20多家精挑细选的合作伙伴进行了深度沟通以后，认为这样的模式非常值得发展。于是腾讯希望利用QQ将人、群和论坛做成一个打包的连接，把兴趣部落打造成推送优质内容的强大社群平台。

而QQ兴趣部落就是一个公开的、具有平台流量价值的部落原生态，在这个平台上经营粉丝、增发内容，变得更加容易。

腾讯希望建立起优质内容和群体的联系，把平台上几千万个群，按不同的兴趣进行归属。只要企业的社区里有优质的内容和优质的文化氛围，就能帮助企业将内容推送到QQ兴趣部落的平台上，建立起人与兴趣的连接。

QQ兴趣部落在与华谊兄弟进行合作时，开放定制了的TFBOYS部落，帮助TFBOYS进行粉丝经济的传播，通过提供丰富多样的组织、管理工具，吸引QQ用户到部落进行交流、互动，同时得到更好的变现。

腾讯希望把这个QQ兴趣部落平台打造成为兴趣社群的一个商业化出口，让真正兴趣的爱好者，不仅能在这里找到自己的同类，而且还可以感觉到这个部落需要他们的存在，依靠他们勤奋的管理和运营，从而获得相应的权益，使用户参与其中。

QQ兴趣部落把QQ群和人的内容资料体系进行了一个连通和闭环，让用户能在QQ上为自己的兴趣进行广义的传播。并且在QQ兴趣部落里，会为每一个兴趣活动，适当地提供一些奖品和资助。

因此，QQ兴趣部落对于企业来说，就是一个依靠每一位兴趣爱好者、发起者来共同建设与完善的社群，使得不少的互联网用户在手机上找到了自己兴趣所在的部落，在其中活跃地参与、交流。

第5章

微信社群：注入了鲜活、强大的能量

微信是一个人流量居多的社交平台，在微信里想要聚集一个社群，只要抓住方法，定能营造出一个活跃的社群，本章将仔细讲解微信功能对社群营销的作用。

5.1 微信的社群功能应用

对于社群营销来说，微信就是一个社群载体，也许并不是每一个微信群都是社群，不是每一个公众号都在运用社群营销，但总有那么一两个在微信这个大的社交圈子里，将社群营销经营得风生水起，譬如"罗辑思维"、"京东"、"彬彬有理"等经典社群营销成功案例。下面就来了解微信的社群功能应用。

5.1.1 微信群：成本低

微信群是比较私密的，群的概念比较内敛，更多的是一些好朋友、小圈子，人数不多。人人都有理由建立一个微信群，然后在微信群里不断地交流，个人可以拉近与朋友之间的感情，企业可以拉近与粉丝之间的距离。

微信群有一个非常大的特点："免费"，且不说运营群的方面，单单建群，就无须花费什么费用，只要微信里有朋友，都能免费建群。

1. 建立微信群

微信中的任何成员都可以直接添加自己的微信好友入群，不需要对方同意。因此，建立微信群比QQ群更加简单，其操作方法如下。

❶进入微信"通讯录"界面，点击"群聊"按钮，进入群聊界面，如图5-1所示。

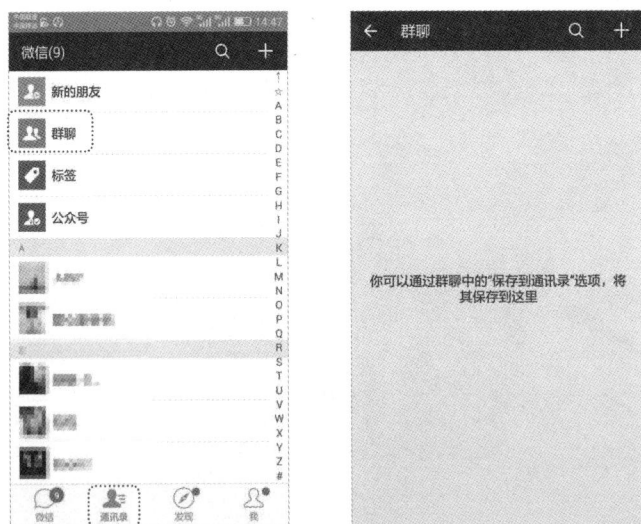

图5-1　进入群聊界面

❷点击群聊界面右上角的"＋"按钮，进入"发起群聊"界面，选择相应的好友，点击"确定"按钮，如图5-2所示。

图5-2 选择相应的好友

❸成功新建一个微信群，点击右上角的"聊天信息"按钮，即可修改群用户、群聊名称、群聊大小、群二维码等，如图5-3所示。

图5-3 创建与设置微信群

❹加入的成员就可以在群里随意交流，可以分享好的链接、发红包，如图5-4所示。

图5-4 在群里发红包

2．加群

　　目前，用户只能通过群中的人邀请和扫二维码的方式加入微信群。如果是群中的人添加用户，则不需要验证，可以直接进入微信群。另外，在微信群的"聊天信息"界面点击"群二维码"按钮，即可查看该群的二维码名片，如图5-5所示，其他用户可以通过扫描该二维码加入微信群。

图5-5 微信群二维码名片

TIPS：

　　企业可以通过加入一些比较火爆的微信群，或是兴趣爱好比较集中的微信群，进行社群营销，这样的群比较成熟，并且群成员的质量比较高，只要能吸引到他们中的一个人，都会有一个不错的传播效应。当然，企业在加入一些火爆的微信群时，可能需要付费才能进入，这也是一种营销方式。

3．运营方式

　　如今不少的微信群，已经成为消费者搜索产品、品牌，进行互动交流的重要场所。微信群组功能，可以实现一对多的沟通，使企业建立一个接近消费者心声的一个重要场所。

　　初始微信群的上限是40人，后来扩展到100人，微信沃卡用户可以将4个微信群的成员人数上限提高到150人，下面就来了解一下社群营销在微信群里的运营方式。

　　（1）内容运营

　　针对群的定位每天发布固定内容1～5条，以微信打折购物群为例：每天发布3条，内容以特价商品为主。

　　（2）活动运营

　　用户可以在群里基于共同的兴趣爱好或话题进行多人畅聊，每天可找热点话题讨论；可定期开展讲笑话、猜谜语、智力问答等小游戏；可配合官方活动同步开展微信活动。

　　（3）会员运营

　　积极与群内活跃成员沟通，使其帮企业一起发布内容，带动其他会员参与；设立类似群主的职位，让他在企业不在线的情况下帮助维持群内秩序。

　　（4）微信群矩阵

　　建立多个微信群和公共号，互相推广，使粉丝利用最大化，要努力让自己的社群成员主动变成企业的推广专员。

4．推广方式

　　在信息传播方面，微信群有不可小觑的威力。比如，一个经营着淘宝店的商家可以通过微信群定向发布自家产品的最新信息。

　　由于消息是主动推送给群组成员的，因此达到率和打开率都要高于朋友圈，后者容易错过消息。那么，微信群如何进行推广才不会被社群成员感到厌烦呢？

（1）通过微信公共号向微信群导入

企业可以建立一个与微信群主题相关的公共号，名字起得要吸引人，这样才能引起用户的注意力。

另外，公共平台每天需要花费一定的时间进行内容维护和推送，在推送的内容中添加微信群的信息，这样就会有一定量的人会主动扫描二维码，或添加群主微信好友申请进群。这样企业就能获得更多的社群用户。

TIPS：

需要注意的是，社群不需要非常多的用户，需要的是质量高的成员，社群不是走"多"，而是走"心"，企业需要挑选出对自己产品生产、喜欢产品的社群成员，而不是一些喜欢凑热闹的用户。

（2）人际关系资源推广

企业可以利用自身的人际关系资源进行推广微信群，让好友帮助进行宣传拉人。

（3）广告合作

商企业可以通过互换广告位的方式，在其他网站发布微信群二维码进行推广。

（4）注意事项

在推广微信群的过程中，商家还需要注意以下问题：

● 由于微信群的名称所有群成员都可以修改，因此最好每天查看是否被修改。遇到不是在聊群主题的用户，可以进行私聊引导，以免骚扰到其他用户，导致退群。

● 由于手机管理微信群操作不便，商家可利用微信网页版对群进行管理。

● 通过群发邮件然后添加好友的方法，发送50个邮箱以后建议换号发布，以免出现对方收不到邀请信息的现象。

● 群建立初期，每天不宜一次性发布大量内容，可选适当时间发布几条，以免成员退群。

● 积极与群内活跃成员沟通，使其帮你一起发布内容，带动其他会员参与。

TIPS：

社群营销最可贵的一点就是社群成员主动帮助企业宣传产品、品牌，但是，绝对不是只依靠社群成员的宣传，企业在建群初期，还需要自己去进行推广，这样才能让更多的人知晓有这样一个群。

5.1.2　朋友圈：为社群增加黏度

微信朋友圈是一个可以随时发表自己当时的动态、心情、图片、分享链接等的地方，人们很喜欢在闲暇时刷朋友圈，看看自己的朋友在做什么。所以企业可以利用微信朋友圈来做软文营销，从而获取人流量，产品曝光率及品牌关注度。

届时，也许会有一些企业觉得朋友圈跟社群营销没有多大的关系，其实不然，朋友圈是一个维护、联系朋友感情的一个好地方，只要企业抓住朋友圈，在朋友圈里放一些人们想要看的、喜欢看的资讯，就能将社群成员、微信朋友、企业粉丝与企业的亲密程度大幅度的增加。

企业在朋友圈里提高社群成员黏度之前，要先研究朋友圈的两个特性，如图5-6所示。

圈子特性
俗话说"物以类聚，人以群分"，一个圈子里的一群人肯定是有共同爱好或共同经历，这也是软文营销在朋友圈运行的价值所在。

朋友特性
在朋友圈做社群营销就是拿自己的名誉做赌注，只要还想保持朋友关系，就不可能对自己的朋友坑蒙拐骗，从而容易取得朋友的信任

图5-6　朋友圈的特性

企业的微信朋友圈，所关注的或者关注企业的都是朋友关系，至少是有过交流的人，这解决了交易中的第一个难题——信任。

其实，在朋友圈发布信息就是拿自己的名誉做赌注，在企业做社群营销这点尤为重要，只要企业还想保持朋友关系，就不可能对自己的朋友坑蒙拐骗。下面总结了一些朋友圈社群营销的相关技巧，如图5-7所示。

朋友圈社群营销的核心就是"深化与朋友关系"。因此，企业要把与朋友的"弱关系"转变为"强关系"，只有把关系放在首位，深化与朋友的关系，才能迎来长期、高质量的发展和收获。

图5-7　朋友圈社群营销的相关技巧

1．引流

如果企业的新浪微博或腾讯微博（QQ群、豆瓣群也可以）粉丝数多的话，完全可以引导他们加企业的微信号（个人或者公众号）。如果商家是做网店的，可以在客服方面下功夫，也可以直接在店铺里开展加微信送礼品促销活动，这样就能调动社群微信用户的积极参与性。

2．与好友互动

企业一定要多和微信朋友互动，多去评论朋友的微信，为他点赞，这样他会觉得企业一直在关注他，下次他要买东西的时候肯定会想到企业。

3．微信互推

企业可以利用微信朋友圈进行品牌互推，这样能起到不错的成效。首先，企业可以利用已经拥有的好友，用一百个字左右简单地描述一下自己（建议一定要有吸引人的地方或特点），然后配上几张漂亮的图片。

把内容发给好友，让他在他的朋友圈里转发，这样企业的曝光率会大大增加，交换越多曝光越多，效果也越显著。

4．入流

如果企业有实体店，完全可以把自己的二维码放在店里，然后引导用户加企业的个人微信或者是公众号，例如关注微信送小礼品。偶尔发些新产品或店里的优惠活动到朋友圈，并经常跟好友进行互动。

这种方法比单纯地运营公众号效果要好得多。建议平时经常参加一些线下活动或聚会，在现场直接用雷达加朋友既快速又方便。

5．NO刷屏

这里所讲的刷屏是只发一种形式的微信，如发布产品的图片信息，在十分钟内连发多条微信，建议一天发两三条广告微信，并且是不同形式的微信内容。如果企业一天到晚的刷屏，只会让企业的朋友对你产生反感，觉得企业的广告嫌疑太重，届时社群将会有分散趋势。

6．塑造品牌

企业做朋友圈社群营销，至少要把企业的产品描述清楚、说得明白，分享信息时需要有自己的观点，要学会点赞和点评。分享的东西必须是正面的、积极的、正能量的，不断塑造企业的个人品牌。

例如，对经营餐馆的企业来说，可以在朋友圈里分享一些美食制作方法或者健康食谱，中间可自然而然地介绍自己的餐馆，这样朋友就很容易接受企业介绍的产品，增加社群用户的黏合度。

7．推广软文

根据企业产品的主题，经常找一些相关的文章，在文章的最后添加上企业产品的简短介绍，并附上微信个人号或公众号。然后把这篇修改后的文章发到自己的博客及各大论坛，比如猫扑、天涯等，这样效果会更好。

8．不要只发广告

企业的微信朋友圈里，不要只是宣传产品的信息，可以有一些自己生活写照的信息，比如今天去哪儿吃东西了，拍些图片分享一下。不要让社群成员把企业当成一个只知道卖产品的商人，如图5-8所示。

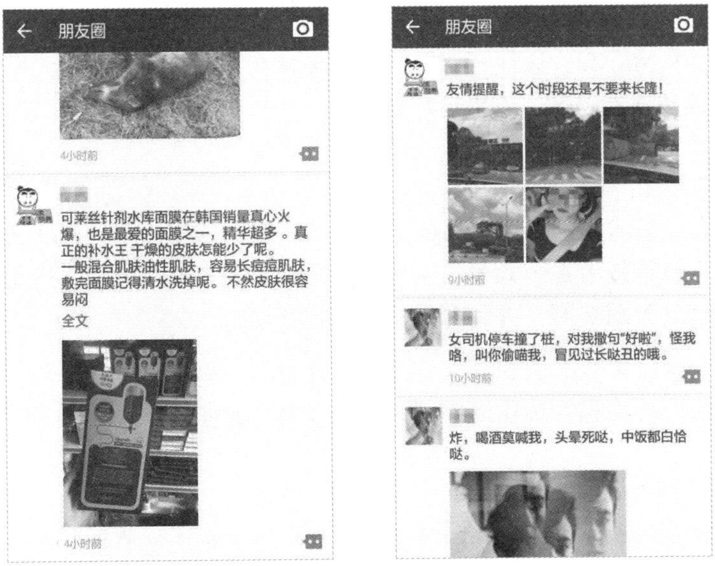

图5-8　朋友圈

　　朋友圈社群营销是微信营销的最佳实践，它从企业"自说自话"演化为"让别人帮你说话"。话语权已经不在企业一方，而在朋友圈一方。只有强化跟他们的关系，让他们为企业布道，社群营销才能塑造未来的优势。

　　2013年6月，一款游戏风靡微信朋友圈，这款游戏就是"疯狂猜图"。这款并未在传统游戏平台进行过多宣传的"轻游戏"，却利用微信朋友圈的传播火了一把。这款益智游戏的最大亮点就在于能够不断地扩大玩家的知识面，侧重于休闲和互动性，很适合消磨休闲时间，做一个有见识的人。

　　它是一个很简单的游戏，进入游戏后，系统会提供一张图片，再给出24个待选汉字或字母，用户需要在答案框里输入正确答案。如果猜不出答案，用户可以选择用金币获得提示，也可以分享到微信朋友圈向好友求助，如图5-9所示。

　　"疯狂猜图"用户将猜图问题分享到朋友圈的行为，就是一种社群行为，是一种用户主动传播的行为。对于微信用户来说，微信朋友圈就相当于朋友之间的小社群，在朋友圈上微信用户可以与自己所熟悉的朋友，基于"朋友圈"所发的信息一起聊天、点赞。

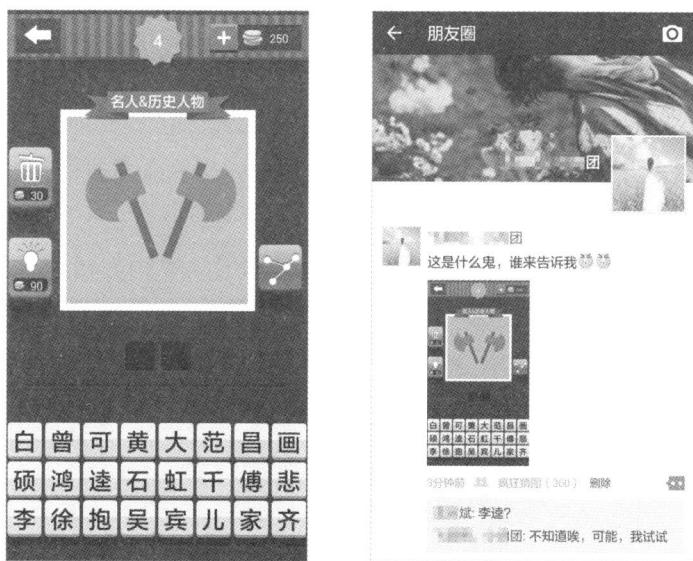

图5-9　疯狂猜图和分享朋友圈

事实表明，分享到朋友圈的动作对疯狂猜图的爆发起到了不可替代的作用。将游戏分享到朋友圈求助，朋友圈的朋友打开后下载成为新用户，新用户遇到困难再次分享到朋友圈吸引新用户，这一传播链条源源不断。

由于微信关系大部分为相互之间较为信任的熟人关系，因此疯狂猜图借助微信实现了爆发式的增长。疯狂猜图的成功证明了朋友间的口碑传播依然是品牌传播的最重要力量。

玩过微信的用户大概都玩过"抢红包"、"打飞机"，这些游戏并不算新奇，除了这些，微信旗下还开发了很多有趣的小游戏。

用户还在沉迷于这些游戏带来的欢乐时，不少商家已经将营销的目光转向了这些不起眼的游戏。

直白的广告谁都烦，创意的广告反而能激起别人的小兴趣。除了每天的微信推送模式，为了增加粉丝的活跃度，商家不妨开发一个有趣的小游戏，这并不是一件难事，难的是如何有趣的把企业想要传递的广告植入游戏环节里。

当然，最重要的是分析朋友圈这样的设计，这才能造成社群力量，让人们通过朋友圈来了解游戏里所安插企业产品广告的信息。

目前看来，疯狂猜图的营销模式主要有以下3种：

（1）用户每通过10关，就会弹出的硬广告。有专家分析，目前"疯狂猜图"的通关广告很可能是不同的手机游戏公司之间的广告"互换"，在A产品中插入B公司的广告，B产品中插入A公司的广告，以期获得更多的"交叉玩家"，这也算是社群与企业的一种连接。

（2）"疯狂猜图"游戏融入广告品牌营销，把电影或者电视剧作为关键词，既达到了广告宣传效果，又不影响用户玩游戏的乐趣，而且因为融入了用户的互动，广告效果更好，如图5-10所示。

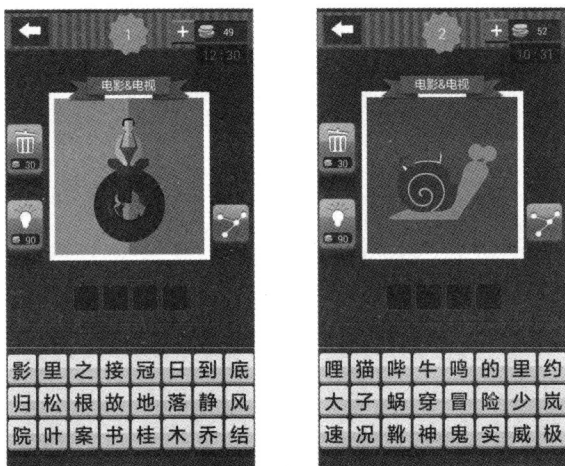

图5-10　植入广告模式

（3）"疯狂猜图"游戏更大的乐趣在于向微信朋友圈求助，肯花钱购买游戏币寻求答案的用户显然不会太多。

值得一提的是，"疯狂猜图"可以把APP上的游戏状态发送到微信上，微信上的好友看到后，点击链接就可以在网页端上继续玩。而这背后的技术并不复杂，由于微信支持了网页的打开，仅仅需要开发一个客户端版本和一个网页版本就可以实现两个版本的互通。

总体来看，"疯狂猜图"中广告收入的比例较大，由于玩家数量多，吸引了许多广告商的重视，通过在游戏中植入广告便可获得高额广告费用。目前，"疯狂猜图"已经获得了蓝港的近百万元广告合同。

"疯狂猜图"之所以能够迅速获得用户的关注，一方面是利用微信朋友圈的影响力，另一方面就是对于游戏本身以及目标人群的定位准确。

下面就来了解一下企业如何在朋友圈上发布消息，其操作如下。

❶进入微信点击"发现"按钮，然后点击"朋友圈"按钮，如图5-11所示。

图5-11　植入广告模式

❷进入"朋友圈"界面，点击"📷"按钮，如图5-12所示。

❸进入选"图片"界面，勾选想要发布的图片，点击"完成"按钮，进入编辑界面，用户还可以在此输入文字信息以及设置"谁可以看"和"提醒谁看"选项，点击"发送"按钮即可发布图片信息，如图5-13所示。

图5-12　点击"📷"按钮

图5-13　点击"发送"按钮

5.1.3　公众平台：贴近社群成员

微信公众号对社群营销来说，是不可或缺的营销媒介，很多企业都在微信公众号上展开社群活动，例如，"罗辑思维"、"海底捞"等社群营销的经典鼻祖，都有在微信公众号上获得成功的喜悦。下面就来了解社群公众平台的类型。

微信公众平台，是为企业或个人打造的一个微信公众号，并可以实现企业或个人和特定群体以文字、图片、语音等方式进行交流与互动。微信公众平台分为服务号、订阅号、企业号三类平台，如图5-14所示。

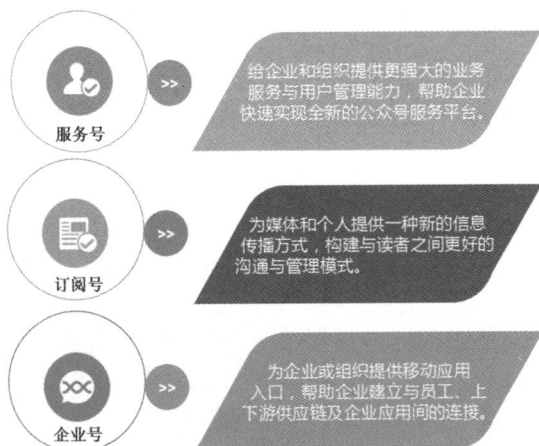

图5-14　微信公众号类型

下面就来了解各微信公众号类型的功能，如图5-15所示。

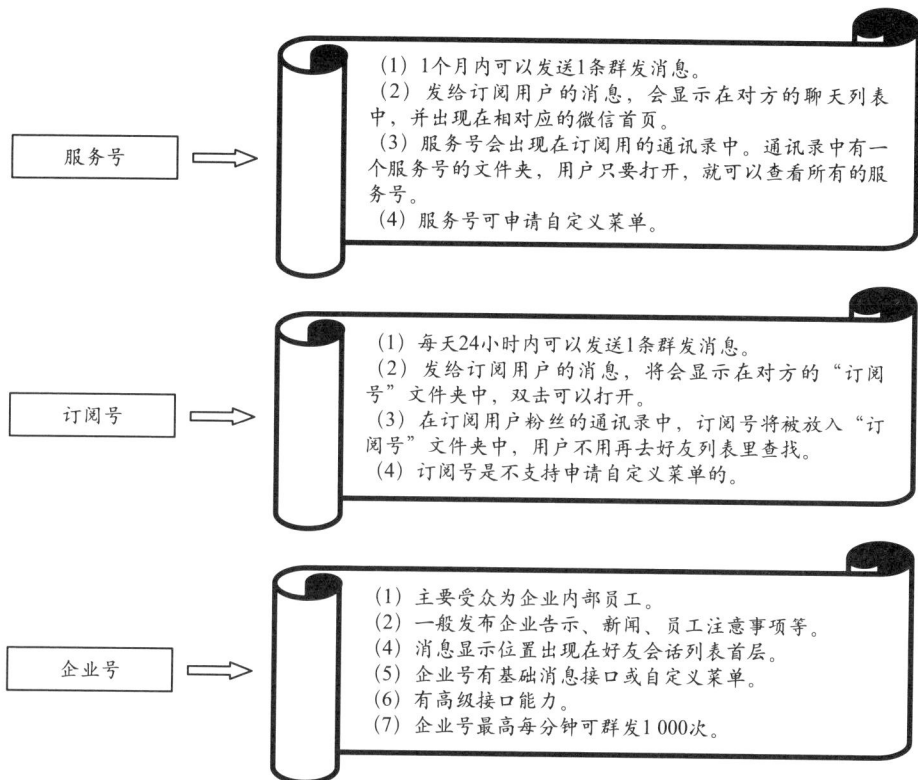

服务号 ⇒
(1) 1个月内可以发送1条群发消息。
(2) 发给订阅用户的消息，会显示在对方的聊天列表中，并出现在相对应的微信首页。
(3) 服务号会出现在订阅用的通讯录中。通讯录中有一个服务号的文件夹，用户只要打开，就可以查看所有的服务号。
(4) 服务号可申请自定义菜单。

订阅号 ⇒
(1) 每天24小时内可以发送1条群发消息。
(2) 发给订阅用户的消息，将会显示在对方的"订阅号"文件夹中，双击可以打开。
(3) 在订阅用户粉丝的通讯录中，订阅号将被放入"订阅号"文件夹中，用户不用再去好友列表里查找。
(4) 订阅号是不支持申请自定义菜单的。

企业号 ⇒
(1) 主要受众为企业内部员工。
(2) 一般发布企业告示、新闻、员工注意事项等。
(4) 消息显示位置出现在好友会话列表首层。
(5) 企业号有基础消息接口或自定义菜单。
(6) 有高级接口能力。
(7) 企业号最高每分钟可群发1 000次。

图5-15 微信公众号类型的功能

企业在微信公众号上，可以摒除传统宣传媒介，通过微信渠道将社群模式带给上亿的微信用户，减少宣传成本，提高品牌知名度，打造更具影响力的品牌形象。

对于企业来说，微信公众平台既是一对一的沟通工具，又是社群营销的开展宝地。企业、媒体和明星与用户之间的对话都具有私密性的特点，不需要公之于众，所以企业与用户的亲密度会比较高，并可以根据与用户的交流，做一些真正满足用户需求和个性化的内容推送。

虽然微信具备高效快速的传播效应，但是企业并不能将它单纯地看作一个销售平台，现在有各种宣传渠道，企业缺的是品牌，缺的是信任，如果用户不接受企业的品牌，不信任企业，那么，企业的销售只会让用户反感。

企业应该将微信公众平台作为品牌的根据地，要吸引更多人成为关注粉丝，再通过内容和沟通将普通粉丝转化为忠实粉丝，届时的忠实粉丝就变成企业需要的社群高质量成员，当粉丝认可品牌，建立信任，自然会成为企业的顾客。

在微信公众平台上，可以利用"鱼塘理论"来辅助企业社群营销的开展，这样的社群营销才会有事半功倍的效果。

💡 **TIPS：**

"鱼塘理论"就是指，企业将把客户比喻为一条条游动的鱼，而把客户聚集的地方比喻为鱼塘。企业可以根据其的营销目标，分析鱼塘里面不同客户的喜好和特性，采取灵活的社群营销策略，最终实现整个捕鱼过程的最大成功。

届时，微信公众平台就相当于"鱼塘"，企业在这个"鱼塘"中，通过推送消息、提供的服务、开展的活动等功能来挖掘社群用户的需求和喜好。

下面就来看一看"叫个鸭子"微信公众号是如何玩转社群营销的。

（1）自动回复贴近社群成员，如图5-16所示。

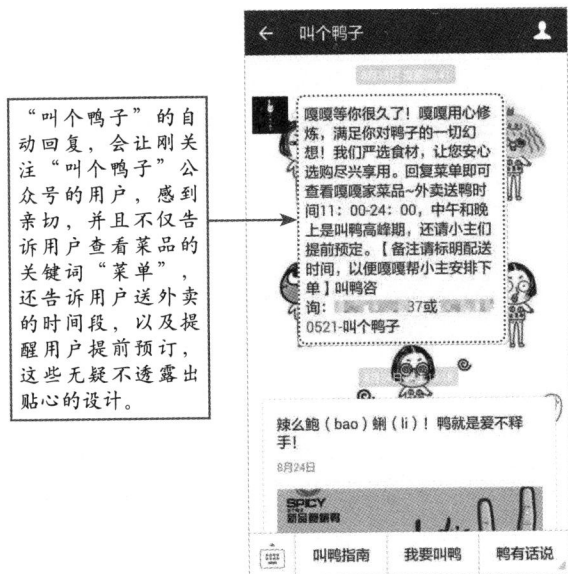

> "叫个鸭子"的自动回复，会让刚关注"叫个鸭子"公众号的用户，感到亲切，并且不仅告诉用户查看菜品的关键词"菜单"，还告诉用户送外卖的时间段，以及提醒用户提前预订，这些无疑不透露出贴心的设计。

图5-16 "叫个鸭子"微信公众号自动回复贴心设计

（2）"叫个鸭子"微信公众号界面菜单很全面，用"叫鸭指南"、"我要叫鸭"、"鸭有话说"3个菜单栏，让社群成员从中了解"叫鸭"、消费"叫鸭"与"叫鸭"交流，如图5-17所示。

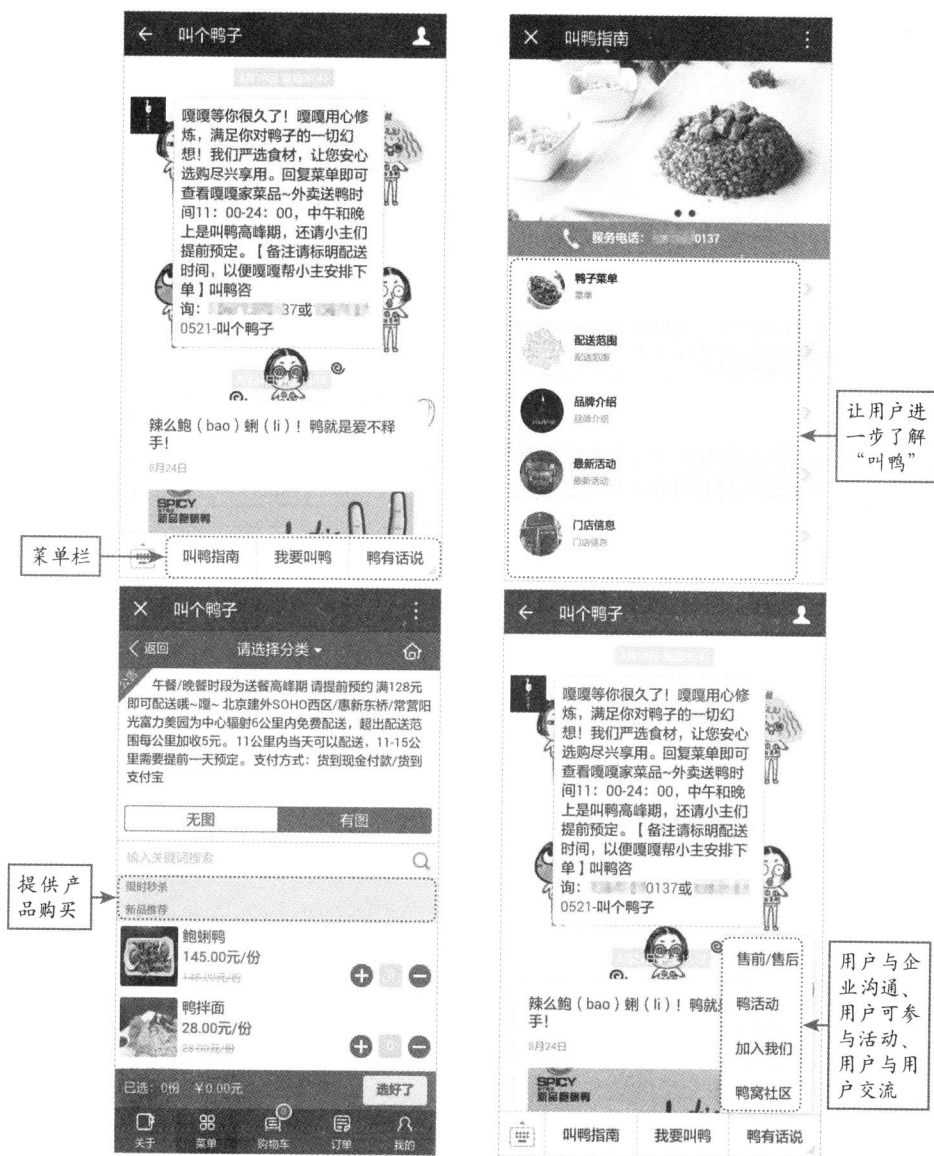

图5-17　"叫个鸭子"微信公众号界面菜单及其内容

（3）"鸭活动"，最近的活动是"叫个鸭子"与"伊贝莎"合作，以"伊贝莎"周年店庆为出发点，通过在"叫个鸭子"微信公众号上，用户回复"#我要开房#+开房原因+微信号"，就很有可能享受"伊贝莎"13:00～22:00的KTV包厢，如图5-18所示。

图5-18 "鸭活动"内容

"叫个鸭子"向用户开展的"鸭活动"，可以提高用户与"叫个鸭子"之间的亲密程度及用户的参与度。

（4）"鸭社区"，就是提供"叫个鸭子"的用户共同在一个平台上进行交流，给"叫个鸭子"提供建议、需求等信息，"叫个鸭子"还会在"鸭社区"上发布活动、招聘等信息，尽可能地在"鸭社区"上与用户交流，提高"鸭社区"的人气，如图5-19所示。

图5-19 "鸭社区"内容

"鸭社区"是"叫个鸭子"社群营销下的产物，是企业与用户相互了解的产品，是"叫个鸭子"接近社群成员的一个重要媒介。

（5）推送的消息也与"叫个鸭子"的产品相关，并且也会推送一些热点时事，如图5-20所示。

"叫个鸭子"的产品内容。

热点时事的内容。

图5-20　"叫个鸭子"推送的消息

总之，"叫个鸭子"的成功绝对是离不开微信公众号的社群营销，有很多企业将自己的微信公众号定格在"一对一"的交流，而"叫个鸭子"将自己的微信公众号定格在了"一对一"和"多对多"的交流上，提供用户一个社群圈子，让大家可将"叫个鸭子"的话题拿出来讨论，给"叫个鸭子"提供建议。

在这个社群圈子里，大家能因"叫个鸭子"，交到知心好友，而"叫个鸭子"也能在这个圈子里获得不少的忠实社群成员，将社群营销发扬光大。

通过"叫个鸭子"可知，微信公众号对于社群营销来说是不可或缺的媒介，可以这么说，微信公众号是维护社群营销的利器。

5.1.4　微信红包：社群营销活跃气氛的秘诀

发红包，对于人们来说是一种喜庆的事情，比如某些节日长辈会给小辈发红包，或者是老板发红包给员工表示鼓励，抑或是结婚时发红包活跃气氛讨个好彩头等，随着社会文明的演变，发红包开始结合在互联网上，发红包的内容也越来越丰富。

例如，"分众专享"微信公众号，经常发一些优惠内容，其中还会有关于送红包的消息推送给社群成员，增添了"发红包"的内容形式，如图5-21所示。

图5-21 微信红包

如今的"发红包"已经变成了"抢红包"，而微信也成为"抢红包"的好场景，也因为微信的便捷性，更多的社群成员希望能在自己所在的社群中享受"抢红包"的乐趣。

微信率先利用自己的社交属性展开了现金红包推广的模式，成为花小钱办大事的营销典范，随后，围绕着打车平台更是持续进行了一年的红包大战。

经过不少社交平台的酝酿（微信、QQ、微博、支付宝等），如今，红包已经成为企业利用互联网吸引用户、企业营销的普遍手段，虽然微信不再独占鳌头，却不失当年的风采，吸引着企业利用微信红包来活跃社群的气氛。

企业在社群中发一发红包，金额可以不大，这样能引起用户之间"抢红包"的兴趣，那么这样的互动，绝对是需要有的。

总之，企业如果想在社群中充分地使用红包工具，必须让红包金额有足够的吸引力，还要给社群成员一种"抢红包"具有较高的成功率的感觉。

另外，整个发红包、抢红包的流程要顺畅简捷，太多复杂的过程会降低抢红包的娱乐性，从而影响红包营销的效果。企业还可以与微信合作，通过社交关系把红包的价值传递出去，影响到更多人，让更多的人知晓企业的社群。

5.1.5　微信＋微课：推动社群营销

最近"微课"这类学习产品非常受人们的追捧，也有不少的"微课"人群驻扎到微信公众号里，如"微课时代"、"微课网"等。那么到底什么是"微课"呢？"微课"是指按照新课程标准及教学实践要求，以短视频为主要载体，记录教师在课堂内外的精彩教学与活动的全过程。

而微信＋"微课"，是一些做关注移动学习的企业大学管理者、学者，和大家一起分享"微课"的实践体会，形成社群。

下面就来进一步了解微信+微课。

1．微课的特点

"微课"最为显著的特点就是在于这个"微"字，以视频为主，其时间不长，与传统的学习方法有3点最为基础的区别，如图5-22所示。

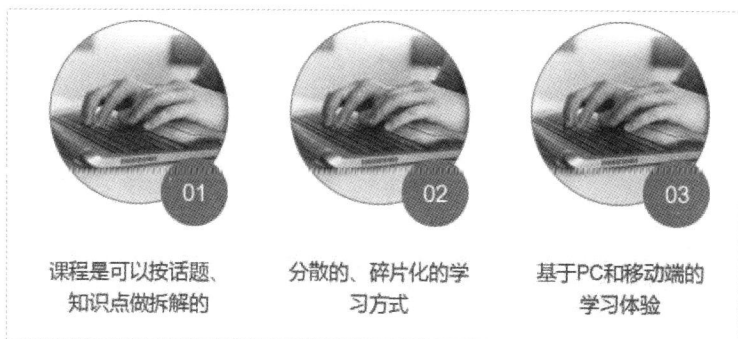

图5-22　微课与传统学习方法的区别

01　课程是可以按话题、知识点做拆解的

02　分散的、碎片化的学习方式

03　基于PC和移动端的学习体验

2．微课形式

随着"微课"的火爆，相继出现了信息图、短视频、微信群的语音+图文分享的形式，如图5-23所示。

信息图 ⇒ （1）信息图以"化繁为简"的特点而深受"微课"学者喜爱，比起一般的文字和图表，增加了很多有趣性和可读性的元素。
（2）信息图把大量的文字信息用图形化的方式呈现出来，让读者快速抓住问题的核心。
（3）"微课"信息图的制作，往往只需要学者对所讲内容具有深度的理解，并能以"通俗易懂"的框架形式来表现出来，使人们能通过看框架图就能学习到知识，实现短课时也能学到"不简单"的知识。

短视频 ⇒ （1）短视频，通常只有5～8分钟，一般不会超过10分钟，这与传统的45分钟的讲座视频有非常明显的区别。
（2）短视频利用自身的时间优势，将大量的学习内容切成一个个小的片段，增加人们学习的成就感。
（3）为了解决跨平台的问题，以MP4为主流短视频格式，在短视频上可以是真人讲授，也可以是动画形式，这些都取决于企业、学者的喜好。

微信群的语音+图文分享 ⇒ （1）微信群的语音+图文分享，是目前很多社群做"微课"的主要模式。
（2）通常微信群的分享时间在40分钟至1小时不等，在讲课的过程中还会有互动答疑环节。

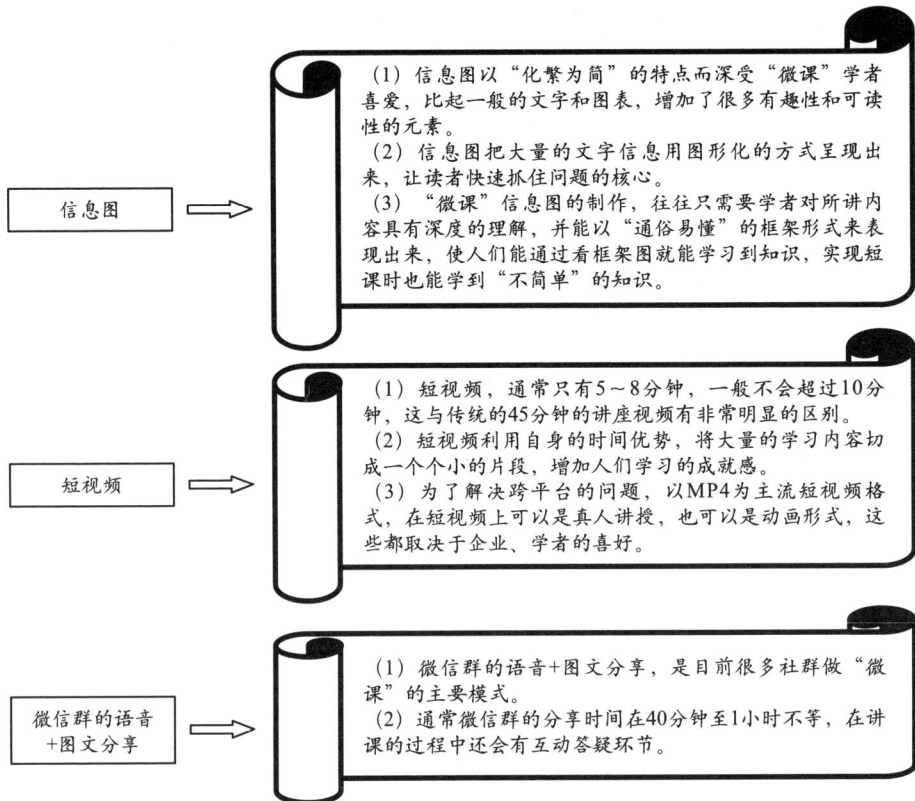

图5-23　"微课"形式

3．微信+微课

不少的"微课"的学者、企业都进军了微信，利用微信群来分享、讨论、讲解知识，使得社群以"微课"来作为共同话题，成员共同学习和进步。在微信社群中，通常对于听众的要求会相对高些，如图5-24所示。

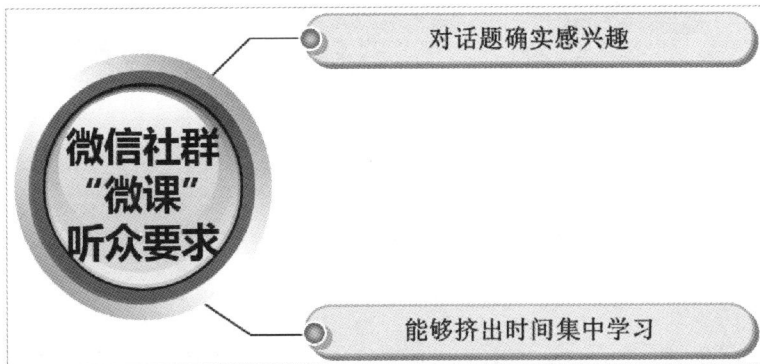

对话题确实感兴趣

微信社群"微课"听众要求

能够挤出时间集中学习

图5-24　微信社群"微课"听众要求

通常微信社群中的"微课"具有3种讲课形式来调动社群气氛，让社群成员积极参与听课环节：

● 授课者会事先分享一个话题中的部分，激发听众关注这个话题，就如电影在发布之前会放出预告片来吸引影迷去观看一样，进行体验式教学。

● 通常来说40分钟至1小时足以把一个案例剖析清楚，进而完整地呈现一个观点。

● 把完整的话题按知识点做拆解，每次分享一部分。

"微课"在微信社群中利用这3种讲课形式，对于在其他平台上进行"微课"授课的效果来说，要好得多，这样能与听众形成一个"一对一"、"多对多"、"及时性强"的气氛，能大大增加授课的成功率。

4. 微信+微课社群火爆原因

在很多人看来微信+"微课"的社群学习形态，是非常受社群成员追捧的，因为它从"学习"、"内容"、"教学"这3个角度出发，与传统授课方式的差别非常大，并且微信+"微课"的社群学习形态比较适合社群营销的特点。下面就来详细了解微信+"微课"社群火爆的3个原因，如表5-1所示。

表5-1　微信+"微课"社群的听众要求

角度	解析
从学习的角度	微信+"微课"社群，创造了随时随地的学习方式，可以使得人们快速获取自己想要的信息，并且还有储存的功能，让人们不会担心错过了教学时间，而对于授课人来说，既能大大地增加自己的名气，又能减少授课成本和时间
从内容的角度	由于授课时间的大幅缩短，授课成员几乎不会在课程中掺杂水分，都会把重点问题、核心思路梳理出来，以开门见山、纯"干货"的形式一一展现在社群成员的面前。 这无疑让社群成员的信赖感得到了一丝丝的慰藉
从教学的角度	微信+"微课"社群，可以完成："课前的需求收集→过程中听众的提问和授课者的解答→课后的课程评估→听众对授课者的打赏"，让听众在互动的过程中既能学到知识，又能解决自己所困惑的问题。并且基于微信的社交属性，让授课者和听众之间建立更加密切的互动及信任度，这就便于授课者进行社群营销活动。 例如，推荐听众买书、买自己的视频教程等一系列的营销

5. 微信+微课社群成功关键

微信+"微课"社群的成功并不是水到渠成的，而是需要天时、地利、人和，具体需要从"互动"、"内容"、"听众感受"这3个方面进行分析，如表5-2所示。

表5-2 微信+"微课"社群成功的关键

角度	解 析
互动必须有	"微课"在微信社群的根本核心，在于激发学习者对某个话题的学习兴趣，而不是全部知识的传授。 因此，答疑解惑是必不可少的，授课者可以通过抢答、投票、答疑等方式和听众进行有效的互动，及时了解听众所存在的问题，替他们解答，届时能增加听众对社群的依赖性以及对授课者的信赖度
内容需聚焦	"微课"在微信社群中，需要将一个话题，甚至一个细节清楚明了地使听众明白、知晓。 无论是视频、语音还是图文，都需从效果出发，聚焦内容
直击听众痛点	授课者在讲课之前，需要收集社群成员的需求，将他们的需求列入讲课的范畴中。"微课"最好能做到在讲课的前3分钟，甚至第1分钟就能抓住听众的兴趣点，这样才能尽可能地将"微课"+微信社群营销进行到底

总之，"微课"在微信社群中的开展，给不少企业有了借鉴的臆想，也推动了企业进军社群营销的脚步。

5.1.6 微信SEO：获得主动精准社群成员

很多企业现在已经意识到微信社群营销的重要性，也纷纷试水微信社群营销。他们在试水的过程中，最苦恼的不是如何添加用户，而是如何寻找到最精准的社群成员，并且希望精准的社群成员是自己主动找到企业的社群，而不是企业去寻找精准的社群成员。

若企业想社群成员主动加入，需要借助微信的SEO功能，这样才能让用户主动搜索到社群并添加进去。

微信SEO，是指在微信中有一个"查找公众号"的功能，微信会通过搜索的排名规律，对微信公众号进行合理优化，使企业的微信公众号在搜索结果中提高排名，让微信给企业带来精准的社群成员，其操作如下。

❶点击微信界面上的"通讯录"按钮，进入微信"通讯录"界面，点击"公众号"按钮，如图5-25所示。

图5-25　点击"公众号"按钮

❷进入公众号界面，点击"+"按钮，进入查找公众号界面，如图5-26所示。

图5-26　进入查找公众号界面

❸在查找公众号处输入想要查找的内容，如"减肥"，进行搜索，则会跳转到界面，微信搜索引擎排名靠前的公众号会显示在最前面，如图5-27所示。

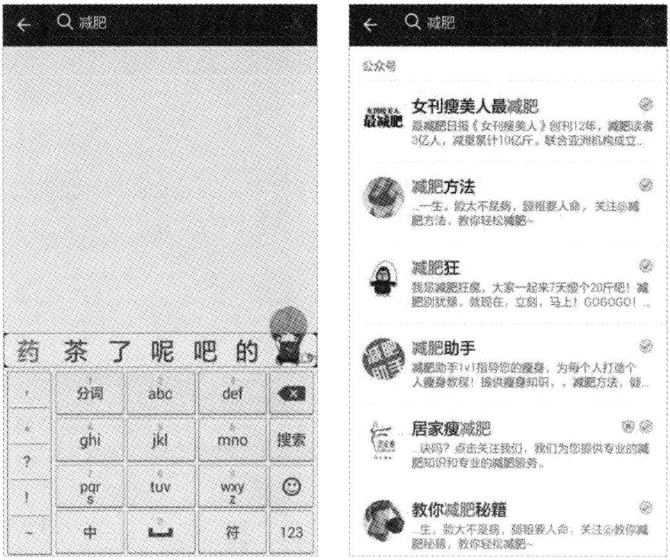

图5-27　找到靠前的公众号

通过搜索出来的公众号可以发现，排名前三名的分别是"女刊瘦美人最减肥"、"减肥方法"、"减肥狂"。

可以试想一些，若每天都会有成百上千的用户在微信上搜索"减肥"这个关键词，当某个企业的减肥关键词排在微信搜索引擎的前3名，或者排在第1页，那么可想而知，每天自然会有不少的人群主动去关注企业的公众号或询问减肥方法等。

为什么会出现这样的一种情况，这全都依靠消费者的"惰性心理"和"理所当然心理"在作祟，人们懒得去翻看几页，进行对比后再去添加一个觉得合适的公众号，并且人们总会觉得这些应用一般都会提供人们搜索最多的、人气最旺的公众号给用户，以至于出现了在第1页的位置就决定一个或者多个公众号的添加。

所以，微信SEO给企业带来了不少的好处，为企业精准社群做了坚固的铺垫。

当然，利用微信SEO而加入企业公众号的用户，不一定对营销成功率起到作用，因为这类用户只是对企业公众号感兴趣而已，就算是带有购买目的，也需要企业自己努力说服用户购买企业产品，这样才能达到营销目的。

企业可以在用户关注公众号以后，把他导入自己私人微信号或微信群里，这样企业可以实现："及时"、"一对一"的交流，进一步了解消费者的需求。

微信SEO最神奇的地方就在于："用户主动出击"、"企业获得精准客户"，如图5-28所示。

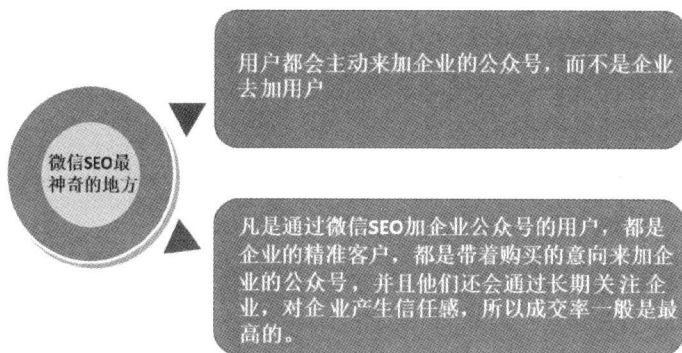

图中内容：

微信SEO最神奇的地方

用户都会主动来加企业的公众号，而不是企业去加用户

凡是通过微信SEO加企业公众号的用户，都是企业的精准客户，都是带着购买的意向来加企业的公众号，并且他们还会通过长期关注企业，对企业产生信任感，所以成交率一般是最高的。

图5-28　微信SEO最神奇的地方

TIPS：

SEO最大的优势在于，它把关键词优化到搜索引擎的前面，带给企业的是精准意向客户。在PC互联网时代，SEO主要针对的是百度搜索引擎，只要把关键词优化到了百度的第一页，就不用担心没有意向客户主动找到企业。

而在移动互联网时代，微信SEO又开始占领SEO界的前排位置，给不少社群营销企业带来了不错的精准社群成员，微信SEO成为企业营销手段的利器。

5.2 【商业案例】微信给京东首开上线购物圈：用多维社群搭建营销渠道

在京东还没有正式推出"购物圈"之前，有不少专业人士推测，"购物圈"是微信官方所为，会和"朋友圈"并列，以后发链接不必担心被屏蔽，但出乎意料的是微信和京东进行合作，共同推出了"购物圈"功能。

等到"购物圈"正式推出之后，让不少的商家多少有一些失落之感，但是对于企业的社群营销来说，却是开辟了一条新路径，下面就来详细了解"购物圈"对社群营销的价值。

5.2.1 从Feed广告到购物圈

自2014年Twitter和Facebook先后引入了"购买"功能以来，2015年3月Facebook又收购了电商搜索引擎TheFind，以加强社交网络广告，拓展Facebook在电子商务方面的领域。

微信紧跟其后，在朋友圈引进Feed广告，而所谓的朋友圈Feed广告，其实是指，在朋友圈好友发布的消息之间插入的一种广告形式，这种广告收费形式按粉丝参与度来判定。

Feed广告对于企业来说，至少解决了两个问题，如图5-29所示。

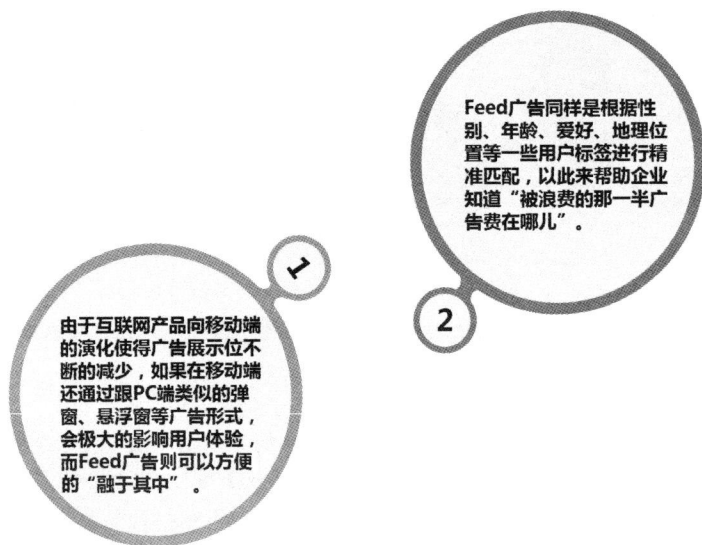

> Feed广告同样是根据性别、年龄、爱好、地理位置等一些用户标签进行精准匹配，以此来帮助企业知道"被浪费的那一半广告费在哪儿"。

> 由于互联网产品向移动端的演化使得广告展示位不断的减少，如果在移动端还通过跟PC端类似的弹窗、悬浮窗等广告形式，会极大的影响用户体验，而Feed广告则可以方便的"融于其中"。

图5-29　Feed广告对企业的作用

对于企业来说，微信的Feed广告能减少广告位的稀缺问题，使得不少的企业投入微信的Feed广告中。

随着时间的推移，微信与京东建立的"购物圈"，成为引导用户购物的社群，不再是像Feed广告一样需要企业专门去投入广告来影响用户，而是让用户利用分享渠道来带领其他用户购买产品，在这个过程中，形成用户之间的交流和一个社群模式。

微信官方虽然没有推出"购物圈"模式，但却首度开放了关系链，这就表明微信生态越来越关注移动社群电商，开始重视微商。

在京东试水之后，关系链可能将会向所有开发者开放，届时微信的定位还是做生态的承载者，一切交由第三方来做，使得微信的电商生态向前迈进一大步。

5.2.2　利用分享形成多维社群

用户在"购物圈"中可以形成一个多维的社群，多维社群是由两种情况而形成的，如图5-30所示。

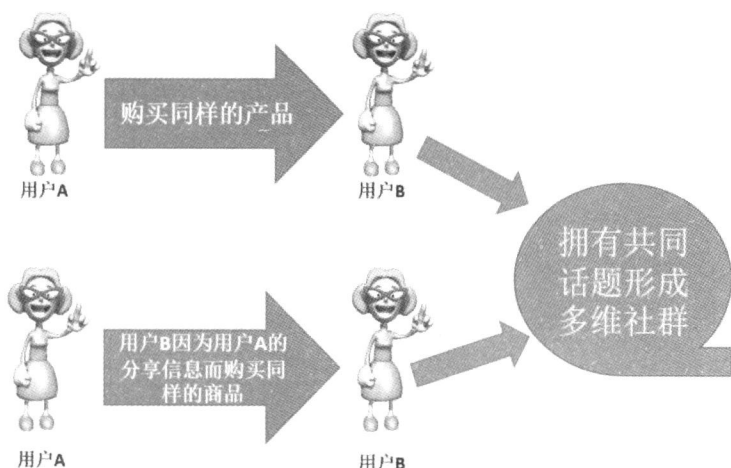

图5-30　多维社群的形成

用户通过分享，可以因为某件产品而形成一个共同的话题，而分享的该用户可能就会成为某商品的"达人"，从而得到喜欢这件产品用户的关注，用户还可以利用自己的好友关系来促成达人经济，活跃气氛以及给用户营造出一股"骄傲"之情。

在"购物圈"里比在朋友圈不断刷屏的效果要好很多，社群经济最大的好处就是用户的黏性高，彼此之间没有猜忌，很快就能达成交易。

如果"购物圈"和"朋友圈"能相互转化成购物场景，那么对不少企业品牌来说，无疑是增加了营销砝码。

5.2.3　激活用户的参与感

京东推出"购物圈"后，在微信购物入口上的表现并不突出，甚至在其他人的眼中，京东的移动电商布局除了自身的APP外，就是依靠微信的超级流量入口，获得人流量。

在用户眼里，微信的第一属性依旧是社交，而不是电商，高流量不等于高转化。京东非常清楚这一点，才继公众平台之后，推出"购物圈"功能，意在提高用户的参与感，然而京东也做到了这一点，从现在看来，"购物圈"给京东带来了两个特点，如图5-31所示。

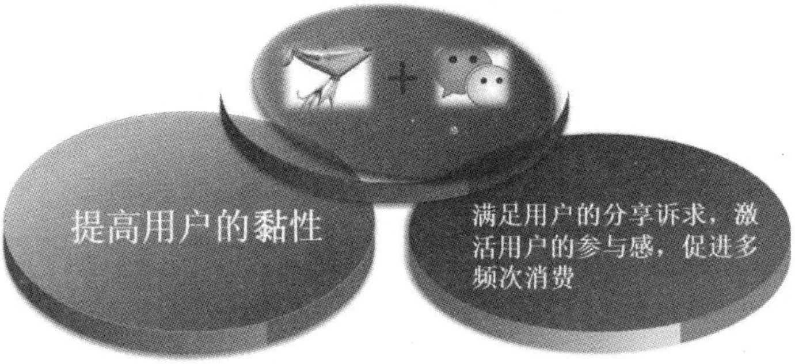

图5-31　"购物圈"的特点

如果用户在"购物圈"里买了某样东西觉得还不错，想分享给其他的用户，届时就可以在"购物圈"发布分享消息，并且用户在"购物圈"里分享不仅能得到大家的赞美，用户和用户之间还能进行交流，甚至发布分享信息的用户还能赢得佣金，这样的一些效果，无疑是京东激活用户参与感的一大利器。

下面就来了解"购物圈"在微信中的位置以及用户在"购物圈"中分享信息的过程，其操作如下。

❶在微信界面点击"我"按钮，进入"我"界面，然后点击"钱包"按钮，如图5-32所示。

图5-32　点击"钱包"按钮

❷进入"我的钱包"界面，点击"京东精选"按钮，进入"京东精选"界面，点击"购物车"按钮，如图5-33所示。

图5-33 进入"京东精选"界面

❸进入"购物圈"界面，就可以看到一些热门话题，用户可以选择一些比较感兴趣的热门话题，进去参与讨论，例如，点击进入"开学一样嗨"的话题，进入"开学一样嗨"界面，进行讨论，如图5-34所示。

图5-34 进入"开学一样嗨"的界面

❹用户可以在"购物圈"里点击"去分享"按钮分享信息，也可以在别人分享的信息下面点赞、评论，如图5-35所示。

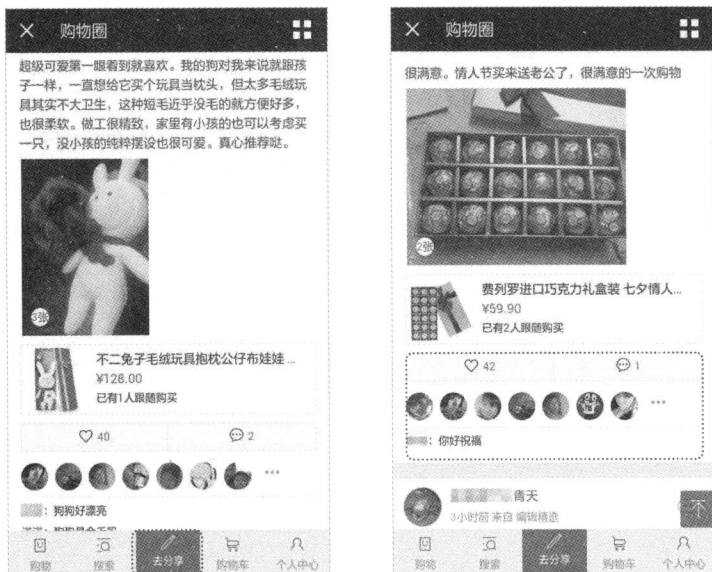

图5-35　在别人分享的信息下面点赞、评论

5.2.4　购物圈不得不解决的难题

尽管"购物圈"有着微信和京东官方背景的荣耀，以及让人羡慕的天然高流量优势，但"购物圈"还是不得不解决以下两大难题，才能将"购物圈"社群营销进行到底，如表5-3所示。

表5-3　"购物圈"不得不解决的难题

问题	做　　法
商品需要把控质量	如今，"购物圈"只能分享京东购物或京东微店里的商品，所以在商品质量方面需要进行把控，不管是自营还是代销产品，一定要严格把关。 一旦假冒伪劣的产品被分享到"购物圈"，就会造成严重的信任危机，从而使得"购物圈"不再有较多的流量。 如果"购物圈"不能让社群成员进行有序的分享，那么会使得整个"购物圈"沦为广告式的瀑布流，分享的信息也不会是高质量、值得借鉴的信息，而是同质化、无效分享
杜绝虚假	在"购物圈"中，一定要杜绝商家为了销量，将各种广告信息发到"购物圈"，造成恶意刷屏的现象。 杜绝虚假的点赞和评论大量地出现在"购物圈"中，"购物圈"应该严格把关，这样才能给社群成员一个"绿色健康"的环境

第6章

百度贴吧：基于兴趣的社交与电商模式

百度贴吧是基于兴趣关键词的主题中文社区，任何人有兴趣都可以加入贴吧或创建贴吧，然后围绕帖子与志同道合的人一起交流，相互认识。百度贴吧企业平台则是基于兴趣的社群营销平台。

6.1 百度贴吧：基于兴趣的社群营销

百度贴吧作为一个以用户原创内容为核心的社交平台，积累了庞大的用户群，这为成为连接者创造了先决条件，所以百度贴吧从2013年年底开始平台化，邀请品牌入驻，基于用户关注的话题进行细分各种主题"吧"来开展社群营销。

6.1.1 贴吧的诞生

开放的社交平台成功初期的关键之处有如下两点：

● 能否在较短时间内聚集大量的种子用户，再通过这些种子用户源源不断的生产内容，来吸引更多的用户。

● 社交平台的用户老化后，面临着年轻用户不愿意和他们的父辈使用同一个社交平台的窘境，年轻用户希望有比较新颖、有趣的新社交平台。

💡 **TIPS：**

种子用户：是指在社群初期，对社群的发展起到非常重要的推动作用，并且能影响一批人来成为社群的用户。

社交平台历经了：论坛、Blog、SNS、微博、微信等历代更迭，很多比较好的社交平台，逐渐的销声匿迹，唯独贴吧长盛不衰。

历经12年风雨兼程后，贴吧用户还呈现出了一种年轻化的趋势，不得不说这是很值得研究的一个现象。

作为搜索引擎的百度，具有天然流量和入口优势，也意识到用户搜索的关键字很有可能正是他们想要讨论的话题，而与其费劲心思地把优质论坛排序到搜索结果的前面，还不如直接利用用户的搜索关键字，来生成贴近用户需求的论坛。

于是，一个利用搜索引擎内容作为补充的贴吧就这样油然而生了。而作为一个去中心化平台，百度贴吧也迅速成为网络社群最主要的孕育之地。

纯粹的互联网工具在这个时代越来越弱化，搜索也越来越依赖于应用场景的触发，若百度在此时仅仅作为"搜索"的工具而存在，那么显然也无法满足人群多样化的需求。

2001年，李彦宏提出结合搜索引擎，建立一个基于关键词的主题交流社区时，或许只是无意间，但悄然拨动了社群宇宙大爆炸的火种。

2003年建立的百度贴吧，一直是互联网上一个经久不衰的网站，是一个成功的产品，百度贴吧在一个恰当的时间，一个恰当的平台出现。

当时，互联网上的用户是非常分散的，缺乏一个网络平台将他们聚集在一起交流。而百度贴吧通过与搜索引擎的高度结合，将搜索作为贴吧的最大入口，吸引用户使用。

并且百度贴吧的低门槛、娱乐性和开放性等深深吸引住了用户。从产品的定位上来说，百度贴吧从一开始就是以"主题互动社区"为定位的。与当时同为社区的BBS论坛相比，还是存在很大的不同。

BBS论坛强调对于整体的交流，而百度贴吧是基于兴趣点的拓展，非常细化，针对一个人、一个特定的关键词的兴趣点就能建立一个贴吧，聚集起一批用户，一起交流、互动。

例如，百度贴吧里的"减肥吧"，就是聚集了一批为了美丽蜕变，且共同坚持并努力追求着的人群，此贴吧的关注人数已高达2 572 071位，帖子个数达107 143 870个，可见贴吧的魅力之大，如图6-1所示。

图6-1　减肥吧被关注度和帖子数量

下面就来进一步了解百度贴吧吸引人的两大特点，如图6-2所示。

图6-2　百度贴吧吸引人的两大特点

1. 开放性

百度贴吧的开放性，让这个平台成为人们的社交理想平台，广泛的主题范围，让那些小众话题的用户同样可以找到志同道合的人一起聊天讨论，用户黏性非常强，用户愿意花费长时间在贴吧中活动，且贴吧内吧友的关系非常强，就这样逐渐形成了一个让人们卸下繁重、愿意与陌生人诚恳交流的社群平台。

2. 找需求，得朋友

当用户在网上搜索信息时，又多了一条搜索路径，用户可以通过搜索关键词进入相关的贴吧查看信息。并且贴吧内的信息都是由贴吧管理者在众多帖子中筛选过的，规避掉一些广告性较强、不文明现象的帖子。

相比于网络上繁杂的信息，用户在经过人工筛选过的信息中，更容易找到自己想要的信息。即使找不到想要的信息或存在疑问，用户还可以通过直接发帖或者与其他用户互动，得到自己想要的信息。这样就是所谓的为了自己的需求而得到一些志同道合的用户。

TIPS:

百度贴吧还具有低门槛和庞大用户量的特点，这也让贴吧里的内容良莠不齐。从而使一些成熟的用户对这些没有营养的内容逐渐失去兴趣，最终选择离开。再加上微博及各种论坛的兴起，老用户即使不离开贴吧，也会逐渐把时间花在其他网站上，缩短在百度贴吧停留的时间，使得百度贴吧跳失率越来越高。

最近，百度贴吧也进行了改版，虽然表面上确实提升了功能及质量，但却让用户们尤其是老用户失去了以前逛贴吧的感觉，少了以前那种热闹的氛围。看来仅仅是架构上的改变已经不足以对用户构成吸引了，贴吧架构上的大变动反而让老用户感到陌生与不适应。

百度贴吧需要的不是求新求变，而是对贴吧产品本质的专注，专注于对同一兴趣爱好的用户群的凝聚，于是就出现了不少的板块，在板块下又细分了不少个"吧"，将某一个笼统的局面，细分、精分成为不少的细小"吧"，让用户可以根据自己的喜好、兴趣，哪怕是小众的爱好，也能在百度贴吧上找到或建立，从而找到志同道合的朋友。

例如，百度贴吧里的小说板块，被分为了23个类别，如图6-3所示。

历史　穿越　改编　宫斗　后宫　连载　科幻　清宫　书评　小说人物

言情　奇幻　灵异　武侠　游戏改编　重生文　YY文　架空文　军事文

仙侠　修真　小说推荐　另类

图6-3　小说板块类别

在小说板块的穿越类别中，就有86个"吧"，可见百度贴吧将"吧"分得有多细，如图6-4所示。

图6-4　小说穿越"吧"

6.1.2　基于兴趣话题的聚合社群

贴吧给予用户之间平等的对话权，分割出不同类型的封闭环境，使得贴吧成为互联网亚文化的最重要诞生地。

互联网亚文化，又称为小文化、集体文化或副文化。它是指某一文化群体所属次级群体的成员共有的独特信念、价值观和生活习惯，与主文化相对应的那些非主流的、不常见的文化现象。

网络亚文化是一种有别于网络主流文化的一种现象，体现着独特的审美观和价值观的网络流行文化，具有极强的渗透力和影响力。它对未成年人的思想意识、行为方式有着极为深刻的影响。

亚文化不仅包含着与主文化相通的价值与观念，也有属于自己独特的价值与观念，而这些价值观是散布在种种主导文化之间的。

173

亚文化裂变之后，对于商业巨头是危险的，而对于创业者来说却是机遇。但是对于贴吧来说，以一种能够不断裂变进化的"异次元空间"姿态，依靠贴吧社群成员的广泛参与度，使得社交平台完成自我进化过程，使得不断裂变的亚文化群体不得不留在百度贴吧里。

在百度贴吧里，社群成员可以搜索、跳转不同的关键词，这一功能可以让社群成员掌握自己的行动，而无须等待任何人，可随时随地的进行。

无论是幽默者还是吐槽君，无论是摄影还是旅行，从主流文化中不断裂变出来的亚文化群体，只需要一个关键词搜索，就能在百度贴吧中聚集一群有共同想法、兴趣爱好的人，一起畅谈对话题的看法，一起寻求对话题的不解之谜，一起创造出其他的话题。

并且百度贴吧也从来不是一成不变的，而是随着社群的不断壮大，社群成员的兴趣，是随时进行调整的，只为社群成员在贴吧里可以自由畅谈。

💡 TIPS：

正是基于围绕用户的兴趣爱好的因素，才让贴吧得以长盛不衰。截至2014年，贴吧已突破10亿注册用户，820万个兴趣贴吧，日均话题总量过亿，日均浏览量超过27亿次。

百度贴吧的本质是基于共同话题聚合的社群，同时满足了人类亘古不变却自相矛盾的两大需求，如图6-5所示。

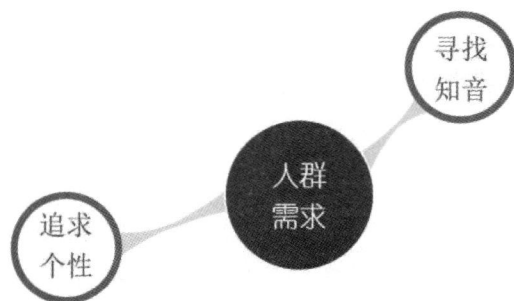

图6-5　百度贴吧满足人群需求

在百度贴吧里的年轻用户无须遵循大人们给他们定的条条框框，他们能在百度贴吧里自由发挥，这也是百度贴吧经久不衰的原因之一。

百度帖子和用户串接在一起所形成关键词、话题，缔造出了"李毅"、"白富美"、"喵星人"、"丝"、"lolita"等一系列的流行热词和异彩纷呈的网络文化，而这也为百度贴吧建立了一座护城墙，使百度贴吧不会在互联网更迭如此快速的时代倒下。

6.1.3　企业进行社群营销的基石

当百度贴吧聚集了大量的年轻用户，影响力日益扩大的时候，百度贴吧的商业价值也在不断地扩大，这无疑不验证了凯文•凯利在《技术元素》一书中所说的："目光聚集的地方，金钱必将追随"。

百度贴吧是一个UGC平台，正是因为如此，才在很大程度上增强了百度整体的媒体属性，制造了搜索热点和话题，提升了社会影响力。

TIPS:

UGC（User Generated Content）是指用户原创内容，它并不是某一种具体的业务，而是一种用户使用互联网的新方式，随着互联网运用的发展，网络用户的交互作用得以体现，用户既是网络内容的浏览者，也是网络内容的创造者。

中国互联网的"粉丝文化"就发源于百度贴吧，李毅、贾君鹏、超女拉票等大事件都来自于百度贴吧。贴吧因其"社会性"、"话题性"特征，在如今这个需要"新"的社会时代下，能让网友找到放松、感兴趣的切入点。

人们的首要需求是社交、是寻找社群归属，然后才是使用工具。而在百度贴吧的推动下强化了账号体系，同时也有助于百度以账号为基础，逐步构建庞大的百度生态体系。

百度贴吧在提供人们进行社群交流时，还会积累大量的数据，能够帮助百度更好的建立起用户的兴趣图谱，成为未来百度人工智能战略的重要组成部分。

由此可见，百度贴吧是企业进行社群营销的基石之一。

6.2　百度贴吧：社群营销价值

菲利普·科特勒曾经说过："全新的沟通方式使营销者创造出更深入的顾客涉入度和品牌社群的容纳感。"就单单从字面上去理解这句话，可能会有点不摸着头脑，若是将它与社交平台相结合，那么就能理解菲利普·科特勒所要指出的含义。

6.2.1　营销平台价值=顾客涉入度×社群容纳感

微信公众号的优势是"顾客涉入度"较深，从外层信息发布，到深层CRM的成形，顾客被细分、引导，与品牌建立起一对一的沟通机制。

百度贴吧的优势是"社群容纳感"较强，聚集了大量品牌与用户，用户与用户之间的相互交流、用户与企业之间的交互存在，让用户可以围绕特定兴趣爱好，寻找到社群的归属感，构造出成规模、成气候的"亚文化"。

TIPS:

CRM即客户关系管理，是指企业使用客户关系管理技术来管理企业与客户之间的关系。CRM是选择和管理有价值客户及其关系的一种商业策略，CRM要求以客户为中心的企业文化来支持有效的市场营销、销售与服务流程。

这也无疑不透露出了营销平台价值与顾客涉入度、社群容纳感之间存在一种正比例关系，构成一个无法让人们容易感知到不同营销平台之间差别的公式，如图6-6所示。

$$营销平台价值 = 顾客涉入度 \times 社群容纳感$$

图6-6　容易感知到不同营销平台之间差别的公式

6.2.2　企业官方吧切入点

百度贴吧是国内网民基础最好的社区型产品之一，拥有广泛而庞大的年轻用户是其显著特征。在2014年7月正式对外发布了企业平台战略，到目前完成了数千家"官方吧"的入驻，百度贴吧以"企业官方吧"为切入点，最受企业品牌关注的自媒体阵地之一。

那么企业在百度贴吧里的"企业官方吧"能为品牌带来怎样的社群价值呢？如图6-7所示。

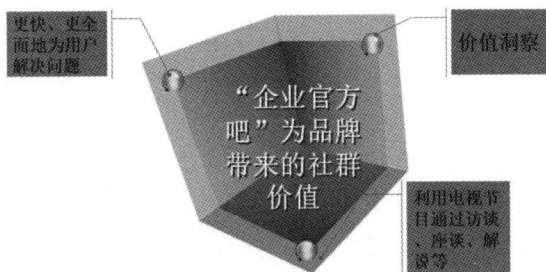

图6-7　"企业官方吧"为品牌带来的社群价值

1. 更快、更全面地为用户解决问题

百度贴吧的一个重要社群价值因素就包括了为用户提供所需场景的百度搜索。百度贴吧的社群用户往往只需带着一个对特定关键字、一个明确动机、一

个想了解的，想沟通的，想解决的问题，就能找到相应的内容，促使社群用户快速找到答案。

当用户所要查找的关键字是品牌名称时（如联想），百度贴吧就会提供用户一个"企业官方吧"的搜引，即"联想吧"，这样可以让那些既不是企业的用户，也不是企业的粉丝人群，具备转化成企业社群用户的充分条件，如图6-8所示。

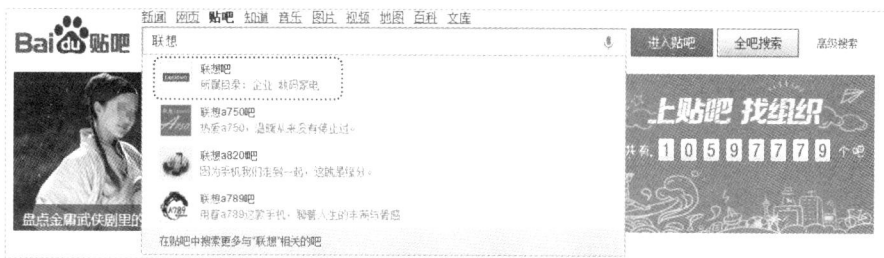

图6-8　"企业官方吧"为品牌带来的社群价值

企业在百度贴吧经营"官方吧"的第一要务，就是主动为用户答疑解惑，回答用户对品牌、对产品的各方面疑问，洞察用户的需求，听取用户的意见，提供比较好的场景沟通体验，获得用户的信任、口碑，促使用户关注"官方吧"，成为"官方吧"中的社群成员之一。由此可知，百度贴吧是一个提升品牌沟通能力的平台。

例如，"招商银行吧"在顶部的显要位置上摆放了3个能解决用户问题以及用户提供建议的区域，体现了为用户答疑解惑，持续沟通用户，服务用户的思维，如图6-9所示。

图6-9　"企业官方吧"为品牌带来的社群价值

2．价值洞察

如今，越来越多的品牌企业意识到"客户终身价值"的重要性，再也不将重点放在"倚老卖老"的范围上，品牌企业明白越早与年轻人建立起情感连接，就越具有长远的商业回报。

而由于贴吧是"年轻人的主场"，因此百度贴吧非常适合品牌企业做年轻态的调查。在百度贴吧这类自媒体平台中，与用户交互的重要原则之一就是"价值洞察"。

品牌企业可以通过在百度贴吧上建立社群，在社群成员发帖、相互交流的过程中，观察并了解年轻消费者的真实需求与行为习惯，不断洞察企业所希望提供的价值有效性，以便向年轻消费者交付符合其预期的价值。

例如，中信银行的"中信银行章鱼卡吧"在2014年11月4日和百度贴吧合作推出"壕"卡项目，在贴吧直接开设"贴吧银行"，启动了对年轻族群的办卡服务。

如今，"中信银行章鱼卡吧"在贴吧首页弄了一个"贴吧银行 壕气开张"体验功能，其中分为了"办卡大厅"、"抽奖大厅"、"活动大厅"、"激活卡片"、"特权查询"、"查账还款"6个功能，方便"中信银行章鱼卡吧"的社群用户或其他用户办卡、了解"壕"卡、参与活动，如图6-10所示。

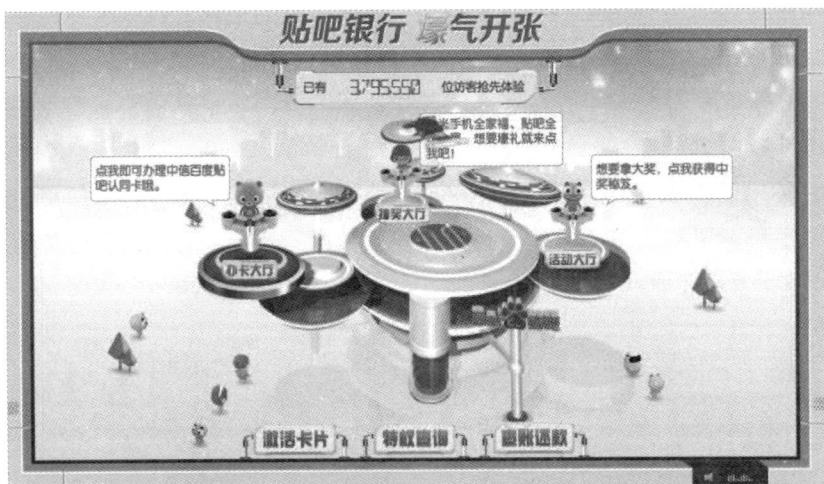

图6-10 "企业官方吧"为品牌带来的社群价值

"中信银行章鱼卡吧"这一整套设计连同线上交互，无一不表现出年轻人熟悉的各种"亚文化"元素。

此外，此银行卡的外观非常前卫，卡片是由很多流行词汇组成，如"思密达"、"萌萌哒"、"火星"等词汇，这一设计无疑更贴近年轻群体，并且在卡上还会附有百度贴吧的LOGO，这样突出了百度贴吧与中信银行的合作，如图6-11所示。

图6-11　"企业官方吧"为品牌带来的社群价值

这是一个避免品牌"老龄化"的设计，通过社群营销平台进行价值洞察与价值交付的经典案例。

3．去中心化=激励UGC=参与感+体验感

品牌企业在百度贴吧内进行社群营销时，必须避免高高在上、自说自话的情况发生，应该俯身向下，与社群成员亲密接触。

例如，招商银行的官方吧并不是中规中矩的被命名为"招商银行吧"而是叫作"小招e栈吧"。并且"小招e栈吧"确切地定义了招商银行的运营逻辑："培育一个重视用户情绪、态度、独立表达的场所，我们可以将此称为品牌的'去中心化'"。

品牌企业要去中心化，就必须激励UGC，贴吧平台具有"粉丝连接"、"透明交互"等特性，并且百度贴吧可以使用户具有较好的"社群容纳感"，因此，品牌企业需要利用百度贴吧的优势，引导用户获得"参与感"与体验感。

例如，华为官方吧为社群成员提供了大量的活动，切合热点卷入用户，并且华为还强调以运营手段激励UGC。

华为官方吧会不定期地将"吧主"包装成"名人访谈"的专题，这种"造星"举措，有助于"吧主"与社群成员之间信任的建立，更可以通过满足"吧

主"的价值感及虚荣心，激励"吧主"与社群成员有更多的优质交流。

华为官方吧还会围绕产品来举办活动，例如，最近华为推出了一部新手机荣耀7i，在"华为吧"中就有一个让社群成员讲出"荣耀7i哪个设计最能打动你"的活动，活动奖品为华为7i手机一台。于是仅仅3天的时间就有高达33 743个回复帖，可见其火爆程度，如图6-12所示。

图6-12　"华为吧"活动的惊人回帖率

6.2.3　从"贴吧合伙人"来看社群主战场

"企业官方吧"是百度贴吧社群营销价值之一，还有一个重要的价值就是"贴吧合伙人"。

如果说"企业官方吧"是贴吧着眼于"品牌自媒体"需求推出的产品，那么"贴吧合伙人"项目，则应该是一项帮助特定主体构建"自商业"的服务，更利于企业巩固社群营销。

所谓的"贴吧合伙人"是指百度贴吧向"合伙人"开放一系列在各行业、各领域具有价值的"吧"，其涉及汽车、数码、宠物、美容等行业，并提供官方特权、独家样式、运营工具、活动支持等。使得贴吧合伙人进阶为兴趣领域内的壕级玩家、垂直领域内的资深企业。

这样不仅体现出了在合伙人模式下，百度贴吧是"商业基础设施"，是"购物中心"，是"生活体验"，合伙人还可以根据自身情况和需求来选择相关的"店铺"，进行自主经营，开始业内粉丝经济和盈利模式的探索。

百度贴吧的"贴吧合伙人"合作模式从吧内推广为核心，不仅将资源通用，还通过不同的行业定制推广资源，如图6-13所示。

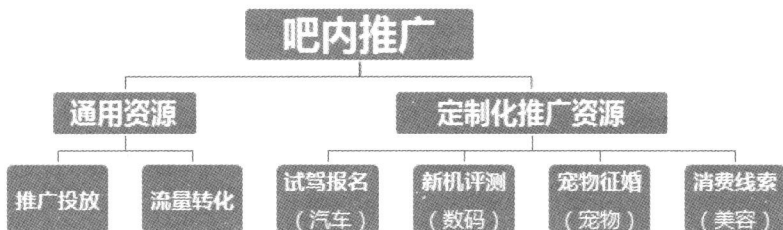

图6-13 "贴吧合伙人"合作模式

TIPS:

"贴吧合伙人"还享有运营的特权，享有该吧的所有资源。例如：当吧主、删除不恰当的帖子、舆情监控、发起吧内活动、品牌推广、营销活动等。

从贴吧官方信息来看，目前合伙人项目重点针对的是垂直行业内的企业（汽车、宠物、数码和美容行业）与专家，如今行业如此之多，为什么单单从这4个行业着手呢？如图6-14所示。

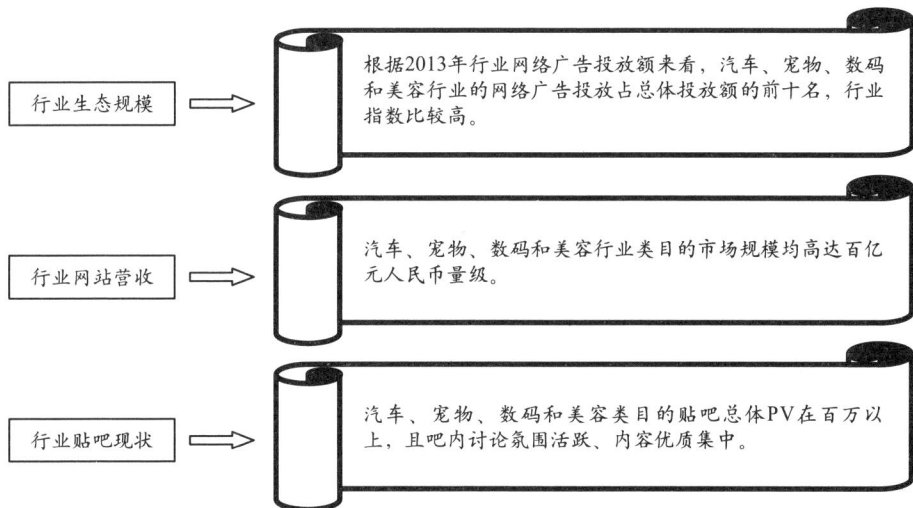

行业生态规模 ⇨ 根据2013年行业网络广告投放额来看，汽车、宠物、数码和美容行业的网络广告投放占总体投放额的前十名，行业指数比较高。

行业网站营收 ⇨ 汽车、宠物、数码和美容行业类目的市场规模均高达百亿元人民币量级。

行业贴吧现状 ⇨ 汽车、宠物、数码和美容类目的贴吧总体PV在百万以上，且吧内讨论氛围活跃、内容优质集中。

图6-14 选择这4个行业的原因

TIPS:

PV（Page View）即页面浏览量，通常是衡量一个网络新闻频道或网站甚至一条网络新闻的主要指标。用户每次对网站中的每个网页访问均被记录1次。用户对同一页面的多次访问，则访问量累计。

百度贴吧认为每个吧的背后都有一个对应的精准人群。例如"减肥吧"，就有3类精准人群，如图6-15所示。

图6-15 "减肥吧"精准人群

百度贴吧不同的"吧"对应不同的细分人群，对特定主体来说，无论是基于现有模式来经营人群，还是根据现有资源来构建新的商业模式，都会具备扎实的用户群基础，构建出一个和谐、参与黏度高的社群。

下面就从百度贴吧的"贴吧合伙人吧"的社群价值中，来了解如何进行相关的社群运营？如图6-16所示。

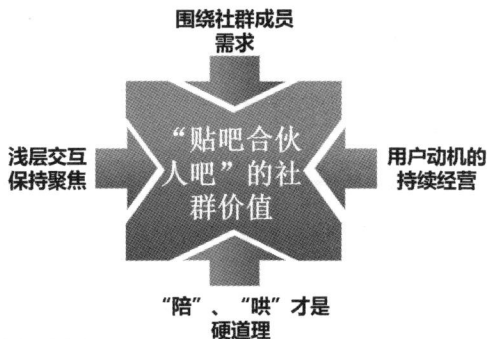

图6-16 "贴吧合伙人吧"的社群价值

1. 围绕社群成员需求

从"创造价值"的营销本位来说，"贴吧合伙人吧"是围绕社群成员需求创造价值，创造越多，商业回报越大。

2. 用户动机的持续经营

百度贴吧流量的核心来源是"关键字搜索"，因此，进入"贴吧合伙人吧"的用户动机是会非常明确的。而"贴吧合伙人"项目的本质，是对这种明确用户动机的持续经营，是对社群成员需求的一种经营。

TIPS:

对于百度贴吧来说，用户动机可细分为以下3个部分：

- "寻找持续性的问题解决方案"。例如"高三语文吧"、"高二物理吧"，对应策略应该是优质的内容与方法论输出。

- "寻求具体价值点"，找人、找事、找东西。例如"纸花吧"、"万达电影吧"、"工作吧"，对应策略应该是降低用户的判断成本，让用户迅速获取信息，解决问题。

- "用户在一种明确状态中，寻求情感联系"。例如"美国留学吧"、"加拿大旅游吧"，对应策略应该是理解他们的内心需要，做好"精神陪护"，再深入挖掘其场景需求。

3. "陪"、"哄"才是硬道理

百度贴吧的社群运营，除了有"亚文化"的存在，还需要"陪、哄文化"，企业需要以正确的方法，陪着社群成员一起参与活动、一起交流，也需要哄社群成员开心，哄他们积极参与活动，可以用奖品机制来哄社群用户乐于参与其中。

4. 浅层交互 保持聚焦

不管企业如何出名、如何强大，都不能四面出击，而是应该保持聚焦，选择适合自己的"自媒体"渠道，进行社群营销的传递，将社群成员聚集在他们认为最舒适、最有吸引力的环境中，这样将达到事半功倍的效果。

总之，一种产品、品牌专注于寻找一个社交平台，能够激发海量的浅层交互，经营起一种独特的品牌文化和价值主张，据此构建出核心的社群。就单单从这个角度来看，百度贴吧会是企业非常值得聚焦的，从自媒体到自商业构建的主战场之一。

第7章

社群营销：关键+要点+要素+步骤

社群营销并不是简单地建立一个群就能进行成功的营销活动，而是需要掌握社群营销的关键点、要点、要素和步骤，只有这样社群营销才会日趋成熟。本章将会详细讲解社群营销需要掌握的营销须知。

7.1 社群经济：掌握营销关键

"社群经济"对于很多企业来说，"粉丝经济"与"社群经济"画上了等号，而事实上并非如此，企业只要掌握了以下3大关键就能很好的打破"粉丝经济"="社群经济"的说法，让企业进一步了解"社群经济"，走进"社群经济"。

7.1.1 产品或体验极致+传播内容的用心

如今对于不少企业来说，是一个"社交红利时代"。在这个时代里，只要谁懂得社交、懂得传播，就能够掌握商业的先机。

例如《罗辑思维》，如若不是它在社群中蕴含着3点重要因素，也不会被广泛人群追捧，如图7-1所示。

图7-1 《罗辑思维》社群蕴含了3点重要因素

"星巴克"如若不是把咖啡做得那么极致，也不会产生那么庞大的粉丝经济；MyBMWClub如若不是它的服务做到极致，也不可能有20万级别社群的影响力。如若那些在社群营销中尝过甜头的企业，没有将产品或体验做到极致，那么它们的所作所为只是在互联网中进行一次容易被淡忘的炒作而已。

由此可知，企业产品或体验做到极致在社群营销中是非常重要的，鉴于前车之鉴，应该学习社群前辈的社群思维，以社群思维为核心，为自己企业的社群成员制造出符合自己产品的极致体验。

当然，单单只是将产品或体验做到极致是不够的，企业还需要学会传播。很多企业会误认为社群营销不需要传播，若传播会容易使社群成员产生反感心理，其实不然，如若企业不去传播，那么社群成员又怎么能知道产品的好处和全面了解企业的产品呢？又怎能将企业新产品展现在社群成员面前呢？

所以，一定要传播，只是要找对方法，企业可以将传播嵌入活动中，让社群成员在活动中了解到企业产品的信息，也可以像《罗辑思维》一样，将传播做到产品中，每日60秒，在说书的过程中推荐产品，社群成员只要回复当天的"关键词"，就能获得630秒内容的深入了解，这样推荐产品更容易让人接受，如图7-2所示。

图7-2　《罗辑思维》每日60秒产品内容传播

由此可以说明，在社群营销中："产品或体验极致+传播内容的用心"是一对重要的组合，虽然它们不一定是决定社群营销成功与否的关键，但是企业的社群营销没有这样的一个组合，社群营销一定不会成功的。

7.1.2　粉丝经济≠社群经济

很多企业都会容易混淆"粉丝经济"与"社群经济"，容易认为"粉丝经济"="社群经济"，其实这样是不准确的。任何企业品牌都会有属于自己的粉丝，但如果仅仅停留在粉丝这个层面，那么无非就是把以前的忠实用户的称呼换了一种叫法而已。

对于企业来说，只有经营"粉丝经济"没有依靠"粉丝经济"的说法，而"社群经济"就是将不同类别的人群聚集在一起，可谓是包罗万象，但这些人群有一个共同的核心，就是对企业产品或服务的忠诚度比较高，如图7-3所示。

企业只有完成"客户到朋友"的转变，才能聚集成一个有价值、参与度强的社群，如图7-4所示。

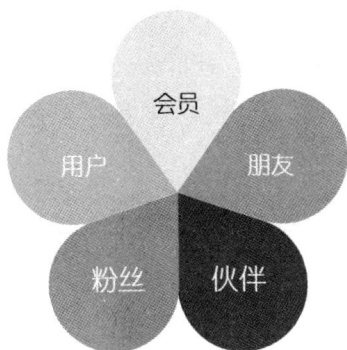

图7-3　"社群经济"中包含的人群

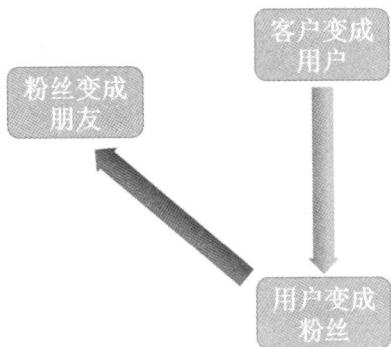

图7-4　客户→朋友的转变

在互联网的冲击下，有许多没有组织的人群在互联网中游荡，企业需要将这些人群中适合企业产品的人群聚集起来，并且经过一段时间的优胜劣汰，寻找最忠诚的社群成员和朋友。

7.1.3　社群的价值重点在于运营

这个世界有太多的不确定因素，验证了一句话"计划永远赶不上变化"，有太多的因素随机组合，这使得没有准备面对各种挑战的企业，不知如何是好。那么对于企业建立社群来说，到底该怎样才能打破不确定因素，进行成功的社群营销呢？如图7-5所示。

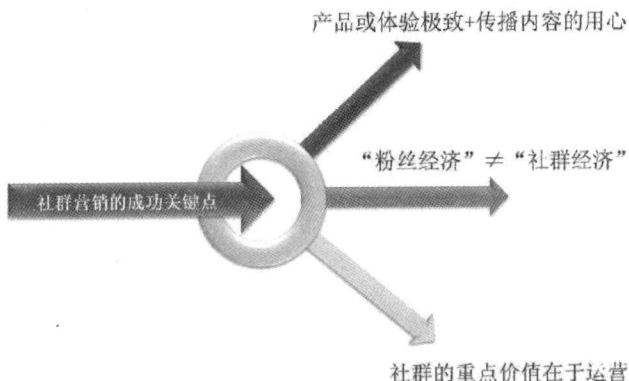

图7-5　社群营销的成功关键点

在之前已经详细阐述了"产品或体验极致+传播内容的用心"和"'粉丝经济'≠'社群经济'"的内容，下面就来了解"社群的价值重点在于运营"的3个方面，如图7-6所示。

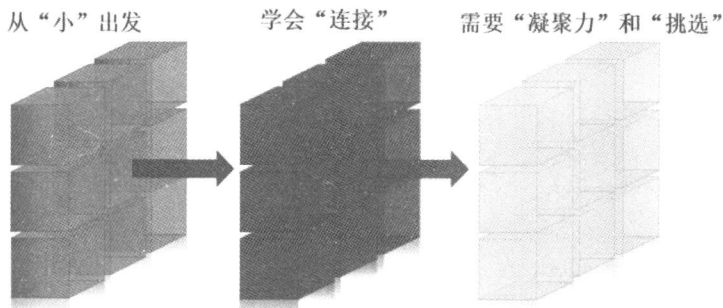

图7-6 "社群的价值重点在于运营"的3个方面

1．从小出发

很多企业的社群营销之所以成功，是因为它们从"小"出发，企业将自己的进群范围缩小、将企业态度和主张体现出来，从而产生小众的人格魅力，使得粉丝、用户因为认同企业的魅力而聚集在一起。

2．学会连接

随时随地连接社群人群，是社群运营必须要做的，只有这样企业的社群营销才能与社群成员建立起不可磨灭的感情，如若企业不看重"连接"，那么企业的社群最终不会成功，只会是一个曾经聚集过人群的载体而已。因此，企业要学会及时"连接"社群成员，与他们打成一片，彼此成为好的朋友、好伙伴。

3．需要凝聚力和挑选

社群在刚开始运营时，社群成员有可能是一群乌合之众，他们需要在企业的带领下才能长久的因为某件事聚集在一起，不然很容易出现流失率，并且没有凝聚力，若一个社群连凝聚力都没有，那么这个社群就不是群而是一盘散沙。

因此，企业在建立社群的初期，需要提出某个点，使得人们因为这个点而聚集起来，并且企业还会与聚集起来的人群进行一对一、一对多的交流，走进社群成员的生活中，与他们一起交流、探讨，只有这样才能让社群运营起来。

企业还需要注意的是学会挑选，企业不能只将注意力放置在聚集人多的情况下，而是需要将注意力放置人群质量上，学会在社群里"取其精华，去其糟粕"，挑选出质量高的社群成员，这样才能使社群氛围越来越好。

7.2　社群营销：要点与要素

企业想要掌握住社群营销，其首要任务就是将社群营销的6个要点和3个要素理解透彻，这样才不会在社群营销上走太多的弯路，下面将来详细讲解社群营销的6个要点和3个要素。

7.2.1　社群营销要点

很多企业在进行社群营销时，都会抱怨社群营销根本就没有效果，或者是与之前自己预想的效果差别出入太大，于是就开始质疑其社群营销的存在，是否能让企业在这个互联网时代得到不错的收益。

事实上，有些企业根本没有深入了解社群营销的特性，没有能制定合理的营销规划，没有掌握社群营销的要点，才会导致社群营销惨淡收场。

下面就来详细讲解社群营销的6大要点，让企业能更加深入了解社群营销的操作，如图7-7所示。

图7-7　社群营销的6大要点

1．坚持=维护

很多企业在做社群营销时都会有一个误区，那就是"急功近利"，想要"一口吃成一个胖子"，不想花费时间建立一个循序渐进的过程。尽管社群营销在快速吸金的方面有一点的优势，但不意味着社群营销会因为一次活动、一次聚集就能得到显著的成效。

试想一下，如果《罗辑思维》没有创意的每日60秒语音、没有与社群成员相互交流，那么肯定不会有如此大的成就，《罗辑思维》的成就全凭借着"坚持"下来的活动、与用户的先发货后交流，才能维护社群的运营。

一些企业和商家总是抱着过于乐观的心态，不切实际地认为只要在社群里将社群成员聚集起来，弄一次户外活动，就能将企业产品大量卖出，那是不可能的，这样做只能让自己陷入不好的境况，会使得社群成员远离企业，使他们主动撤离社群。

所以，企业需要坚持社群的运营，多推出一些活动、多与社群成员沟通才能建立出忠实的用户。

TIPS：

企业在运营社群营销时，需要坚持不懈，持之以恒，不要只将社群看作一个营销手段，而是需要将社群看成一个自己的"朋友圈"，将自己的"品牌"、"企业"光环收敛起来，与社群成员随时随地的进行交流。

企业在决定进行社群营销之前，就应该做好长期战略的准备，而不是哗众取宠、一瞬而逝的炒作手段，只有这样才能使社群营销发挥真正的作用。

2．特性+效性

有些企业产品在做社群营销时能取得立竿见影的成效，而有些企业产品在做社群营销时久久不见收获，抑或是了解产品的人多，可真正购买产品的人实在是少之又少。造成这种差别的原因，可能是其企业产品特性和活动的有效性而决定的。

例如，人们日常必需的一些消费产品（牙膏、牙刷、毛巾等），由于价格不高，消费者没有太强的品牌忠实度，因此随即购买的可能性相当高，甚至会受热烈的社群场景气氛而决定是否购买。

而一些家电类产品（电视、空调、冰箱等），价格比较高，品牌意识比较大，消费者在选择时会比较谨慎、货比三家，社群的交易性比较低、比较长久。而价格更高的汽车、黄金、珠宝等产品，几乎不可能在社群直接销售，更多的是进行宣传，引起社群成员的购买兴趣。

所以，企业在进行社群营销时，需要将产品的特性和活动进行相互搭配、组合，不能只看一方面，不是销量高，活动策划得就完美无缺，不是销量低，活动就毫无效果。

只有企业在社群里，将活动与产品的特性相结合，才能让社群成员在活动中自然、不突兀地了解产品的特点、信息，如此一来，不管销量是否好，社群营销都是有效果的。

有些品牌企业在做社群营销时能很快地取得效果的原因之一，就是消费者对它们的产品、品牌很熟悉，省去了自我介绍、得到大批消费者认可的时间。所以，一旦消费者对企业和产品有了一定的了解，就不会去质疑产品和活动的真实性，这样社群营销的效果就会比较显著。

而一些知名度比较低的企业，在社群营销的初期可能不会像品牌企业那样一帆风顺，因为消费者没有足够的了解度和信赖感。所以，这一部分的企业在运行社群营销时会比较吃力。

当然，这并不意味着这部分的企业就不适合做社群营销，相反，这些企业在建立社群营销的路程上，更能接近消费者，更能快速地拉近同消费者的距离，随之就能积累起名气、树立品牌，成为消费者更信赖的企业品牌。

总之，企业一定要将自己的产品特定了解清楚，这样才能在社群的活动中体现出产品的特性，才能使社群成员在活动中更好地了解企业产品的信息。

TIPS：

企业想要将社群营销运行好，那么就需要了解以下几点：

- 企业需要了解产品特性。
- 将产品特性融入社群活动中。
- 给一个消费者认识企业的过程。
- 企业需要一点一滴的积累知名度。
- 在建立社群的初期，企业需要抓住这个机会，友好的与社群成员交流，最好能让社群成员有主动帮助企业宣传产品、拉入社群成员的意识。
- 企业需要给社群成员无比的信赖感，决不夸大宣传，只做实事求是的传播。

3．坚持＝维护

社群营销是一个完整的系统，这个系统至少要经历3个阶段，才能逐渐成熟，如图7-8所示。

图7-8　社群营销的3个阶段

　　企业进行社群营销时，千万不要随波逐流，也不能没有规划性地进行社群营销，企业事先需要一定的推广，来预热社群的存在，也可以在某个社交平台上，与适合企业社群的人群建立情感联系，这样才能将社群营销带入一个好的趋势。

　　企业在做社群营销时，不要将它看成一种普通的营销工具，而是作为一种社交专业化的营销渠道。只要企业的产品适合社群营销，那么企业在做战略规划时，就可以认真地做好营销整体性规划，从策划到安排，尽量将社群成员的参与性大大的提高，如图7-9所示。

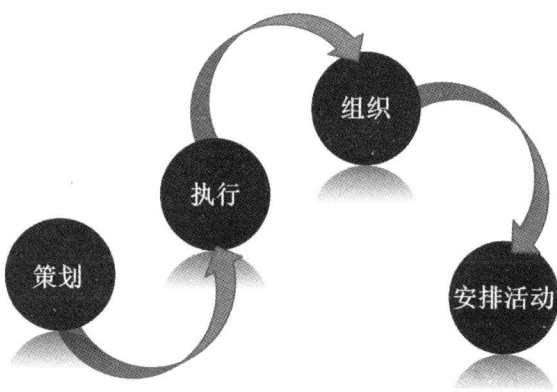

图7-9　社群营销整体性规划步骤

　　企业一定要做到，在关注销售的同时，还有关注与社群成员的交流，从社群成员的交流之中，获取产品需要改善的地方、消费者对企业的看法和建议，还可以培养社群成员对品牌的认知度和认可度，这样的社群营销，才有可能获得一定的盈利，甚至能成为譬如"小米"、"罗辑思维"一样的经典社群营销案例、榜样。

4. 明确目的

企业在社群营销开展之前，还需要想清楚建立社群的目的，一般来说企业进行社群营销具有3个常用目的，如图7-10所示。

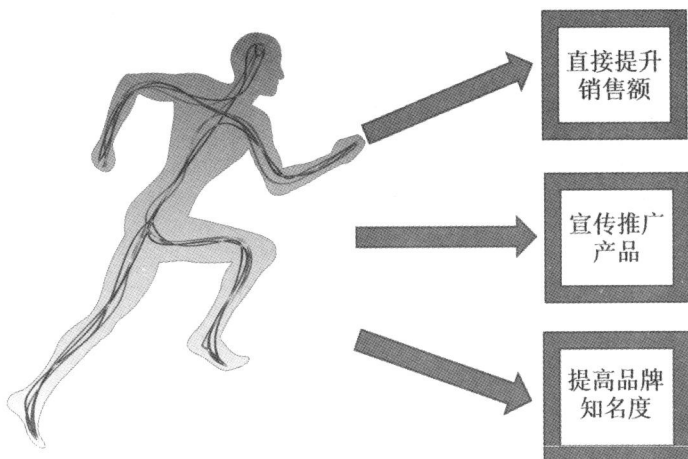

图7-10　社群营销的3大常用目的

当然这些目的都可以兼顾，可是企业需要将兼顾的目的分出主次，只有明确了目的性，才能制定有针对性的活动方案，让活动不偏离之前企业所制定的规划，让活动执行变得有效，使社群营销的效果最大化。

社群营销的目的并不是空想的，而是根据企业产品特性和企业的战略规划来进行选定的。

企业只有明确目的后，才能集中资源进行相应的活动，避免花费无谓的时间和资源上的浪费。

5. 气氛很重要

企业刚刚开展社群营销时，一定要维护好社群里的气氛，千万不能让社群变成一个"死群"，最好是让社群成员主动聊天，主动调动社群气氛，这样企业会省事不少，那么问题来了，企业该如何让社群成员主动调动社群气氛呢？其实很简单，企业可以通过展开一些活动，让社群成员有一个共同的话题即可。

例如，小米就是利用"同城会"活动，使得社群成员在社群中聊一些出游的事情，也能增进社群成员彼此之间的感情，让他们彼此了解与熟悉，一旦社群成员对企业产品有了很高的诉求之后，就会经常在社群里交流小米手机的相关信息，如图7-11所示。

图7-11 小米社群成员主动交流

总之，企业需要通过制造社群气氛，对社群成员适当地进行引导，使得社群以传染、持续的气氛游走在整个社群中，避免出现忽冷忽热的情况，只有这样才能使得社群成员的质量得到有效的提高，也会使得社群成员的忠实度越来越加强。

6. 选择适合的时间

任何营销模式都有一个时间限定，虽然社群是一种去中心化、自由交涉的载体，但是企业还是要找一些好时机嵌入社群成员的交流中去，这样才不会显得随意和突兀，届时企业的出现，会让社群成员觉得是顺其自然的、理应如此。

社群营销还需要考虑社群成员的作息时间和生活习惯，选择最恰当的时间开展活动或发起聊天，如表7-1所示。

表7-1 社群营销时间

时间	理 由
上午9：00～11：00	虽然这是人们上班的时间，可是如今是一个移动互联网泛滥的时代，人们几乎都有一部手机，随着人们越来越快的生活节奏，慢慢地人们也学会了忙里偷闲，在闲暇的时候也会拿出手机刷刷微博、聊聊八卦，当人们看到自己手机上有信息，一般都会回复的
下午17：00～19：00	这个时间点，人们开始下班了，在下班的路上、公交车上，人们会拿出手机打发时间，届时企业可以在社群中发布第二天的活动，或者是发起聊天
晚上20：00～21：00	这是人们最喜欢上网的时段，也是最想要和人聊天的时间段，也是人们一天上班遇到一些开心的事情、不开心的事情分享时段，届时企业在社群里发起聊天定能有不少成员效应

总之，企业在社群中最好是选择一个适合的时间段进行产品信息的发布，当然上面所提到的时间只是一个大概的状况，不同产品需要根据不同的时间选择，这样才能取得良好的成效，毕竟产品与产品之间还是有所差别的。但是无论作何选择，企业都要遵守不打扰人们的日常生活原则。

7.2.2　社群营销的要素

社交媒体时代，社群营销已经强势崛起，面对着汹涌而来的流量诱惑，企业利用社群将用户黏度大大增加。不管是在PC端还是在移动端中，用户日活跃表现是判定社群营销的关键数据之一。

TIPS：
用户日活跃表现，喻示着用户与社群的关系好坏，也从侧面代表着企业的产品质量，企业的运营质量。

下面就来了解做好社群营销的3大要素，如图7-12所示。

图7-12　社群营销的3大要素

1．用户建群=硬道理

一般来说，社群运营的目的分为两点，如图7-13所示。

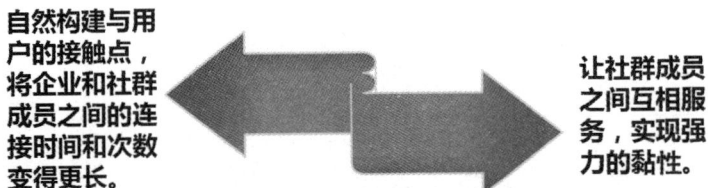

图7-13　社群运营的目的

有很多企业认为，社群营销是低成本运营，其实不然，低成本运营需要结合企业构建社群营销的方法，才能得以实现。

在社交网络中，每个人的关系链和好友圈子就是一个个小众的社群，他们会随时随地根据大家的需求来展开讨论，寻求解决方案。

对一部分企业来说，在高频的需求下，现有用户、合作伙伴的好友关系链就是社群，企业会利用分享产品信息导入社群中与成员交流。

随着时代的变迁，将慢慢跟随用户进入现有社群，或者鼓励用户建群的社群思路，已经逐渐清晰，这为传统企业进入社群营销提供了一个新的自然切口。社群一旦形成，成员之间会互相介绍、推荐好友加入。

企业在寻找社群之外，强关系好友相互介绍也是加入社群的最常见方法之一，由此带来社群的自然生长和裂变，一个大社群很有可能会变成多个小社群，这些小社群也会再度扩展成更大的社群。

这样循环的过程，是社群营销不可避免的事实，既能在社群里调动气氛，又能加强社群的扩散，这无疑是社群的魅力所在。

2．自助激励=构建社群

对于许多社群来说，用户的长期维系与活跃会是企业面对的挑战。届时就需要激励起用户的自助激励。

TIPS：

自助激励，是用户主动寻找属于自己感兴趣的爱好或社交激励，自助激励随着时间和用户的不同而不同。自助激励的实现，依赖于用户能否在产品中树立属于自己的自助目标。

在通常情况下，社群中产生的互动越多，社群成员就越活跃。除此之外，用户在社交网络中还会设定一种目标，并努力去完成它。企业把这个目标叫作自助目标，获得的结果也是用户释放给自己的自助激励。

互动激励和自助激励的实时释放，可以解决大部分用户的激励问题。企业面对这些激励实时而个性化的激励问题，几乎都是提供给用户统一且大型的奖励，而这些奖励远远比不上用户主动寻找并获得的激励。

如果企业只利用统一而又常见的奖励面对用户，多半会出现一种局面，如图7-14所示。

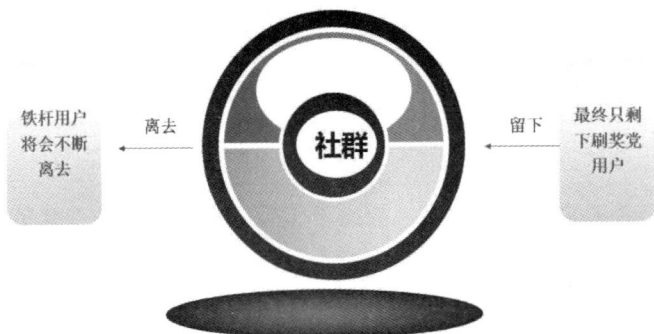

图7-14　社群运营的目的

　　企业统一确立的群体激励变成引导和管理大批社群的运营主要方式之一。自助激励，正被充分借鉴到日常社群运营中，用户一旦确立了个性化目标就会被吸引住，并且还会想方设法让自己志同道合的朋友一起在社群中进行交流。

　　例如，用户在某个社群中刚开通了账号，在社群中聊得非常的畅快，届时就会想要自己的闺蜜、好友一起在这个社群中谈天说地，多认识一些好朋友，这样就有可能出现两种情况，如图7-15所示。

图7-15　社群运营的目的

　　总之，企业需要激发出用户的"自助激励"，这样才能使得企业的社群有发扬光大的趋势。

3. 企业需要"去中心化"=社群成员"自由组合"

　　对于之前社群营销的讨论方法中，有一个观点："社群领袖对于社群的长期活跃会起到很大作用"。在社群营销刚刚起步的时候确实是有用的。

　　但如今，社群营销已经逐渐走向成熟，这就需要企业运用社群的方式来运营、发展，届时社群领袖的角色会迅速淡化。社群成员占领了主导地位。

　　在社群中需要每一位成员都做出贡献，共同推动社群前进，这才是当代社群营销的意义。

在社群中可能某一时刻某一成员起到的作用会略大，但到了下一个时刻，又有其他活跃分子扮演起了关键角色。

在社群中高质量的转化效果，是许多产品"冷启动"提供的入口，大部分社交产品在"冷启动"的过程中，社群即会发挥重要作用。例如，微信红包的爆火和微信社群离不开干系。

在社群运营中，企业施加的影响越大，有时用户参与度反而越低。在社群中企业需要做的是去企业化、去中心化，放弃控制的意愿，让社群成员在小圈子中自由组合，分别扮演不同角色。

7.3　社群营销：3大步骤不可或缺

社群营销的步骤是需要认真掌握的，不然企业的社群会很难运行下去，下面就来了解社群营销的3大步骤。

7.3.1　社群营销步骤之建群

社群营销的开端从建群说起，只有企业正确建立起了一个具有共同语言、参与性强、黏度大的社群，才能为以后成功的社群营销埋下伏笔，下面就来详细了解建立社群的须知，如图7-16所示。

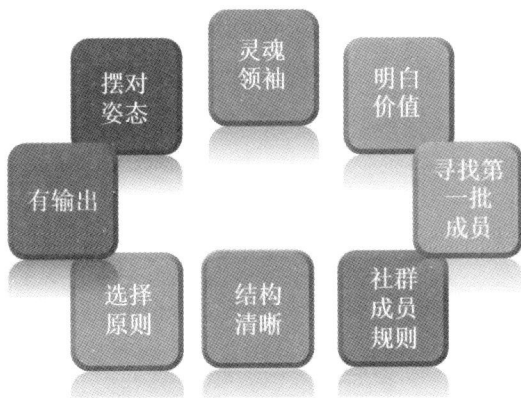

图7-16　建立社群的须知

1．摆对姿态

社群虽然是去中心化的一种营销模式，可是还是需要一个领袖在适当的时候，来带动社群成员的气氛。对于个人社群、三五成群的闺蜜社群来说，去中心化能体现得淋漓尽致。

但对于企业来说，需要一个大社群或者是经过不断裂变的社群，届时这些社群必定需要一个领袖出来把持秩序，或是等待时机提醒社群成员企业产品的存在性。

例如，"罗辑思维"中的罗胖若不出来"管事"、不发布"每日60秒"的信息，那么还会有社群营销鼻祖"罗辑思维"社群的存在吗？

显然不会，对于企业来说，去中心化是给予社群成员自主互动、自主领导的权利，却不代表企业当一个"甩手掌柜"，对社群不问不顾，那样的社群绝对不是企业的社群，那仅仅是一个人们聚集在一起的社交平台而已，不会有任何的营销成分在里面，那也不会是企业建立社群的初衷了。

但是，需要注意的是，社群中的领袖并不是指"企业"，而是指"人"，这是什么意思呢？就是让"企业"抛开自己高人一等的"企业形象"，做真实的自己，以"人"的角度与社群成员一起交流，在交流的过程中，以朋友相称，以获取用户对企业产品、对服务、对品牌的建议为主，解决社群成员对企业产品、服务所存在的问题。

总之，企业需要将自己的姿态摆正，将话语权交与社群成员，自己以"亲民"的身份与社群成员一起讨论、交流。

2. 灵魂领袖

企业还可以结合自己的产品找到产品"发烧"级别的玩家，让这样的玩家成为自己运营社群里的灵魂领袖，这样就做到了"既亲臣，又亲民"。

通常来说，在某一领域拥有影响力的个人和组织，更容易建立社群。很多企业想通过建设自己内部的社群，用社群的力量做出4个方面的力度，如图7-17所示。

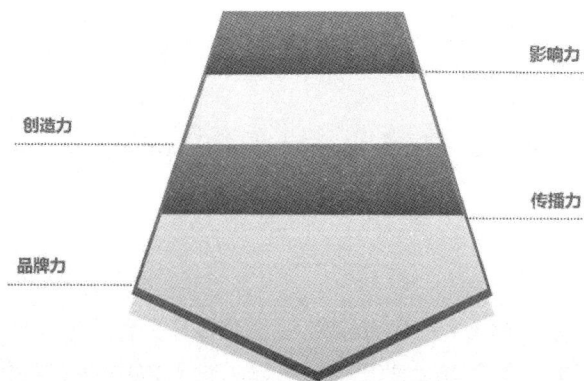

图7-17　企业期望社群营销的作用

企业的想法是好的，可是在实际的操作中，并没有所期望的那么容易实现，有些企业甚至孤身投入大量的人力、物力和财力，却收效甚微，使得原本是香饽饽的社群营销变成了残酷的社群营销。

这都是企业一意孤行的后果，所以，企业需要一个灵魂领袖来让社群走上营销的道路，让这个灵魂领袖作为中间人，将企业和社群成员连接在一起，使他们共同学习、共同进步，得以增加用户对企业和社群的忠诚度和用户黏度，这才是企业进行社群营销的核心。

因此，社群是离不开灵魂人物的，而灵魂领袖并不是谁都可以当，需要具备3个特点，如图7-18所示。

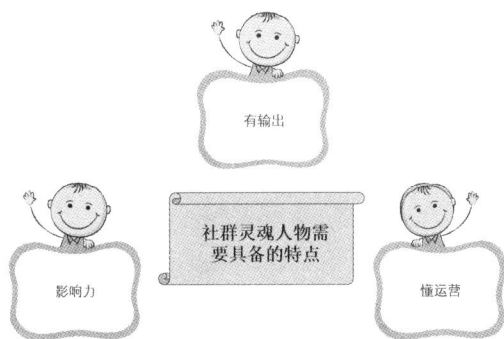

图7-18　社群灵魂人物需要具备的特点

灵魂领袖在运营社群营销的过程中，需要学会在社群中培养更多的小伙伴：

● 灵魂领袖，当社群进行裂变时，企业就不需要重新再去挑选出新社群的灵魂领袖了。

● 具有原创匠心、愿意分享的社群成员，这样才能吸引社群成员聚集起来，也能吸引社群成员主动介绍其他人进入社群，并且还可以将这一类人培养成管理员，帮助企业和灵魂领袖一起维持社群的秩序与文明。

TIPS:

一般来说，社群管理员的公众内容都是一些基础信息：

● 发声入群须知，提醒社群成员修改规范昵称。

● 加强社群活跃度，想办法提升社群成员的参与感。

● 统计每日社群运营数据，挖掘出新的管理员。

● 将社群成员分析的内容进行整理，放入群内好找的模块，例如，QQ群中就有一个"文件"模块，届时社群管理员可以将分析的内容放到那里，还可以提供以后社群成员的下载阅读。

3．明白价值

企业在建立社群的初期，需要面对的首要问题并不是在哪里找到社群成员，而是需要明白自己社群的价值，即为社群成员所带来的价值，如图7-19所示。

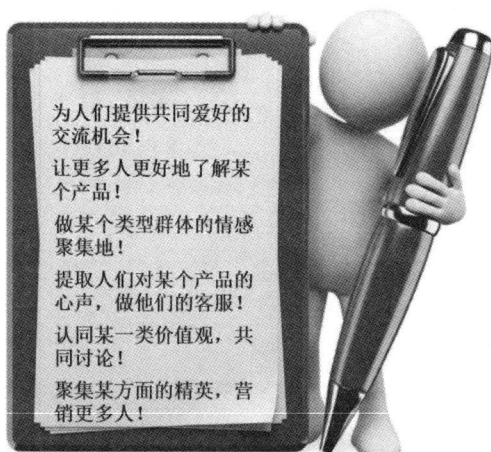

为人们提供共同爱好的交流机会！

让更多人更好地了解某个产品！

做某个类型群体的情感聚集地！

提取人们对某个产品的心声，做他们的客服！

认同某一类价值观，共同讨论！

聚集某方面的精英，营销更多人！

图7-19　思考社群对社群成员的价值

企业在为社群成员提供价值时，一定要在某个单点的能力上拥有超出普通人的能量，并得到社群成员的认可。社群的价值是基于能力才能构建的，不是基于热情或愿景。

4．寻找第一批成员

社群一开始寻找社群成员，可能需要企业邀请自己的朋友、忠实客户、品牌粉丝、朋友的朋友来帮助企业撑场面，等有了一定数量的社群人数，即可慢慢去其他社交平台上添加新成员，如图7-20所示。

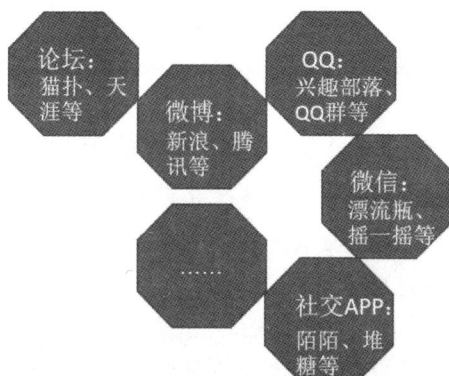

论坛：猫扑、天涯等

微博：新浪、腾讯等

QQ：兴趣部落、QQ群等

微信：漂流瓶、摇一摇等

……

社交APP：陌陌、堆糖等

图7-20　可能添加到新成员的社交平台

5．社群成员规则

企业想要建群就必须将社群中的角色给划分好，只有这样才能让社群有秩序、有吸引力的运行下去，一般来说，社群中具有7类角色，如图7-21所示。

图7-21 社群中的7类角色

下面就来详细讲解社群中7类角色的具体职责，如表7-2所示。

表7-2 社群中的7类角色的具体职责

角色	职责
创建者	创建者需要有一定的威信，这样才能吸引不少的精英加入社群里，为社群以后的发展、壮大做铺垫
管理者	管理者需要在社群中扮演赏罚分明的角色，能够针对成员的行为进行评估，运用社交平台工具进行不同的奖惩，可以多设置几条规则，让社群成员互相竞争学习
合作者	社群一意孤行，运营是很难开展的，若能有几位合作者，将各自的资源进行交换，这样共同生产的效率才会高，相比一个人单打独斗要好得多
付费者	社群的运营和维护是需要一定成本的，并不是所谓的"0"成本，无论是时间还是活动场地、奖品等，都可以看出消耗金钱的产品。所以社群需要一个付费者来支撑社群的经济来源。 例如，乐视与"罗辑思维"合作，将乐视电视免费赞助给"罗辑思维"，作为"会员"礼物。而乐视在这里就充当着付费者的职能。 付费者可以是基于某种原因的赞助者、购买社群相关产品的社群成员等
开拓者	开拓者就是想办法营造出一个好玩、气氛活跃、参与度高的社群，并且还能在不同的平台上对社群进行宣传和扩散，甚至还能拉到一些合作的企业
分化者	分化者需要深刻理解社群文化，参与社区的构建，熟悉社群所有的细节，这样才能独立将社群分裂开来
参与者	参与者需要积极参与到活动中去，想办法带动社群成员的活跃度

6. 结构清晰

社群分为两种结构，如图7-22所示。

在社群内部环形结构中，每一次的交流，都能将社群中每一个人的身份相互影响和变化，在社群里没有地位之分，管理相对松散，没有严格的规定，只有社群成员经过讨论、交流的内容。

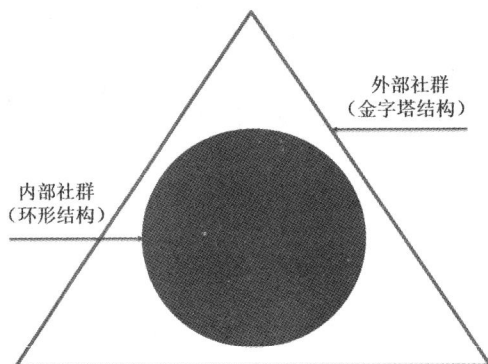

图7-22 社群的两种结构

很多社群都是以随意聊天、聊八卦、玩匿名、聊情感等为主要职能，基本上用户可以随心所欲的聊天，企业可以在社群里谈笑风生地进行维护，可以使社群用户在欢声笑语中了解企业产品的信息等，在这些过程中，可以在社群培养出忠实的情感认同。

7. 选择原则

随着社群营销日益火爆的程度，社群出现了两种加入原则，如图7-23所示。

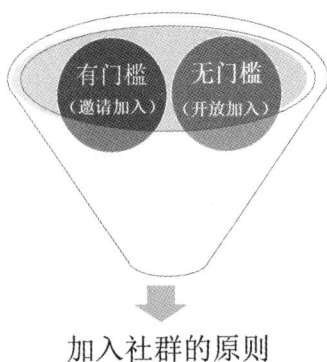

图7-23 社群加入原则

无门槛的社群，加入进去的成员会比较散乱，并且会有很多"不冒泡"的人，不在社群里发表意见，只是一时兴起才加入社群中，做一个"占位者"，这对企业及社群来说没有什么价值。

所以无门槛的社群经常需要清理社群成员，这样才能保证社群营销能有效地进行。若不执行"淘汰制"，那么社群与"社群"、"普通的QQ群"有何区别呢？不过很多开放性的社群都没有做到"动态淘汰制"。

TIPS：

"动态淘汰制"是指，社群在不定的时间里，根据社群运营数据分析，将那些对社群没有价值的、很长时间不在社群中利用话语权的人群，进行踢群处理。

而有门槛的社群，一般都是社群成员邀请进入的，若是用户自己申请，没有一个得当的理由是不会批准进入的。

下面就来着重了解人们加入社群"有门槛"和"无门槛"之间的区别，如表7-3所示。

表7-3 加入社群"有门槛"和"无门槛"的区别

区别 ＼ 入群原则	"有门槛"	"无门槛"
怎样入群	社群成员邀请进入的	人们自由加入
人数限制	一般都会有人数限制，例如"秋叶PPT"社群一个群不得多于69人	无人数限制
踢人规矩	会将那些长期潜水的人群踢出群去，不定期进行，对社群没有价值的人群一般不会出现在这类社群中	几乎很少出现踢人情况，最多是遇到不文明现象，才会开展踢人现象
群公告	一般都会设置一些群公告，要社群成员改指定的名字，或者是一进群就要进行"曝照"、"自我介绍"等环节，当然每个群有不同的进去要求，一些不能接受的人群就会主动退出群，这样既能增加群内的活跃度，又能自动过滤掉一些人群	几乎没有什么要求，最多就是需要社群成员改一改社群昵称

经过对比，还是"有门槛"的社群好一点，这样的社群比较有秩序和社群成员的价值性比较大。

8．有输出

输出对于社群来说，是决定是否有价值的重要因素之一，若一个社群的输出不符合社群成员的需求，那么这个社群很有可能面临散群危机。

　　企业如果想要规避散群危机，那么就需要给社群成员提供稳定的服务输出，这才是社群成员加入社群、留在社群的价值。比如，"彬彬有理"提供用户"秘问蜜答"服务，还有专门的咨询师为用户解答情感方面的问题，深受社群成员的喜爱，如图7-24所示。

图7-24　"秘问蜜答"

7.3.2　社群营销步骤之方法

　　社群营销无论在方法上还是理念上，都于传统的社群营销有很大的不同，企业不能在社群中随意的投放广告，而是需要将社群成员利用起来，使他们自愿成为企业的一员，主动帮助企业宣传产品，拉拢人群来扩大社群圈子。

　　随着互联网的发展，社群营销的方法也包罗万象，下面就来了解社群营销几种常见的方法，如图7-25所示。

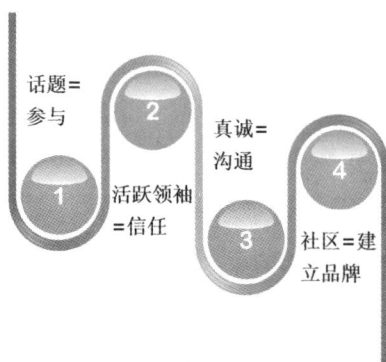

图7-25　社群营销的常见方法

1．话题=参与

一个社群需要有足够多的话题才能运营起来，若是连话题都没有，那么这个社群必定会变成"死群"，变成一个毫无价值的群。所以在社群中话题是很重要的，企业需要在社群快要冷场的时候，制造一些社群成员感兴趣的话题，这样才能使得社群热闹起来，提高社群成员的参与度。

例如，新浪微博具有一天能制造不少话题的能力，才会获得无数的网民将目光聚集在新浪微博上，在微博里刷博文、点赞、发评论和信息。为什么微博的话题功能可以聚集到人群呢？那是因为，其话题功能是可以由微博用户自己建立的，并且建立的话题都是一些时事热点，占了3个吸引网民的重要话题特点，如图7-26所示。

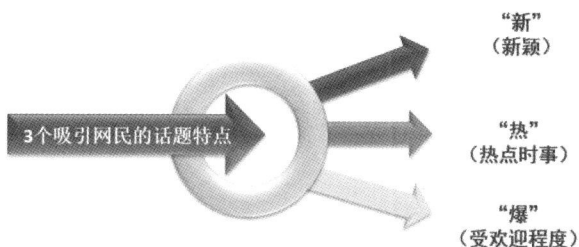

图7-26　3个吸引网民的话题特点

新浪微博的一个火爆话题，往往能聚集至少几百万的人数量，例如，最近第一名的话题"#花千骨#"就有83.8亿的阅读量，分别排在第2、第3位的"#芒果台还我们醋吻#"和"#戚薇李承铉结婚一周年#"就有1 801.1万和358.1万的阅读量，可见微博一天的网民所停留的次数是非常之多，如图7-27所示。

图7-27　最近话题前3名

微博也属于社群营销媒介的范畴，企业也可以借助微博这个流量大的平台，来进行社群营销的开展，尽量多提供给社群成员一些话题进行讨论，最好是将话题建设权交给社群成员，让他们自己营造话题气氛，为企业的社群增添活跃气氛，提高社群成员的参与度。

2. 活跃领袖=信任

一般来说，社群中的领袖都是社群成员所信任的人，而在社群里，能不能快速传播某样产品，不仅要看话题的内容，还需要看社群成员的信任度即信息发布的来源。

如果在社群中发布信息的是一个从没有在社群中参与聊天、不活跃的分子，那么定然不会受到社群成员的关注，还很有可能被踢出群，所以在社群营销中，产品的传播信息者是重要的一环。

企业在开展社群营销时，需要借助社群活跃领袖的力量，同他们开展合作，或者企业自己培养出一个社群活跃领袖，借他们之手发布及传播营销信息。

3. 真诚=沟通

不管是怎样的营销活动，都需要真诚沟通才能使营销活动获得成功，这也是企业必须遵守的原则之一，而在网络社群中，更加需要真诚的沟通。

真诚沟通在社群营销的内容中，是必不可少的一环，是体现真实性、可靠性的纽带，是社群成员相信企业的重要砝码，所以在社群营销中一定不能掺杂任何夸大其词的宣传。

无论何时，企业都要谨记"天下没有不透风的墙"，做了坏事，定会被网民们一一揭穿，届时，企业还需狡辩的话，只会让社群成员感到更加的失望，到时候企业获得的将不会是社群成员与企业其乐融融的场景，而是社群成员对企业的谩骂声和失望。

企业只要在社群中与社群成员进行真诚沟通，才能获得社群成员的信任和赞同，这才是社群营销基础的方法之一。

4. 社区=建立品牌

在社群概念还没有出现的时候，社区就是社群的雏形，社区也是由一部分人群对某一品牌有特殊爱好，产生心理共鸣的消费者组织起来，形成的一种网络社区形式。

企业在运营社群之前，可以像小米一样，开展自己的品牌社区，培养人们对小米品牌的忠实感，在小米社区里，用户只会发布关于小米产品的有关信息，如图7-28所示。

图7-28 小米社区

而在小米社区经常逗留的人群，几乎都是小米的忠实粉丝，这样小米就可以在社区中找到高质量的社群成员来展开社群营销。

所以，企业可以先建立自己的品牌社区，然后在品牌社区中找到适合自己社群的成员，当然企业在形成与维系品牌社区时，也需要企业进行适当的引导，如图7-29所示。

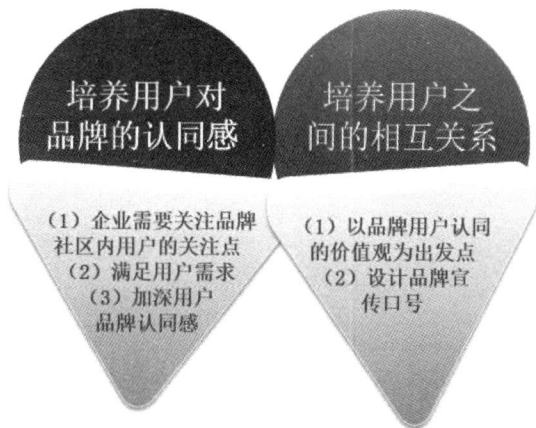

图7-29 引导消费者来建立品牌社区

7.3.3 社群营销步骤之优化

曾经利用社群营销而成功的企业，并不是一蹴而就的在社群营销中尝到社群成功的味道，而是需要企业不断地将社群进行优化，才能将自己的社群变成一个参与度强，活跃度高的高质量社群。只有这样的社群才能在营销中站住脚跟，获得营销收获。

下面就来了解社群营销需要优化的方面，如图7-30所示。

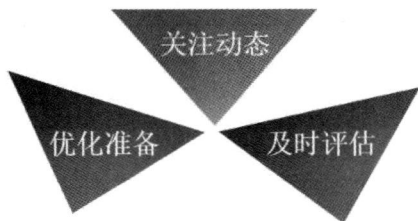

图7-30　社群营销优化方法

1. 优化准备

社群营销优化是指可以提升社群成员对企业产品内容、社群成员与企业的连接、诱发行动等连带反应。因此企业首先要优化步骤，即做好社群营销的准备，企业需要找出可以影响最终社群营销结果的改变元素。

一般在企业进行社群营销优化准备，所需要优化的元素，如图7-31所示。

图7-31　优化的元素

2. 关注动态

当社群在开展活动时，企业需要及时关注活动的整个动态，才能将活动顺利地进行下去，若是活动成效不大，企业就需要快速意识到、并调整策略，企业可以尝试在不同时间发出公告、调整内容、增加新视觉等。

3. 及时评估

企业在社群中需要及时评估活动指标，如活动一开始的转换率，社群成员的分享让社群活动在社交媒体产出的声量，都是可以作为参考的指标。

企业若是能够做到即时优化，不但可以让单一的社群活动成效发挥得更好，从长远来看，也能产出更多的参考数据，为之后的活动做好调整的准备。

7.4 【商业案例】穷游：因旅游，得社群

2004年，穷游网创始人在德国留学时，因想分享自己的旅行经历，于是建立了一个"穷游欧洲"的论坛，论坛主题是围绕在欧洲旅游的攻略、心得等。

随着时间的流逝，论坛被越来越多的人所赏识，于是在2008年，穷游网创始人把因自己爱好而开启的论坛，正式当作自己的创业项目，从而出现了如今的"穷游网"，以社群模式来为人们提供旅游攻略。

7.4.1 由社区转变成社群全靠"优质内容"

于2014年，穷游网已经成长为国内最具影响力的出境游旅游社区，有超过4 000万社区用户和3 000多万移动端APP用户，可谓是人流量巨大，作为一个专门的旅游社群营销模式来说，是非常值得人们借鉴和学习的。

"穷游网"从社区的内容沉淀，到移动端"穷游"的过程是建设移动社群的演变，在整个产品的发展周期里，都有针对不同时期采用不同的产品战略，因此才会有如今这个以旅游为核心的大社群圈子，如图7-32所示。

图7-32 "穷游网"从社区到社群的演变

"穷游网"论坛诞生于2004年2月，早期主要针对欧洲，论坛由生活在欧洲的网友担任论坛的日常维护。慢慢地"穷游网"逐渐开放了亚洲、非洲、北美等一些国家板块，如图7-33所示。

同时，还陆续上线了一些"户外运动"、"邮轮"、"旅行社群"等一些兴趣类板块，如图7-34所示。

图7-33　"穷游网"开发的旅游板块

图7-34　"穷游网"开发的兴趣板块

　　早期的"穷游网"海外用户居多，分享的内容也多以海外的旅行经历为主，也正因为用户群的原因，"穷游网"社区里生产的内容，具有非常强的可读性，并且有很多都是用户旅行的用心之作，也导致了"穷游网"社区成为用户海外出游信息获取的集散地。

　　随着社区用户不断增多的同时，"穷游网"也源源不断地注入新的信息，将社区成员越扩越大，而对于新到访的用户来说，能获取到的信息也就越多，这也就越能吸引用户在"穷游网"停留、驻扎更多的时间。

　　在如今的"穷游网"上，用户可以获取海外的旅游攻略或旅游资讯，例如，关于亚洲的旅游攻略，"穷游网"会以国家为单位，进行介绍，如图7-35所示。

图7-35　关于亚洲的旅游攻略

若用户想要了解泰国，进入泰国板块，就可以看到一些关于泰国旅游攻略的帖子，如图7-36所示。

图7-36　泰国板块旅游帖子

在用户旅游结束之后，还可以在"穷游网"上分享自己的攻略、游记、心得，用户还可以直接在板块中提问题，如图7-37所示。

图7-37　发帖和提问

用户从"找攻略→发攻略"这样的过程，在"穷游网"完成对内容的精炼，从而变成一本"经验丰富"的景点攻略手册。

在2011年12月，"穷游网社区"经历了大改版，增加了许多板块，例如，"穷游天下"板块、"线上线下"板块、"后院"板块，并且所有的板块都有一个明确的属性和定位，将社区里的内容进一步结构化，慢慢形成社群的模式，如图7-38所示。

图7-38　新添板块

"穷游网"就这样因用户制造的内容，从而慢慢扩大发展，从只有一个旅游欧洲板块发展至5个关于国家的板块，还增添了许多提供用户交流的新板块，不仅可以提供用户分享自己的旅游心得、攻略，还可以与其他用户进行交流。

还有一点最为重要的就是，不管"穷游网"如何增添新板块，都不会离开"旅游"，总的来说，"穷游网"的社群成员都是以"旅游"为出发点而聚集起来的，而"穷游网"也围绕"旅游"，为成员们提供服务。

7.4.2　多维度产品建造出社群

2010年，"穷游网"推出的中文旅行指南"穷游锦囊"，主要由生活在海外的人员撰写，以严格原创和快速更新为主要特点。早期的"穷游锦囊"采用 PDF 格式，包含使用 OpenStreetMap 数据再制作的地图，供穷游网注册用户免费下载。

随着互联网时代的发展，已经严重冲击到了传统阅读，而移动互联网时代的碎片化阅读，已经占领了如今的阅读地位，人们不再拿在纸质指南到处旅游，而是开始凭借一部手机来走天下。

有很多用户都在"穷游锦囊"上查询旅行的目的地，每年还有数千万的用户在"穷游锦囊"上，随时随地进行旅游信息的更新和反馈，"穷游锦囊"使得"旅游"不再是个人的旅行笔记，而是为大众解决问题的活宝典，并且还具有及时更新的功能。

"穷游网"除了"穷游锦囊"这样以内容为核心形态的产品之外，还推出了一些围绕旅行周边的产品，例如，帮助用户规划行程计划的"行程助手"；帮助用户综合考虑性价比、实用性，向用户推荐出境游特价产品的"穷游折扣"。

总之，"穷游网"围绕"旅游"，进行多维度的产品推出，试图用工具让旅行的体验变得更好，从而建造一个旅游社群。

7.4.3 移动端下的核心社群思维

2014年4月，"穷游网"推出新版的"穷游APP"，而"穷游 APP"是"穷游网"为用户信息消费、移动化所做的更进一步努力，其实现的基础是"穷游"的数据以及技术的沉淀。

穷游社区用户总量不大，活跃度和黏性极高，而用户的这些特点为"穷游APP"各类数据的积累提供了大量的数据支撑。

但是庞大的数据量也会带来信息干扰，很容易让企业偏离了自己产品的核心，但"穷游 APP"没有受到干扰，依然明确自己的核心："将社区价值和工具价值相结合，提供一体化的服务，让用户在短时间内便捷地获取正确的信息以帮助决策"，也正因为"穷游 APP"是移动端的产物，才能营造出守住核心的社群思维。

7.4.4 商业化下的社群

随着人们生活水平的不断提高，人们对旅游的需求也越来越多，出境游属于旅游类型里比较高端的部分，而"穷游网"的精准社群成员就是那些喜欢、想要、渴望出境游的人们。无论是个体用户价值还是群体用户属性，都是目前社群形态里消费价值较高的群体，而"穷游网"服务于这类人群也是其社群价值的体现。

用户决定出境游、去哪儿、用什么样的方式等关于旅游的想法，在很大一部分层面上都取决于，用户在"穷游网"上看到了什么样的攻略。而这一类人群几乎都是旅游的精准用户。

"穷游网"提供旅游信息帮助社群成员做出消费决策，社群成员通过社群的旅游信息找到自己想要的产品，这一系列的过程，无疑不透露出企业与用户之间的纽带与旅游信息。

对于目前的商业化情况来说，在旅游中"穷游网"明显处于上风，经过几年的经营，"穷游网"学会了"做好内容沉淀和用户积累"，来形成独特的社群。

在"穷游网"发展的整个过程里，伴随的是创始人及团队对旅游的热爱，对生活方式的理解。

当然，能将热爱变成一项事业，并在所处的领域有所建树，这一切都离不开"穷游网"在产品逻辑上也有着自己的方向，无论是社区的形式还是移动APP社群，又或是内容沉淀，"穷游网"都会围绕核心"旅游"，掌控"旅游"节奏，给予社群成员所需求的内容，从而构建出一个高质量的内容社区及群落，营造出随时随地都能去旅游的生活场景。

第8章

社区+社群：用O2O重构商业模式

社区+社群O2O时代，随着社群的火爆，而悄然来临，引起了不少企业的注意力，不少企业纷纷将目光投向了社区，加上社区人群的聚集密度，以及需求的相似程度，很容易将一波人聚集在一起，建立起社群，于是就出现了社区+社群O2O，本章将详细讲解社区+社群O2O营销。

8.1 社区+社群O2O的关键

当O2O服务越来越多的渗透到用户的生活，有着天然空间距离优势的社群则成为更好的入口。用户越来越懒，社群O2O的机会则越来越大，于是人们就会以"便利生活"为核心，聚集起来，享受O2O给他们带来的福利。

然而，目前社群O2O的盈利模式不清晰、线上线下服务内容容易发生偏差、难以实现标准化复制则是目前社群O2O的主要问题。所以需要盘活线下商家，聚拢线上流量，服务于社群成员的需求。

8.1.1 社区+社群从房地产入手

在房地产领域，历史的演进大致可以分为四步，如图8-1所示。

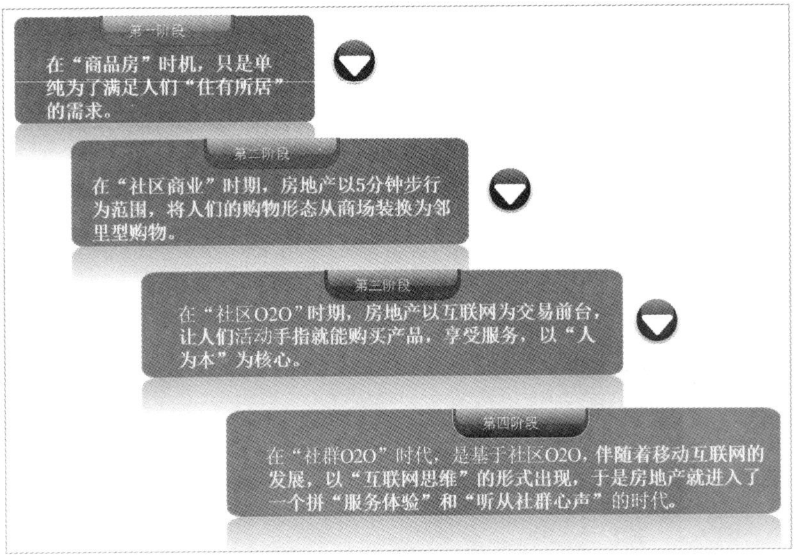

第一阶段
在"商品房"时机，只是单纯为了满足人们"住有所居"的需求。

第二阶段
在"社区商业"时期，房地产以5分钟步行为范围，将人们的购物形态从商场装换为邻里型购物。

第三阶段
在"社区O2O"时期，房地产以互联网为交易前台，让人们活动手指就能购买产品，享受服务，以"人为本"为核心。

第四阶段
在"社群O2O"时代，是基于社区O2O，伴随着移动互联网的发展，以"互联网思维"的形式出现，于是房地产就进入了一个拼"服务体验"和"听从社群心声"的时代。

图8-1 房地产从"商品房"到社群O2O

对于房地产来说，社群是支付场景和体验场景最多的地方，房地产商面对的是一个或多个社区的人群，是离用户最近的企业，在这个"用户为王"的互联网时代，房地产可以凭借手中握有大量的社区资源和业主资源的优势，能聚齐有着同等特点的人群，进军社群O2O时代。

对于房地产商来说，房子只能卖一次，而社区服务可以做70年。慢慢地房地产商就开始结合社区电商，形成快递收纳及配送网络，以及在移动互联网线上建立社群，形成线上购物及外包家居服务联盟的模式，塑造社群O2O的雏形。

例如，易居中国在上海进入社群O2O领域，易居旗下社区增值服务集团推出的"实惠"APP，易居中国曾经的同行信义房屋，也在首个房地产开发项目中引入了社区营造的概念，同样想以社区为平台，吸引更多社会群体参与开发，形成企业与用户相互交流的社群O2O。

如今的"实惠"APP，以社区人群为主，将"周边福利"为首页，为用户提供了不少的免费福利，增强了用户黏度，并且还为用户提供手机充值、家庭医生、快递等服务，大大的便利了人们的生活，还有一个同城界面，在这里人们可以进行交流，提出问题，发出动态，如图8-2所示。

图8-2 "实惠"社群O2O

图8-2 "实惠"社群O2O（续）

除了房地产企业，互联网企业同样在寻找社群O2O的商机。无论是阿里巴巴、京东这样的巨头，还是新创立的互联网企业，都渴望在这个市场拥有自己的消费端。

不过，传统的互联网巨头优势在于线上流量，但由于它们没有"社区邻居"这个天然的优势，其撮合的交易并非最优，线下壁垒、社群聚集精准人群、社群物理边界都是这些巨头难以有效逾越的障碍，因此社区能带给新进者更多的机会进军社群O2O。

TIPS：

在这场社区+社群的O2O大战中，房地产商的先发优势最为明显，这是因为社群O2O的成功关键在于用户黏性，这取决于社群成员与社区内其他用户、配套、物业服务的沟通与互动。

8.1.2 社群O2O消费流程

在社群O2O平台商业模式中，整个消费过程由线上和线下两部分构成。线上平台为消费者提供消费指南、优惠信息、便利服务和分享平台，而线下企业则专注于提供服务。

就如上面所说的"实惠"社群O2O一样，在线上只提供吸引社群用户参与活动，而社群用户需要到实体店上兑活动奖项，这就是线上、线下分工进行的社群O2O模式。

在社群成员参加社群O2O模式中，成员的消费流程可以分解为2R、2C和1F，如图8-3所示。

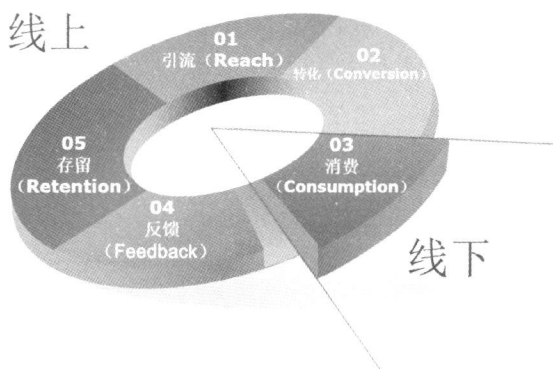

图8-3　社群O2O平台布局的"五阶段模型"

1．引流（Reach）

线上平台作为线下消费决策的入口，可以汇聚大量有消费需求的消费者，或者引发消费者的线下消费需求。

常见的社群O2O平台引流入口包括：消费点评类网站，如美团、大众点评、豆瓣等；电子地图，如老虎地图、百度地图、高德地图；社交类网站或应用，如微信、微博、百度贴吧，如图8-4所示。

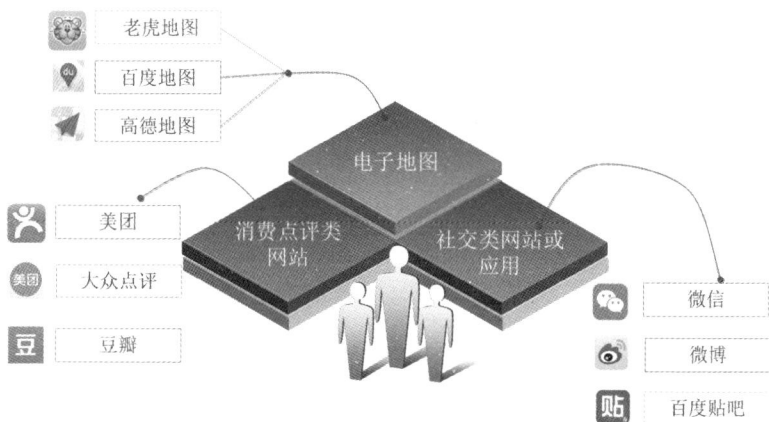

图8-4　常见的社群O2O平台引流入口

2．转化（Conversion）

线上平台向社群成员提供详细的店铺信息、优惠信息、便利服务，方便消费者搜索、对比商铺，并最终帮助社群成员选择线下店铺、完成社群成员的决策，如图8-5所示。

图8-5　线上平台店铺信息

3．消费（Consumption）

社群成员可以利用线上获得的信息到线下店铺接受服务、完成消费。例如，在线上用美团团购电影票，在线下消费，如图8-6所示。

图8-6　线上购买，线下消费

4．反馈（Feedback）

社群成员可以将自己的消费体验反馈到线上平台，这样有助于其他成员做出消费决策。线上平台通过梳理和分析消费者的反馈，形成更加完整的本地商铺信息库，可以吸引更多的社群成员使用在线平台，如图8-7所示。

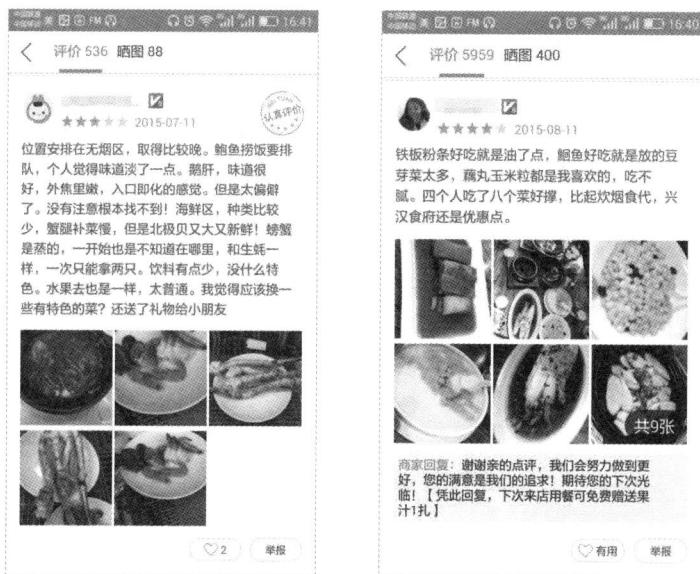

图8-7　社群成员反馈消费情况

5．存留（Retention）

线上平台为社群成员和本地店铺建立沟通渠道，可以帮助本地店铺维护社群成员关系，使社群成员重复消费，成为店铺的回头客。

从五阶段模型中可以看出，只有在五个链条上布局和完善，社群O2O平台才能最有效地形成正向循环，实现平台的快速滚动增长。

在本地生活社群O2O领域的布局上，各大互联网公司各自采取了不同的思路，但都是基于自身已经积累形成的核心能力。

其中腾讯以微信为核心，在未来腾讯将实行手机QQ移动社群战略，阿里巴巴以交易闭环为核心，百度以搜索和地图为核心。而以大众点评和美团为代表的中型社群O2O企业，通过线上与线下齐头并进的发展模式，也形成了相当的竞争力，如表8-1所示。

表8-1　各大互联网公司本地社群O2O思路

互联网企业	腾 讯	阿里巴巴	百 度
布局思路	以微信为核心	以交易闭环为核心	以搜索和地图为核心
引流	点评平台：腾讯微生活 社交平台：QQ、微信 地图：SOSO地图	点评网站：淘宝生活、丁丁 地图：丁丁地图、高德地图 社交网站：新浪微博、陌陌、来往	地图：百度地图 搜索：百度搜索
转化	商户信息：微生活 在线支付：财付通、微支付 优惠：吃喝玩乐 预订服务：微生活+通卡	商户信息：淘宝生活、丁丁 在线支付：支付宝 优惠：丁丁、美团、聚划算 预订服务：陶点点	商户信息：百度地图 优惠：百度团购、糯米网 支付工具：百付宝
下线资源	微生活、通卡的线下团队及合作商家、高朋	丁丁、美团、淘宝生活、聚划算以及陶点点的线下团队及其合作商家	糯米网线下团队和合作商家
反馈	点评平台：腾讯微生活 社交平台：微信 团购平台：高朋	点评平台：丁丁、淘宝生活 社交平台：陌陌、来往、新浪微博	地图：百度地图 团购平台：糯米网
存留	社交工具：QQ、微信	订餐平台：陶点点 点评平台：丁丁、淘宝生活	无

8.1.3　社群O2O玩转社区服务

社群O2O的运行，就是把互联网思维植入传统社区服务中，通过解决社区消费者的痛点加上行业的痛点、现实社群的痛点，创造一个全新的、颠覆性的社区+社群商业模式。

社群O2O项目如何获得社群成员的青睐、赢得市场，充当下一个颠覆者成为不少行业关注的焦点。

例如，京东社群O2O项目"拍到家"日前正式上线。该项目通过微信公众号、独立APP等形式提供超市到家、外卖到家、鲜花到家三项服务。虽然该项目目前只支持京城四环以内及通州等地，但京东的野心已暴露无遗。

2015年3月份，京东"拍到家"APP在苹果应用商店正式上线，据悉该应用将向用户提供3公里范围内生鲜及超市产品的配送及鲜花、外卖送餐、上门服务的家政阿姨、按摩等各类生活服务项目，并基于移动端定位，实现2小时内快速送达，如图8-8所示。

图8-8　"拍到家"APP

据悉，"拍到家"作为京东CEO刘强东亲自负责的项目在内部被寄予厚望。京东方面也明确表示"拍到家"未来将进一步整合各类O2O生活类目，提供一站式到家服务。

【分析】：

"拍到家"已经可提供以生鲜及商超商品为主的上千种商品及部分服务。京东通过与线下零售商深度合作，将传统零售商已经积累的优质资源与京东的互联网技术、供应链管理优势相结合。传统零售商的触网将使他们更广泛地触达用户、扩大业务规模，而京东将借助O2O业务为消费者提供更卓越的用户体验，提升用户黏度。

京东社群O2O之所以能受到社群成员的喜爱，是因为它主要有两种优势，如图8-9所示。

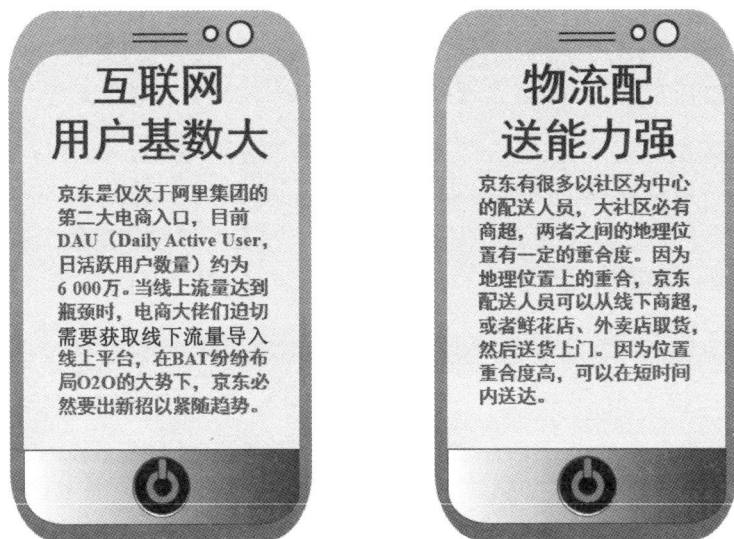

互联网用户基数大

京东是仅次于阿里集团的第二大电商入口，目前DAU（Daily Active User，日活跃用户数量）约为6 000万。当线上流量达到瓶颈时，电商大佬们迫切需要获取线下流量导入线上平台，在BAT纷纷布局O2O的大势下，京东必然要出新招以紧随趋势。

物流配送能力强

京东有很多以社区为中心的配送人员，大社区必有商超，两者之间的地理位置有一定的重合度。因为地理位置上的重合，京东配送人员可以从线下商超，或者鲜花店、外卖店取货，然后送货上门。因为位置重合度高，可以在短时间内送达。

图8-9　京东社群O2O的主要优势

8.1.4　社群O2O "2" 的因素必不可少

如今，从各种社群O2O发展现状来看，实体商家和物流部门天然的近邻优势从线下切入，聚集线下社区人流导引线上，取得用户信任，提升用户黏性，才能够完善社群平台生态系统形成强壁垒性的O2O闭环。

社群O2O一边是社区消费，一边是商家服务，关键是如何搭建好网络平台，也就是这个 "2"。虽说线下企业具有得天独厚的地理和资源优势，但是社区并不是完全封闭的，在互联网时代，任何一个社群的壁垒都可以通过社区打破。

线下企业应该摒弃其优势，用互联网的思维来经营社区+社群O2O，比如通过数据分析客户需求，整合商户，增加客户黏性，最终实现盈利模式的复制。

社群O2O拥有必不可少的 "2" 因素，如图8-10所示。

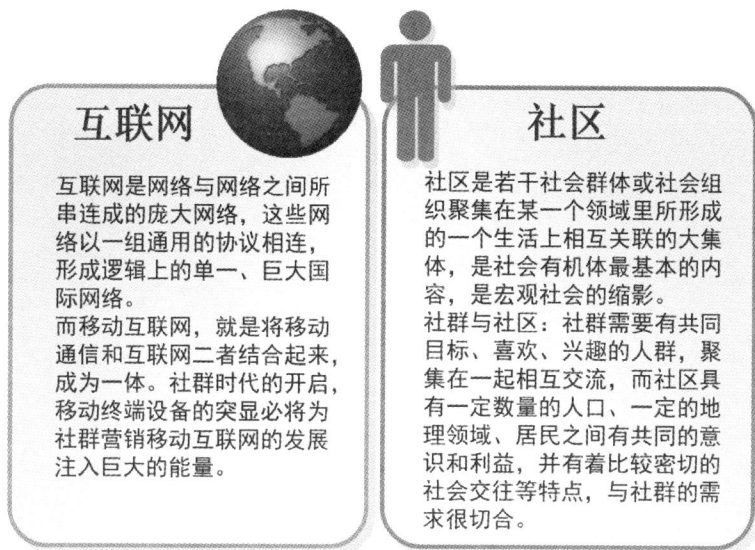

互联网

互联网是网络与网络之间所串连成的庞大网络，这些网络以一组通用的协议相连，形成逻辑上的单一、巨大国际网络。

而移动互联网，就是将移动通信和互联网二者结合起来，成为一体。社群时代的开启，移动终端设备的突显必将为社群营销移动互联网的发展注入巨大的能量。

社区

社区是若干社会群体或社会组织聚集在某一个领域里所形成的一个生活上相互关联的大集体，是社会有机体最基本的内容，是宏观社会的缩影。

社群与社区：社群需要有共同目标、喜欢、兴趣的人群，聚集在一起相互交流，而社区具有一定数量的人口、一定的地理领域、居民之间有共同的意识和利益，并有着比较密切的社会交往等特点，与社群的需求很切合。

图8-10 社群O2O必不可少的"2"因素

8.1.5 社群O2O需满足社区居民的需求

社群O2O必须满足社区居民的需求，为社区+社群成员"量身定做"的系统解决方法；不能讲故事、不能粉饰概念、不能追求时髦；没有任何捷径可走、没有巧食可吃、没有浮财可捞，它必须是一项长期的、艰巨的，既伟大而又精细的系统工程。

对于竞争白热化的O2O企业，选择高频低价的行业细分业务切入市场，再延伸至低频高价的其他业务成为众多企业的选择。目前，多元平台化已经成为社区+社群O2O行业的发展趋势。

例如，河狸家从美甲服务切入的上门O2O项目，向社区居民推出河狸家APP，从横向挖掘女性这个特定人群的需求点，打造美业O2O平台，从而形成一个不小的社群圈子。

"河狸家"APP具有以下3大特点，才能聚集起一个社群圈子：

● 实惠：门店价格的1折起。

● 丰富：中国最大的APP美甲店，数百位美发师，款型最多。

● 舒适：美甲师上门，用户在家里躺着即可做美发。

河狸家APP的商业模式极其简单：为美发师、美甲师、美容师等提供平台，然后美发师为顾客提供上门美发服务，如图8-11所示。

图8-11　"河狸家"APP

在互联网领域，"雕爷"的名号，远比本名孟醒更为人知。雕爷牛腩、阿芙精油、薛蟠烤串等项目，均属"雕爷"孟醒的成功项目。"线上接单，上门服务"，河狸家的商业模式就是一个美发业的O2O。不同于传统的美发店，河狸家与美发师之间不存在雇佣关系，孟醒说"他们更像进驻我们平台的商家。"

不同于传统的美发门面店，河狸家没有实体店面，美甲、美发、美容等服务在用户指定的地点进行，可以是用户的家中、单位附近，或者是现在推出的美发车。免去了实体店的租金等费用，将优惠直接让渡给了美甲师、美发师、美容师等"大师"人群和用户。

河狸家上线不到一周年，已完成了三轮融资。2015年2月18日凌晨，河狸家创始人孟醒在个人微信公众号文章里宣布了河狸家完成C轮近5 000万美元的融资，此轮融资公司估值近3亿美元。

正是有了风投的资金做支持，河狸家才有底气不向"大师"人群抽取佣金；同时，河狸家还为"大师"人群免费培训、发放补贴以及缴纳部分社保。这些措施，都可以防止"大师"人群转投其他的应用和平台。

如此快速地烧钱扩张规模，孟醒认为这和河狸家美业平台的定位有关，能跑多快就跑多快，先把盘子做大再说，并且做平台能"活下去"是小概率事件。孟醒说："河狸家志在美业，其服务延展的思路大致是：女人相关；美丽相关；中高价位的、有较高技术含量的服务业。"他还透露，日后一些商家进驻的话，可能会与平台按一定比例分成。

河狸家在线上还推出了两辆移动美甲车，顾客可以在车里直接美甲，如图8-12所示。

美甲车主要以可爱温馨的风格为主，除了车身全部呈粉色外，车内还配备了舒适的沙发和靠枕；车内还装有电视，并提供进口饮料和甜点，顾客在美甲时也能享受轻松时光，如图8-13所示。

图8-12　移动美甲车

图8-13　移动美甲车的车内

移动美甲车的车内，可爱萌系的设计让每个进入这辆车的顾客，都有被宠爱的感觉，车里提供各种饮料，还提供有高端定制的甜点，让用户在享受美甲的同时更享受生活，据悉，顾客仅需向美甲师支付美甲服务的费用，而"出动"美甲车的费用是由河狸家负责。

目前，河狸家已吸引近千位美甲师进驻，日接单量近2 000单。河狸家的日渐火爆，有赖于其明确的目标客户定位和对服务细节的重视。中国目前有数量庞大且继续蓬勃增长的中产阶级人群，他们在生活品质上追求精致，在服务上要求挑剔但也不吝啬花钱。河狸家的用户定位也恰恰是针对这一点。

8.2　干货：社群O2O如何"躁起来"

"躁起来"是指企业初期在没有融资、商家、甚至用户的情况下如何快速切入市场，形成时代的领头。这也是所有社群O2O创业者获得融资之前不可避免的问题，下面将抛砖引玉，探讨一下社区O2O"躁起来"的几条切入路径。

8.2.1　传统企业进军社群O2O的注意事项

随着社群营销时代，不少的企业都向社群营销进军，而社群O2O对于企业来说，一直是一道难题，很容易出现线上用户的黏性不够，线下服务者难管理、提供的服务不到位等诸多挑战。

不少企业为了更好地发展社群O2O，于是提供了移动客户端的浏览体验、云端集成服务，同时及时与社群成员沟通、交流，从中进一步获取社群成员的需求，并解决线下服务提供者管理、同城活动管理等诸多难题。

下面就从生活服务方面的传统企业来讲解进军社群O2O的5大注意事项。

1. 规避社群O2O闭环漏洞

生活服务类O2O之所以能成为社群O2O，就在于其已经完成了资金流、信息流、服务流等相关流程的闭环，其流程健全、闭环完整，并且知道积极与社群成员进行沟通。

但如何规避社群O2O闭环下的运作漏洞、如何确保闭环设置下的强服务体验等至关重要，也是生活服务类社群O2O企业需要面临的重大挑战之一。

这方面的挑战主要表现在以下2个方面，如表8-2所示。

表8-2　规避社群O2O闭环漏洞的2大挑战

漏洞解决方法	做　法
推进支付闭环实现	目前从生活服务类O2O整体来看，多数服务是可以实现网上预订、线下支付的，而这些很容易引发用户和服务者的纠纷，二者极有可能因为服务质量引发价格争议，也可能因为服务很好导致下次用户和服务商私下成交，导致平台的用户流失和营业额下降。 实现线上预约、线上支付、线下反馈等完美闭环，既提升社群O2O生活服务体验，又可以有效管控线下服务
规避抛单等服务风险	生活服务多数客单价不高、服务频次适中，为更好吸引用户消费，生活服务类社群O2O电商平台往往会低价服务，或提供"服务体验券"、"促销优惠卡"等优惠手段来吸引社群成员的参与。 而这些优惠服务，正是社群O2O电商出于拓展市场、开发社群成员的需要，不过线下服务者更看重短期利益，不高的服务价格、一般的服务利润，这些极容易引发接单不出单、接单又转单、抛弃订单等现象。 所以社群O2O平台电商需要对其服务品质高度关注，以提升用户服务消费体验

在生活服务类社群O2O商业模式设计中，社群O2O的闭环设计是很重要的，其需要充分考虑到各种运作风险，强化对线下服务的有效控制，同时开辟用户反馈的良性通道。

解决规避社群O2O闭环漏洞问题的关键，如图8-14所示。

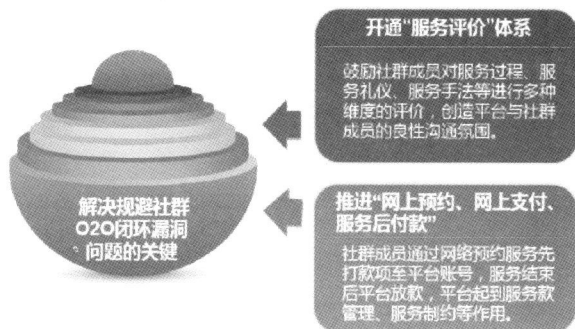

图8-14　解决规避社群O2O闭环漏洞问题的关键

2. 增加社群成员消费黏性

"网上预约生活服务不方便、用户黏性不够"等是生活服务类社群O2O品牌面临的首要问题，从整个移动社群购物的消费态势来看，社群成员的线上预约、线下消费生活服务的习惯还没有形成。

为了积极引导社群成员生活服务类社群O2O消费，企业可以通过大力宣传消费模式、介绍品牌让社群成员积极尝试，但如何让社群成员更好的消费、更持续的消费，这是企业需要重点关注的问题，只有解决了这些问题，生活服务类社群O2O品牌才能更好、更快地发展。

这方面的挑战主要表现在以下3个方面，如表8-3所示。

表8-3　提升社群成员消费黏性的3大挑战

社群成员消费黏性的挑战	问　　题
重购率少	生活服务大多与生活日常事务有关，如家政、美甲、美妆等，多数业务需求比较紧急，其要求服务时间紧、服务人员到位快，而目前多数生活服务类O2O品牌需要提前预约、提前告知，即使服务到了其服务体验也会比较差，很难保证让服务的客户满意。 其重复消费率比较低，这也是生活服务类社群O2O电商品牌需要重点关注的问题
试用率低	从整个生活服务行业消费的主流来看，消费者日常的家政、美甲、美妆等生活服务习惯性的在线下完成，更习惯于在社区周边、商圈周边等处随机享受，更愿意和朋友在一起一边享受服务一边聊天。 而这些均是生活服务类社群O2O所不具备的，社群成员对生活服务类社群O2O不熟悉，没有成熟的消费习惯，其整体服务尝试率还是比较低的
服务特色表达不清晰	生活服务作为服务行业，其是一种生活服务，更是一种生活方式体验，其需要更多的服务细节描述支撑，更多的服务价值传递，了解社群成员的需求，这样才能表达出生活服务类社群O2O电商平台及其特色服务的价值。 作为生活服务类社群O2O品牌，宣传平台的便利、快捷和省钱等特色无可厚非，而同时企业更应关注到生活服务本身，讲清楚自己的服务特色，没有服务特色的生活服务类O2O平台，其核心竞争力是缺失的，也必然不会长久

企业解决社群成员消费黏性问题的关键在于以下几个方面，如图8-15所示。

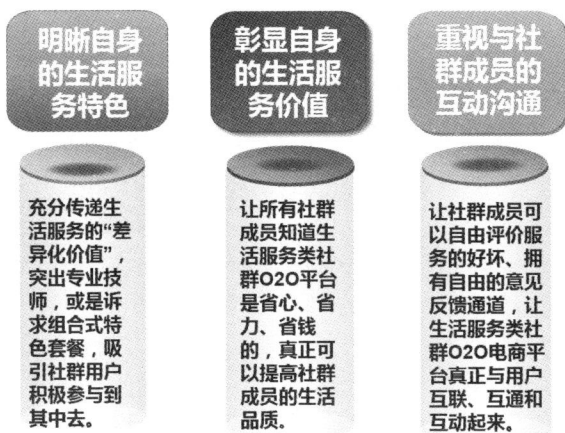

图8-15　解决社群成员消费黏性问题的关键

3．强化社群品牌

社群O2O是一个需要用户"高黏性、高体验度"的营销手段，其对"品牌社群"要求比较高，社群成员之间希望互动、服务业者希望沟通，如何强化品牌社群建设、提供更好的互动沟通平台是各大行业，也包括生活服务类社群O2O电商品牌将面临的重大挑战之一。

这方面的挑战主要表现在以下2个方面，如图8-16所示。

图8-16　强化品牌社群建设的2大挑战

不管是PC端，还是移动端，互联时代里的生活服务类社群O2O的品牌，都需要加强化"品牌社群的建设"，须强调"突出品牌特色"的社群沟通，强调用户之间进行互动、服务从业者之间进行交流。

只有强大的、彰显品牌特色的"品牌社群"，才能推动社群O2O服务平台的持续发展，企业需要重点推进以下举措，来解决强化品牌社群建设的问题，如图8-17所示。

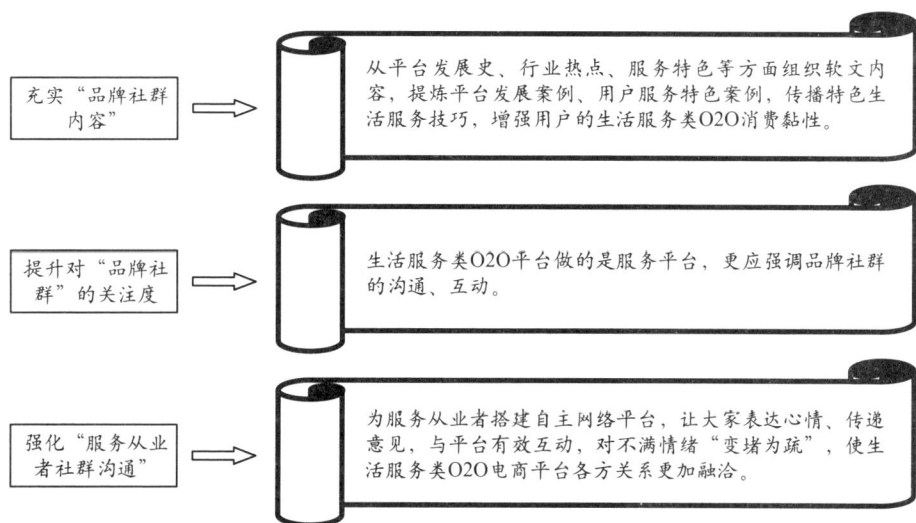

充实"品牌社群内容"	→	从平台发展史、行业热点、服务特色等方面组织软文内容，提炼平台发展案例、用户服务特色案例，传播特色生活服务技巧，增强用户的生活服务类O2O消费黏性。
提升对"品牌社群"的关注度	→	生活服务类O2O平台做的是服务平台，更应强调品牌社群的沟通、互动。
强化"服务从业者社群沟通"	→	为服务从业者搭建自主网络平台，让大家表达心情、传递意见，与平台有效互动，对不满情绪"变堵为疏"，使生活服务类O2O电商平台各方关系更加融洽。

图8-17　解决强化品牌社群建设问题的方法

4. 服务提供者的管理

线下服务提供者是生活服务类社群O2O的服务推进者，其承担着向社群成员提供实际服务、展现优质生活服务价值等重任；而线下服务提供者作为独立的商业个体，其有自己的利益诉求。

社群O2O如何满足线下服务提供者自己的薪酬要求、福利要求、职业发展要求等，这都是对生活服务类社群O2O平台管理的一项重大挑战。这方面的挑战主要表现在以下3个方面，如表8-4所示。

表8-4　强化服务提供者管理的3大挑战

强化服务提供者管理的3大挑战	问　　题
潜在"自组织"对抗	线下服务者往往有自己的"小团体"，或是几人组成的"朋友圈"，或是由地域自发形成的"同乡会"，这些"自组织"无论我们承认与否，它们都已经真实存在了，生活服务类O2O平台需要重点关注的是，这些"自组织"会慢慢成长起来，有的会提出更高的薪资要求，有的会提出更低的抽成比率，有的会领导服务从业者开展对抗活动，这是对生活服务类O2O平台发展所提出的重大挑战之一

强化服务提供者管理 的3大挑战	问 题
订单不稳定	生活服务类O2O平台目前正处于快速成长期，其业务正处于快速开发中，而这些业务营业额增长、服务体验完善等需要持续的积累，而这些积累需要时间沉淀、用户沉淀等，营业额低、服务做得不好等都会引发服务订单的不稳定，服务订单的不稳定容易引发"线下服务提供者"的动荡、跳槽或抛单等，没有稳定而持续的订单，再多的服务说教、品牌教育等也是徒劳的，毕竟线下服务提供者也是有其利益诉求的
品牌向心力不强	生活服务行业属于劳动力经济，主要是靠劳动服务来获取报酬，有人称之为"手工业者"，而这些特殊手艺为"服务者个人"所有，服务技艺可复制性比较差，更多用户在享受"生活服务类社群O2O电商"线下服务后，往往会和服务者直接达成"服务交易"，电商品牌黏性大大降低，这是未来生活服务类社群O2O品牌需要重点解决的问题之一

生活服务类社群O2O平台毕竟是一个平台，线下服务者的管理是其业务运营的重中之重，更是未来平台成长的核心驱动力之一，我们要强化对服务从业者的管理、提升服务从业者的平台黏性就需要关注以下几点。解决服务提供者管理问题的关键，如图8-18所示。

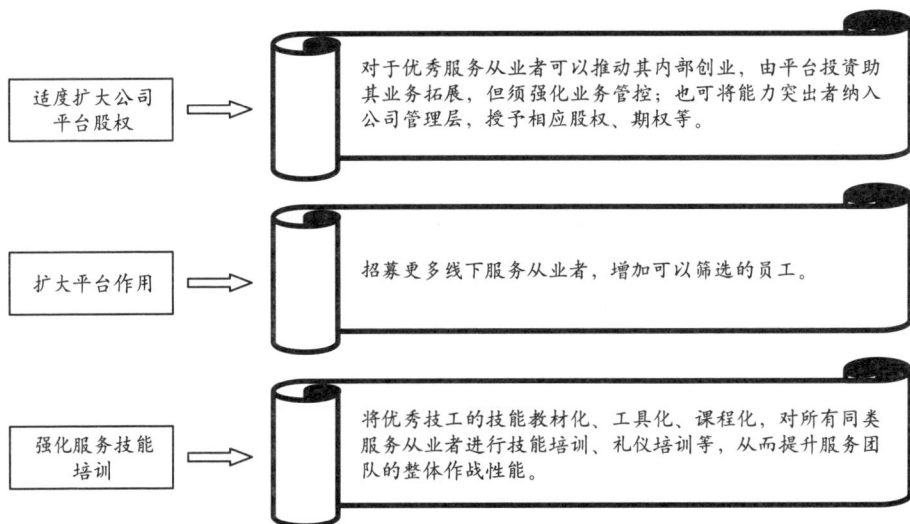

图8-18 解决服务提供者管理问题的关键

5. 增强线下活动成功率

生活服务类社群O2O平台连通线上线下，线上通过服务官网展示、服务人员介绍、服务特色说明等传递服务价值，线下通过服务提供、体验互动、同城活动等创造服务体验和促进多方沟通。

而纵观行业现状，多数生活服务类社群O2O品牌对此重视度不够，线下活动举行少、举办效果差，这是生活服务类社群O2O平台，未来快速发展将要面临的重点挑战之一。

这方面的挑战主要表现在以下2个方面，如表8-5所示。

表8-5 提升社群线下活动成功率的2大挑战

提升社群线下活动成功率的2大挑战	问 题
聚会时指责多于沟通	目前多数生活服务类社群O2O企业线下聚会多是为了招揽用户、招募线下服务者，用户群体开会时多数讲的是个人的服务体验。 开会中指责的人多于赞赏的人，用户对于生活服务的要求高，而线下服务者往往视订单金额、下单时间等"有选择性的提供服务"，价格高就服务得好，价格一般的服务品质也一般，这样就很难形成良好的服务体验和社群成员口碑，社群成员的指责当然也在情理之中。 为了生活服务类社群O2O平台的持续发展，其如何应对用户的服务体验指责、如何借聚会传播品牌价值等就成为生活服务类社群O2O电商需要应对的重大挑战之一
线下活动举办难	目前生活服务类社群O2O平台正处于快速发展期，其近期战略目标在于融入资本、拓展市场、开发用户等。 其更加注重线上官网展示、功能完善、频道建设等，对于线下的会员活动、用户互动等关注度不高。 实际活动举办得比较少，而且形式大都是开一次会、讲一些话，深入的线下沟通比较缺乏

线下活动是生活服务类社群O2O平台业务建设的重要一环，大量的实践表明，优秀的社群成员线下互动和服务者的同城联谊可以极大提升生活服务类O2O平台的黏度，提升其品牌影响力。解决提升社群线下活动成功率问题的关键，如图8-19所示。

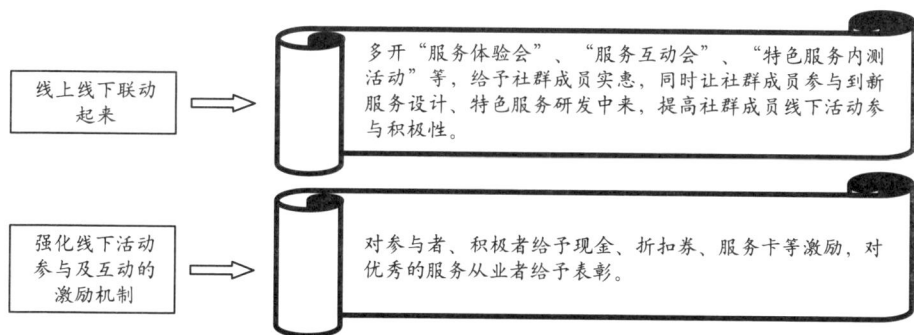

图8-19 解决提升社群线下活动成功率问题的关键

8.2.2 传统企业进军社区+社群O2O的关键

2015年，"互联网＋"正式出现在政府工作报告中。其中写道：推动移动互联网、云计算、大数据、物联网等现代制造业相结合，促进电子商务、工业互联网和互联网金融健康发展。下面就来看一看中国的互联网概况，如图8-20所示。

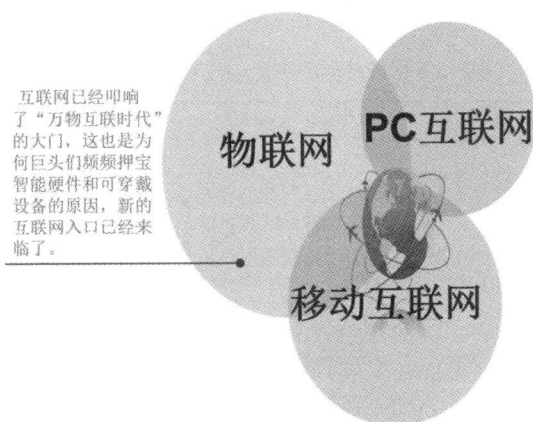

互联网已经叩响了"万物互联时代"的大门，这也是为何巨头们频频押宝智能硬件和可穿戴设备的原因，新的互联网入口已经来临了。

图8-20 中国互联网概况

如今传统行业可谓是黔驴技穷，企业纷纷转向互联网操作模式，互联网正在不断地与越来越多的传统行业融合。

当不少企业对B2B、B2C、C2C等模式完全进入状态时，社群O2O模式又悄然而至，并将对企业运营产生全新而广泛的影响。社群O2O的核心是线上线下互动融合，注重与社群成员交流、社群成员的体验。缺失线下体验的社群O2O是不完整的，甚至导致整个模式失效。

与传统互联网相比，移动互联网在社群O2O领域有着很多先天的优势。生活中对移动互联网的依赖越来越多，移动互联网无疑是未来市场上的最大蛋糕，而社群O2O无疑也成为众多传统行业转型的重点。

需要注意的是，社群O2O自身也是互联网其中的一个环节，所以对于社群O2O转型不要拘泥于所谓的闭环，要结合企业自身的情况进行判断和选择。

社群O2O最为关键之处在于，销售的产品是否拥有一个清晰、被认可的标准和规范。其实，传统行业走向互联网最大的困难就在于企业家思维的转变，这直接会影响企业对线上业务的支持力度，隐藏在背后至关重要的因素其实就是消费者线上需求有没有想象中的那么大。

💡 **TIPS:**

除了房产和汽车等传统商品，其他的产品哪些适合做社群O2O呢？笔者认为，娱乐休闲、餐厅美食、加油站、美容美发、健身房、生活服务等领域都可以做社群O2O。

社群O2O模式的诞生会促进很多新兴的互联网公司专门提供这样的服务，尤其是团购类的网站，或者本地的信息生活类平台。对于一些传统的行业来说，与这样的互联网平台合作无疑是最好的选择。

8.2.3　看4大传统行业进军社群O2O

如今是社群快速发展的时代，已经有不少的企业对社群营销蠢蠢欲动，下面就以交通、农业、金融、健康4大行业，进一步了解社群O2O营销。

1．交通：租车

当前，"互联网＋"正带动传统城市交通行业改革，交通出行生活作为最接地气的O2O业务，将呈现集中化、平台化、场景化的发展趋势，且唯有从"行"出发，才能对传统交通行业进行彻底的改造。

对于AA租车来说，交通出行生活，不单单只是一个互联网平台，更是一个社群O2O的业务，它不但需要有线上产品的体验，更需要线下的体验。司机怎么样，车怎么样，是社群成员最为关心的问题。

从模式上来看，AA租车与别的品牌有所区别，做个单纯的平台，去撮合信息，达成交易。在AA租车，最重要的不仅是撮合订单这么简单，共享的核心就是要对"社群成员管到底"。

AA租车对社群成员的出行和城市的发展建设也有一份责任和义务。目前，AA租车已经组建了国内第一支电动车运营团队。对于电动车的续航、保养、用户使用细节已经有了一套自己的体系。未来引进更多车型、品牌新能源车，将是AA租车最初也是最长期的一个目标。

除此以外，AA租车从收入、归属感、安全感上面让司机自愿去为用户服务，自愿为自己的行为负责。对于用户来说，只需对自己的使用时段付费即可。对于AA租车来说，智能的背后是数据，是效率，是管理。

2．农业：对接社区

未来，随着人们生活水平的不断提高，越来越高的生活理念和生活追求就会催生生态农业的市场，人们越来越愿意为健康的生活理念付出相应的成本。

以微信销售土鸡蛋为例，80后张志文本是一个网络公司的推广人员，在接触到O2O及微信之后，果断辞职回家创业，在家乡收购一些土鸡蛋，通过网站和微信等各种方法来销售，一天可以卖出几千个土鸡蛋。他这也是O2O模式结合农村的一个成功的尝试。

下面介绍两个玩转农业社群O2O的思路。

（1）线上交流，实体配送

社区地面店是进军将农业社群O2O概念落地的关键。基本模式是"农场基地＋电子商务＋连锁配送＋直营店"。简单来讲，就是让社群成员在现实交流、消费，在线下将生鲜食品从合作基地以社区店直营的方式直接配送到社群成员的手中。

（2）社区与互联网结合，打造社群O2O平台

社区+社群O2O的最大优势就是社区内用户的强大黏性，而且社区居民相对固定，更容易进行线下的互动。饮食、服装、生活用品等，社区内的居民都需要这些基本的日常商品，现在欠缺的就是这样的一个社区+社群O2O平台，把各个行业的商家连接起来，提供社区居民之间的交流，提供更多的消费便捷。

那么，企业该如何做才能构建出一个比较成功的社区+社群O2O平台呢？如图8-21所示。

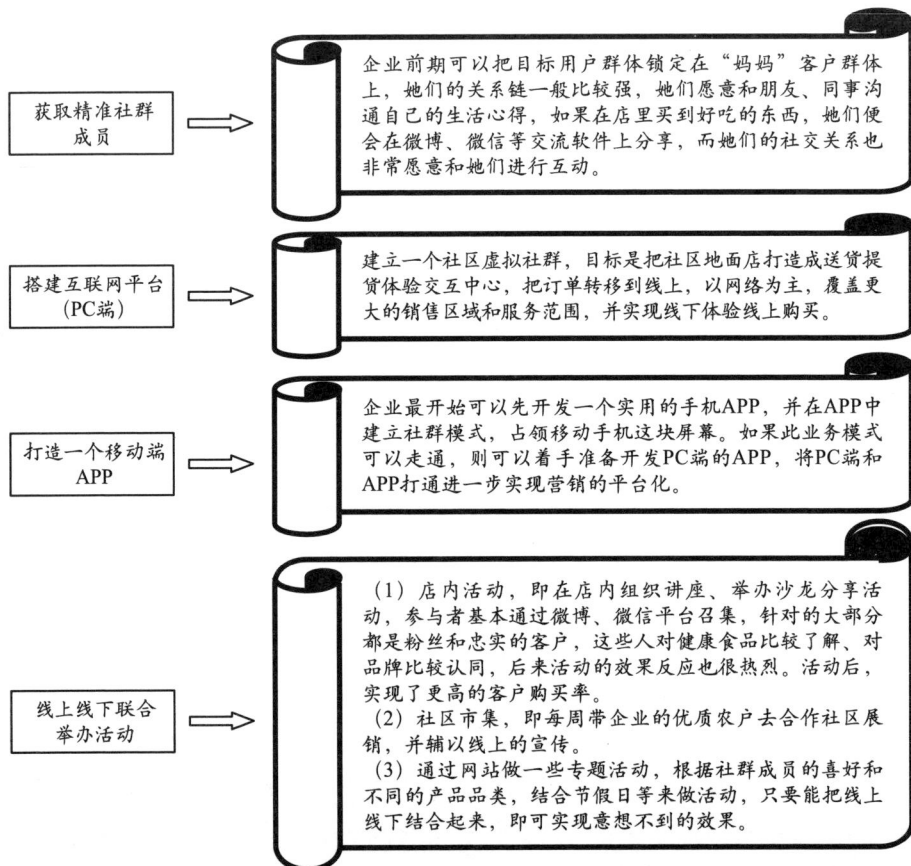

获取精准社群成员 →	企业前期可以把目标用户群体锁定在"妈妈"客户群体上，他们的关系链一般比较强，他们愿意和朋友、同事沟通自己的生活心得，如果在店里买到好吃的东西，他们便会在微博、微信等交流软件上分享，而她们的社交关系也非常愿意和她们进行互动。
搭建互联网平台（PC端） →	建立一个社区虚拟社群，目标是把社区地面店打造成送货提货体验交互中心，把订单转移到线上，以网络为主，覆盖更大的销售区域和服务范围，并实现线下体验线上购买。
打造一个移动端APP →	企业最开始可以先开发一个实用的手机APP，并在APP中建立社群模式，占领移动手机这块屏幕。如果此业务模式可以走通，则可以着手准备开发PC端的APP，将PC端和APP打通进一步实现营销的平台化。
线上线下联合举办活动 →	（1）店内活动，即在店内组织讲座、举办沙龙分享活动，参与者基本通过微博、微信平台召集，针对的大部分都是粉丝和忠实的客户，这些人对健康食品比较了解、对品牌比较认同，后来活动的效果反应也很热烈。活动后，实现了更高的客户购买率。 （2）社区市集，即每周带企业的优质农户去合作社区展销，并辅以线上的宣传。 （3）通过网站做一些专题活动，根据社群成员的喜好和不同的产品品类，结合节假日等来做活动，只要能把线上线下结合起来，即可实现意想不到的效果。

图8-21　构建农业社区+社群O2O平台的方法

"农业社群O2O"这一新兴商业模式主要的作用是增强消费体验，促进销售，但别忘记，产品本身才是塑造企业品牌核心的竞争力。农产企业在保证产品高优品质的前提下，更应充分利用互联网及其自身优势，向产品多样化、服务人性化和宣传一体化方向发展。

社群成员在使用产品的过程中会对产品质量产生最直接的直观体验，从而影响二次购买甚至是多次购买或自动宣传的行为。该影响在网络飞速发展的时代更会以用户为中心，呈病毒式传播的形态以几何级数的速度扩散开去。

TIPS:

社区+社群O2O的最大优势就是社区内用户的强大黏性，而且社区居民相对固定，更容易进行线下的互动。饮食、服装、生活用品等，社区内的居民都需要这些基本的日常商品，现在欠缺的就是这样的一个社区O2O平台，把各个行业的商家连接起来，为社区居民提供更多的消费便捷。

3. 金融：经济结合

互联网金融是指以依托于支付、云计算、社交网络以及搜索引擎等互联网工具，实现资金融通、支付和信息中介等业务的一种新兴金融。当电子商务发展到一定程度，就必然聚集大量小微企业和创业者，他们有庞大的融资需求。正是这些需求不断膨胀，互联网金融才应运而生，它能实现资金融通、支付和信息中介等业务。

在互联网金融格局中，创业公司要与大公司一起共舞竞争，这个行业的大公司和巨头很多，可以分为互联网大公司、金融机构、A股或传统行业公司等几类，他们之间本身存在于相互竞争，但又有合作，因此在金融上面的出手力度很大。

线上和线下，本来是一个O2O的逻辑，但细心的人可能会发现，现在如火如荼的互联网金融，很多其实也是在走O2O的业务和客户逻辑，其中最主要的是根植于现如今国内的社会信用环境和线上征信数据、约束力不足以及线下市场较为广袤，短期内仍将成为互联网金融主要的业务规模增长点的特点。

在此背景之下，创新的社区+社群O2O理财模式成为互联网理财的发展新方向。社区+社群O2O理财是将互联网金融与线下服务无缝对接，形成线上线下一体化的服务平台。最明显的例子就是P2P了，由于信用管理体系的缺失，借贷人信用、P2P公司信用都无法得到保障，P2P理财仍然存在着一定的风险。

相反，如果是做线上资金和线下B端项目的对接，嫁接了传统金融机构的风控和信贷审核手段，那么效率反而会因为大项目审核而提高起来，规模也会在短期内做大。另外，社区+社群O2O互联网理财模式将正规理财产品、正规服务人员和理财客户引入综合的线上、线下服务体系，提供了一个可控、严格、安全的金融服务平台，代表了互联网金融行业的未来趋势。

因此，互联网金融的蓬勃发展依然需要与实体产业结合，需要更多有融资需求的个人、企业参与。换句话来说，终端客户依然是互联网金融必不可少的因素。

例如，平安银行从其社区银行的具体业务来看，一方面，围绕社区商户，通过社区+社群O2O支付方案等提供线上平台与移动支付平台解决方案，提供优惠方案为企业引入消费人潮，并从中获取小微客户和零售客户；另一方面，围绕社区居民，通过社区IC卡和多样的理财产品提供全方位金融和便民服务。

真正的互联网金融最终比拼的仍是金融业务创新能力，从这个角度来说，传统银行通过布局社区+社群O2O来提升用户的增值体验，或许是目前中小银行一个比较有用的突破口。

4. 健康：春雨医生APP

随着社会发展、人们生活水平的普遍提高，以及人类生活方式的改变，"大健康"产品的总需求急剧增加，于是关于健康产业的APP趋势上升。

"大健康"是根据时代发展、社会需求与疾病谱的改变，围绕着人的衣食住行以及生老病死，关注各类影响健康的危险因素和误区，提倡自我健康管理，是在对生命全过程全面呵护的理念指导下提出来的。

"大健康"是整个医药行业的追求，医药行业可以尝试社区+社群O2O模式，将医院与移动互联网结合起来，让互联网成为药店的前台。社群消费者可以通过手机直接购买、成交和结算，还可以通过药店实行就近配送等模式。

例如，春雨医生APP，其目前主要具备的两大功能是：症状自查与咨询医生，如图8-22所示。

图8-22 春雨掌上医生APP界面

　　用户身体不适时可以登录春雨客户端，点击"快速提问"按钮，进入提问界面，然后在界面中输入自己的症状和想问的问题，片刻就会有医生免费解决所问的问题，还可以与医生进行交流，如图8-23所示。

图8-23 使用"快速提问"功能

　　人们在春雨医生APP上，还可以使用"自我诊断"功能，点击人体图界面选择不适部位，再选择此部位的症状，之后与此症状相关的病症名称及对应的检查、治疗、预疗方法就会展示出来，还可以选择医生进行解答和选择查看相似的问题，如图8-24所示。

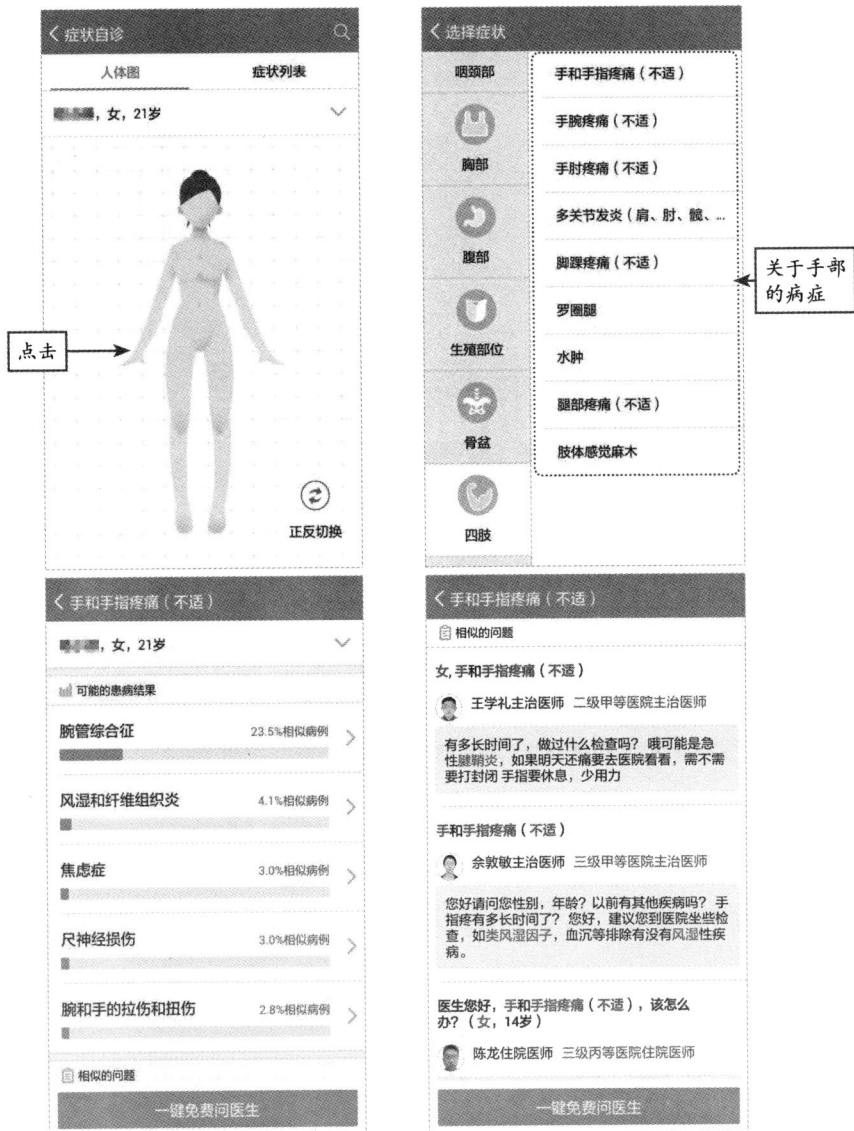

图8-24 使用"自我诊断"功能

　　如果用户仍不确定病情，还可以在线上向医生问诊，获取专业帮助。同时，春雨医生还提供LBS服务，用户可以查询周边医院和药店信息。

　　在春雨医生APP里，有一个"发现"功能，在这个功能里有一个社区模块，人们可以在社区里发布自己想问的问题，并且可以广交朋友，从而形成了一群人聚集、讨论、交流的地带，也形成了一个不小的社群圈子，在"发现"里还会给社群成员发布一些关于健康方面的知识，如图8-25所示。

图8-25 使用"发现"功能

目前，春雨医生的团队成员有13人，包括3名全职医生，另外已签约38名兼职医生。医生分别负责内科、外科、男科、妇科、儿科、综合科6个分科。

现阶段产品下载和服务免费，每天提供100个免费问诊名额。未来会对特殊病例和用户进阶的问诊需求收费。此外，还会与药品反向数据库对接，用户可以在线搜索药店、自查、购买药品，药品能直接送货到家，可能会采用CPS（按转化效果付费）作为与药店的结算方式。

TIPS：

中国科学技术战略研究院研究预测，至2020年，我国生物医药产业将形成约8万亿元的支柱产业。按此估计，2020年整个"大健康"产业市场将突破10万亿元。在医疗支出方面，我国医疗人均支出为139美元，日本是中国的22倍、英国是中国的30倍。由此可见，中国的"大健康"产业拥有巨大的市场。

8.2.4 用户参与=发展思路=C2B

C2B（即消费者对企业，Customers to Business）反向定制模式大家并不陌生，这是用户需求驱动的产品生产模式。百度百科对其的解释是，消费者根据自身需求定制产品和价格，或主动参与产品设计、生产和定价，产品、价格等彰显消费者的个性化需求，生产企业进行定制化生产。

C2B的确是一种创新的商业模式，但其操作比较复杂。在C2B模式的运营过程中，用户需要掌握3个关键点，如表8-6所示。

表8-6　C2B模式的3大关键点

C2B模式的3大关键点	问　　　题
线下寻找实体商家	网站需要将用户的需求与线下商家进行沟通，C2B所涉及的商品五花八门，沟通、协调、议价等对创业者而言，都是个不小的挑战。如果商家不答应，买卖就难以实行，也会影响用户体验
线上聚合用户需求	需要在短时间内将有同样需求的用户聚合在一起，这需要一个大流量的平台。而在这一点上，无论是现有的电商网站，还是现有的团购网站，似乎更有着现成的优势
选择商品的价格	在C2B模式中，价格对用户的权重仍远大于自由选择商品对用户的权重。因此，一些成本低的商品，会是比较好的选择，比如到晚上还空着的酒店、马上要起飞的航班机票、要开演的电影票等。这些垂直领域，可能会成为C2B的一个突破点

国外最早的C2B模式网站是buywithme.com，它的反向团购方式不是从零开始的，它是在已有的团购上邀请消费者一起参与，如果邀请成功则可以跟商家拿到一个更低档次的团购，并不用消费者直接发起团购，或许国外这种独特的反向团购模式也可以给中国的先行者们带来社群O2O新的发展思路。

例如，乐贴网旗下基于用户消费需求搭建的C2B平台聚想要，就是新型社群O2O方向的电子商务模式，致力于颠覆千万用户传统的消费习惯，促进更加透明化、简单化的反向消费模式平台，如图8-26所示。

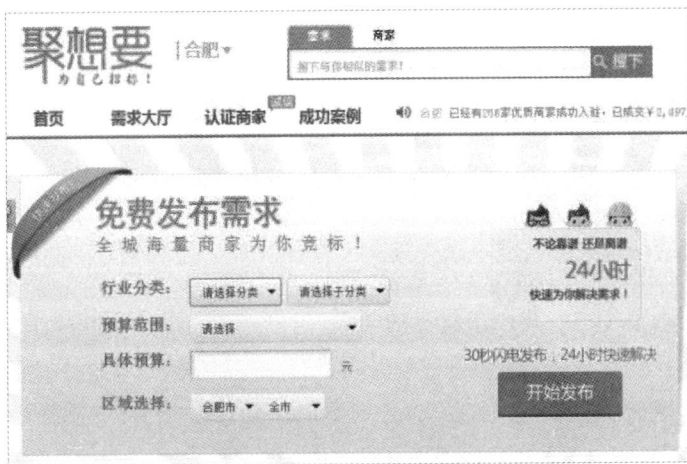

图8-26　聚想要平台界面

聚想要是一种先收集需求再生产的C2B预售模式。其操作过程为：用户发布需求→商家竞标、报价→用户选择"意向中"商家→用户与商家沟通→用户确认中标商家→用户线下交易并付款→完成交易。

相比传统电商网站，用户可以在聚想要中获得更优惠的价格，而相比其他电商网站，用户则可以自主选择想要购买的商品。

这时候企业实现收集的不是用户的个性化需求，而是关心用户有没有这样的需求，有就先下单交钱。这样做的目的既可以提前一步得到货款，又可以最大化降低库存，甚至还可以通过控制预售规模做饥饿营销。当然，团购其实也是这样的模式，先组织大规模订单，商家为此进行备货、生产或者服务准备。

8.2.5 小而美当道

对于社群O2O来说，"小而美"可为中心观念，而"小而美"起源于马云在2009年APEC峰会上《未来世界，因小而美》的演讲，在近年来的研究实践中不断充实，逐步完善，如图8-27所示。

从大规模、标志化到聚焦消费者、个性化、个性化回归，满足碎片化的需求，众多小而美将构成未来社群O2O发展的根基

小不是市场小，而是细分市场，精确满足某个社群群体认同的需求

美是细节之处让社群成员感动，经营方式有新意追求极致，从产品、营销、服务等多维度打造最佳的社群消费者

图8-27 社群O2O"小而美"的中心观念

正是由于电子商务从技术和商务层面带来的变革，因此我们在社会宏观和组织战略层面上都出现了重新构造。"小而美"论其本质，是某种意义上的生态多样化和可持续发展。

在诸多行业的社群O2O创业中，存在不少误区，首当其冲的一点就是"简单的堆积资源"。一般情况下，社群O2O离不开连接商户和用户之间互动的APP，但不少社群O2O项目只是开发一个APP，通过线上导流量的方式为线下商户增加用户。

这种做法显然是错误的，社群O2O考量的是企业对社群成员的了解，但不能松懈线下，对线下业务不理解，企业就无法把控服务的质量，这对企业发展是非常的不利。

社群O2O本质上还是需要做好线下服务，仅仅通过为线下导流量的方式，是不可持续的。因此，社群O2O创业企业不需要做大平台，而是要做精准的小众市场，将小众市场串联起来就符合了互联网的本质。

在以前，一个小众市场无法养活一个企业，但现在，通过移动互联网将各地的小众市场聚合成一个大市场被证明是可行的。企业不做大平台，能够避开商业巨鳄们的竞争，和他们做一样的事情会很难。所以，社群O2O企业所要做的是"小而美的市场"。

例如，在2014年3月，曲博跟他小伙伴开始筹备"叫个鸭子"，5月开始在微信上试运行，还专门设置了一个"鸭窝社区"，提供"叫个鸭子"社群成员，相互之间进行交流，如图8-28所示。

图8-28　"叫个鸭子"微信公众平台

7月，"叫个鸭子"估值5 000万元，7月底完成了600万元的天使轮融资。上线不到半年，微信"叫个鸭子"个人号粉丝就超过5 000人，回单率达60%，日订单量过百，按"单飞套145元、双飞套288元"的价格，单日流水约20 000元。

"叫个鸭子"由数名从事互联网及媒体行业，热爱传统美食的85后、90后发起创建的，主要以自制秘方烹制的鸭子为主打产品，以及鸭子周边的美食，目前仅覆盖北京。该品牌的特色产品是秘制鸭子，口感特色香而不腻，它并非传统烤鸭的做法及吃法，而是取材河北白洋淀无催化的生态鸭，无须复杂的卷饼蘸酱，通过秘制腌制高温加热而成。

曲博的敏捷思维，富有很强的洞察力，紧抓市场机遇，为百度产品、品牌方面做出了重要贡献，其为百度策划的节日及事件营销案例多次获得国内外大奖。"叫个鸭子"就是曲博用互联网思维做新"小而美的鸭子市场"的典型案例。

曲博表示："用互联网思维去做传统产业在未来是一个趋势，所以想借此机会做些事情。至于会选择鸭子，那是因为我是北京人，北京烤鸭在国际上也是一个很有名的产品，它是一个很好的背书，而且它也有话题性。我们也考虑过串儿啊什么的，但是它送上门也不好吃，解决串和解决鸭子送上门好吃是一样的问题，我们就选择了做鸭子。""叫个鸭子"的名字很有自传播性，在很大程度上利用人们的潜意识想象进行炒作，这种制造话题式的营销宣传手段和独特的产品定位，也是餐饮社群O2O界的一大新视角。

从"叫个鸭子"的案例可以看出，通过社群O2O，"小而美"的品牌可以跳出价格战的泥潭，获得良性的发展。并且，随着对用户需求、性格和喜好等信息的深入了解，发展C2B也是水到渠成的事情。这些通过纯粹的线下店铺，或者只是电商都是难以做到的，只有通过社群O2O才可以做得比较完美。

TIPS:

曲博于2003年9月成立了孙燕姿北京歌迷俱乐部，在不到半年的时间里，"燕姿北京"成为中国内地最具影响力的姿迷网站，那一年，他只有18岁。2004年年初，曲博加入百度，担任百度贴吧的第一届管理员，贴吧产品助理，贴吧在线管理主管，有着非常丰富的社区运营经验，其使用的ID："du熊"创造了贴吧神级管理员称号，获用户好评及追捧。因其想不断的挑战自我及尝试新领域的事物，后转战百度大市场体系，全面负责百度大事件及节日营销，百度核心用户体系搭建，专注于互联网品牌、产品传播创新。

8.3　玩转：社区+社群O2O营销

社群O2O营销模式绝非新生事物，除团购外，携程网的酒店、机票预订服务，都可以看作国内社群O2O模式的雏形。而随着移动互联网的快速发展，社区+社群O2O势头更加凶猛。

8.3.1　Zaarly的多元化发展

Zaarly是一个基于位置的个人需求平台，也是一个能让用户外包任务和跑腿差事的生活服务类站点，同时还是一个本地化的"社区+社群"实时交易市场，也可以说是一个侧重于移动的"反向Craigslist"服务。

Zaarly的"个人服务中介"理念迅速迎来了用户的追捧，在推出的第一个月内，用户在Zaarly上面就已发布了超过100万份委托任务，如图8-29所示。

图8-29　Zaarly"个人服务中介"服务

如果说eBay改变了人们怎么卖东西，Craiglist改变了人们怎么找房子，那么Zaarly的创始人Bo Fishback希望它能改变人们怎么买东西。用户在Zaarly上贴出自己想买的东西，比如一个iPad，其他人就可以开始报价，最终由用户决定他想要与谁交易。Zaarly会向买家和卖家提供他们的联系方式，他们可以见面交易，也可以通过Zaarly的支付系统完成付款。

Zaarly的交易规则如下：

（1）发布者，在整个过程中被统一归为买方，卖方（也就是同意这些交易条件，并出售商品或服务的人）在看到任务发布后，会进行出价甚至展开竞价，买方则可以通过一系列权衡选择合适的价格与"打工者"。

（2）在人们的需求产生时，只需打开Zaarly APP，输入任务并写下愿意支付的价格，与Zaarly后端相接的GPS系统会自动为发布者定位，并由发布者设定"打工者"的所在范围，同时，发布者还可设定接受任务人的服务时限，如图8-30所示。

（3）在人选确定后，通过Twilio驱动技术的Zaarly，会以匿名的方式连接买方和卖方的手机，让双方约定见面进行交易。

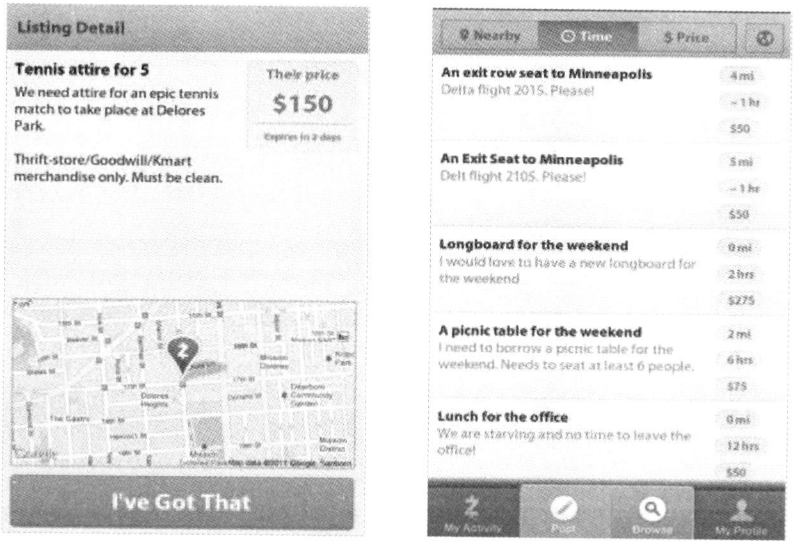

图8-30　Zaarly APP

💡 **TIPS：**

目前，Zaarly已经升级了版本，放弃匿名发布任务的做法，添加了一个实名声望系统。用户可以在应用上添加个人信息，并选择何时可见，同时也可以对对方进行评价或浏览历史评价。

Zaarly的联合创始人兼CEO Bo Fishback说这是一次感性战胜理性的案例，虽然匿名对任务交易有很大的好处，但人们想知道对方到底是谁，所以Zaarly团队决定在应用中加入信用体系。

简单而言，就是人们进入Zaarly的网站或APP，通过浏览、搜索、任务分类等各种方式寻找感兴趣的任务，并根据雇主信用等级，确定是否参加悬赏任务，而在参与竞标并完成任务后便能得到相应的报酬。

Zaarly还推出了一个新的本地提醒功能，当你的附近有公开需求时，你会收到一个推送通知。例如，你在商店排队买东西，如果有人想让你给他带一件东西，你会立即收到推送通知，既然你已经在排队了，那么帮别人带个东西，顺便挣点外快，似乎不是一件坏事。

另一个重大更新就是应用的实时推荐引擎。例如，如果用户在某地方碰到下雨，可以马上发布任务请附近的人给你送一把伞，而当地的其他Zaarly用户马上就能在推荐栏看到这个任务。

目前，Zaarly在美国8大城市比较活跃，交易物品五花八门，上线一个月交易额超过100万美元，两个月交易额160万美元，其崛起程度大有当年Foursquare的势头，其主要特点如表8-7所示。

表8-7 Zaarly的主要特点

Zaarly的主要特点	解　释
需求驱动	Zaarly是一个方向许愿工具，不同于常见的分类信息模式，它采用的是买家驱动模式，例如社群成员想买一台二手的手机，那么他就可以发布一条消息，包括对这台手机的要求还有愿意出的价格。当其他社群成员正好有出售意向，那么他们就可以具体商议，选择当面交易或者在Zaarly平台上交易
社区+社群O2O商业模式	Zaarly上发布的需求不仅是知识产品，而且还可以是服务，这也是Zaarly社群成员异常活跃的原因，Zaarly上的社群成员可以在上面发布一条信息，让别人帮忙完成。因此Zaarly也是一个招聘兼职的平台，所以Zaarly就是一个面向社区成员的C2C形式的社区+社群平台
社会化媒体平台	Zaarly充分利用了社会化媒体的影响力，社群成员发布的信息可以选择是否同步到Twitter等社会化媒体平台上，让社群成员主动去传播，这使得接受者更加及时有效地接受来自身边的任务
移动互联网LBS	Zaarly充分利用了LBE的特性，社群成员发布需求的时候，可以选择一个范围内的社群成员可以看到这条信息，这让很多服务性的需求更加有针对性

　　要对Zarrly做单一的定义很难，因为它结合了分类信息、LBS、威客、许愿、社群、O2O等多种商业模式的元素，如果非要用一句话来描述Zaarly，最合适的可能就是移动版的"Craigslist、赶集、58同城"了。

💡 TIPS:

　　社区+社群O2O也可以分为B2C（商家对顾客）、C2C（个人对个人之间）等属性类别，而其中C2C类社区+社群O2O将大有作为。比如实物交换、闲置房出租、钟点工、月嫂、家教、拼车、陪护、美容、装修、电器维修、营养师等靠个人技术提供的服务，委托办事、代办证件、罚款、交款等，都属于C2C需求。

　　另外，这些需求往往呈现出刚需特征。但因为对接双方彼此之间存在供需信息不通畅问题，尤其是信任和安全问题难以解决，所以人们往往会颇费周折的采用其他方式将就解决。

　　C2C类社区+社群O2O项目附带社交的功能，是在解决本地化的双方需求的过程中，为陌生双方创造相识机会，有别于纯粹的网上交友那种无中生有的生硬社交。

　　通过信息化技术，Zaarly把供需双方更好的结合在一起。Zaarly的模式带给人很多的启示，它同时拓展了LBS和社区+社群O2O模式的范围，并通过实时的社交对话场景，快速解决了用户的需求。而社区+社群O2O的C2C领域目前市场还比较空白，Zaarly这种社区+社群O2O模式的移动电商可以说是商机无限。

8.3.2　营销方法

社区+社群O2O就营销方式层面来讲，社区+社群O2O代表着一种营销逻辑的改变，社群成员的话语权和互联网语言的结合对社群O2O模式的成功至关重要。

一些已有的营销方式也正在因其变革，也在借用网络语言改变着社群成员的话语权和企业语言，将前台转移到网上，不仅改变了旧式的"等客上门"模式，还开始看重于社群成员交流，从交流中吸取意见。

下面就来看一看社区+社群O2O常见的4种营销方式，如图8-31所示。

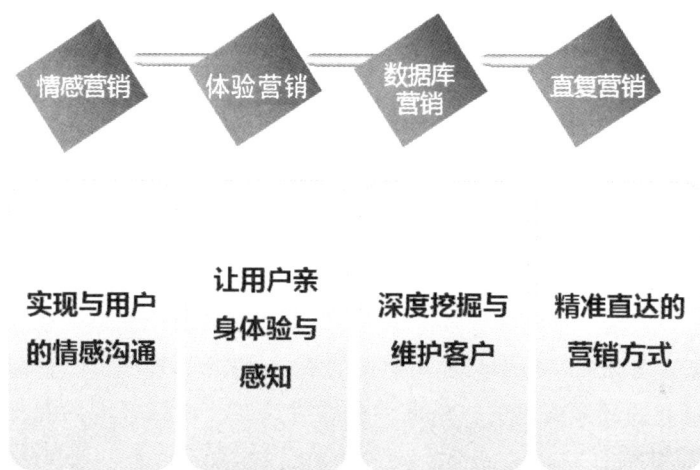

图8-31　社区+社区O2O常见的营销方式

1．情感营销

情感营销就是把消费者个人情感差异和需求作为企业品牌营销战略的情感营销核心，通过借助情感包装、情感促销、情感广告、情感口碑、情感设计等策略来实现企业的经营目标。

情感营销，只有通过广告主与消费者之间的情感沟通，才能有效实现。无疑，现在有了社会化媒介，不但增加了品牌与消费者之间互动的可能性，也大大降低了互动的成本。各种情感营销正在悄悄"潜入"我们的生活，增加品牌知名度、维系消费者的用户黏性是情感营销最主要的效果，而在社区+社群O2O环境下的情感营销甚至可以直接促成线下的消费行为。

关于社区+社群O2O模式中的情感营销，想要掌握情感营销的关键，需要从关键点着手，如图8-32所示。

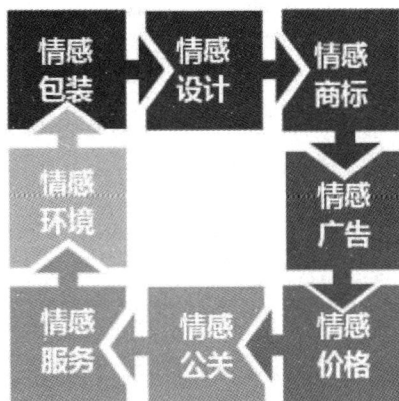

图8-32　情感营销的关键

　　企业可以在品牌战略的指导下，利用社区+社群O2O的社会化营销相互渗透和交锋，通过一系列情感化的品牌运作来影响和触动消费者心灵深处的琴弦，从而使品牌在消费者心目中形成独一无二的情感个性。

2.体验营销

　　体验式营销作为一种新的营销方式，已经逐步渗透到销售市场的任意角落。所谓体验营销，是指企业通过采用让目标顾客观摩、聆听、尝试、试用等方式，使其亲身体验企业提供的产品或服务，从5个方面出发，让顾客实际感知产品或服务的品质或性能，从而促使顾客认知、喜好并购买的一种营销方式，如图8-33所示。

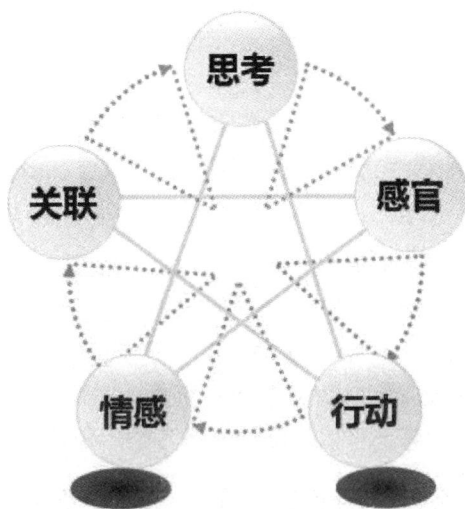

图8-33　体验式营销

体验式营销方式以满足消费者的体验需求为目标，以服务产品为平台，以有形产品为载体，生产、经营高质量的产品，拉近企业和消费者之间的距离。体验营销的主要策略，如表8-8所示。

表8-8　体验营销的主要策略

营销策略	策略详解	实例应用
思考式营销策略	思考式营销是启发人们的智力，创造性地让消费者获得认识和解决问题的体验。它运用惊奇、计谋和诱惑，引发消费者产生统一或各异的想法。在高科技产品宣传中，思考式营销被广泛使用	1998年苹果电脑的IMAC计算机上市仅六个星期，就销售了27.8万台，借助的便是一个思考式营销方案。该方案将"与众不同的思考"的标语，结合许多不同领域的"创意天才"，大面积地进行平面广告宣传
感官式营销策略	通过视觉、听觉、触觉与嗅觉建立感官上的体验。它的主要目的是创造知觉的体验。感官式营销可以区分公司和产品的识别，引发消费者的购买动机和增加产品的附加值等	以宝洁公司的汰渍洗衣粉为例，其广告突出"山野清新"的感觉：新型山泉汰渍带给你野外的清爽幽香。公司为创造这种清新的感觉做了大量工作，后来取得了很好的效果
行动式营销策略	行动式营销是通过偶像、角色，如影视歌星或著名运动明星来激发消费者，使其生活形态予以改变，从而实现产品的销售	耐克公司的成功主要原因之一是有出色的"JUST DO IT"广告，经常描述运动中的著名篮球运动员迈克尔·乔丹，从而升华身体运动的体验
情感式营销策略	情感式营销是在营销过程中，要触动消费者的内心情感，创造情感体验，其范围可以是一个温和、柔情的正面心情，如欢乐、自豪，甚至是强烈的激动情绪	在"水晶之恋"果冻广告中，一位清纯、可爱、脸上写满幸福的女孩，依靠在男朋友的肩膀上，品尝着他送的"水晶之恋"果冻，就连旁观者也会感觉到这种"甜蜜的爱情"
关联式营销策略	关联式营销包含感官、情感、思考和行动或营销的综合，适用于化妆品、日用品、私人交通等领域	美国市场上的"哈雷牌"摩托车，车主们经常把它的标志文在自己的胳膊上，乃至全身

企业着力塑造的顾客体验应该是经过精心设计和规划的，即企业要提供的顾客体验对顾客必须有价值并且与众不同。也就是说，体验必须具有稳定性和可预测性。此外，在设计顾客体验时，企业还需关注每个细节，尽量避免疏漏。

现在，这种体验完全可以挪移到网络上来，使用户在网上通过某种形式实现虚拟体验，刺激消费者的购买冲动，从而带动线下的直接购买行为。

关于体验式营销，提出几个关键特点可供商家企业参考，如图8-34所示。

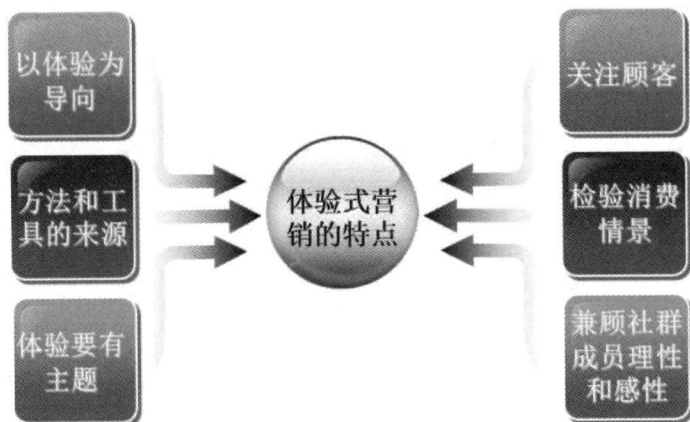

图8-34　体验式营销的特点

3．数据库营销

数据库营销就是企业通过收集和积累会员（用户或消费者）信息，经过分析筛选后，针对性地使用电子邮件、短信、电话、邮件等方式进行客户深度挖掘和关系维护的营销方式，如图8-35所示。

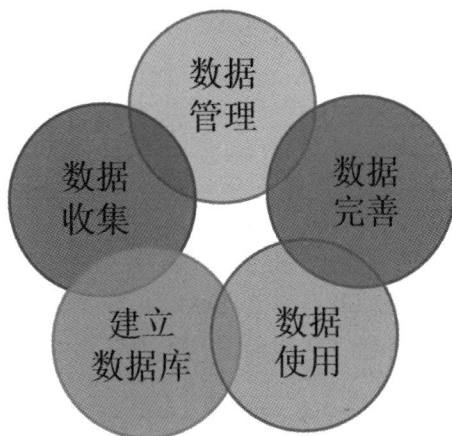

图8-35　数据库营销

下面的案例是深圳海岸城的微信会员卡，通过微信，用户不仅可以获得电子会员卡，同时商家也更方便掌握会员的地理位置信息、会员到店消费数据等，可以使会员的数据库管理更全面、更便捷，如图8-36所示。

图8-36 扫描海岸城获取会员卡

微信用户只需使用微信扫描海岸城专属二维码，即可免费获得海岸城手机会员卡，凭此享受到众多的优惠特权。此后，用户不必携带实体会员卡，也能第一时间得知商家信息并享受特权。如人饱口福、许留山、面包新语、味千拉面、仙踪林等20多家商铺都已成为海岸城首批微信会员卡的支持商家。

4．直复营销

直复营销，源于英文词汇Direct Marketing，即"直接回应的营销"，美国直复营销协会如此定义：运用一种或多种广告媒介在任意地点产生可衡量的反应或交易，如图8-37所示。

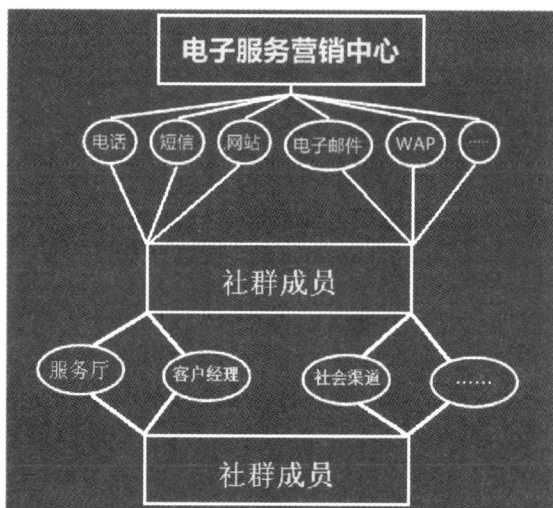

图8-37 直复营销体系

直复营销，关键点是受众的精准性。而在移动互联网时代，以LBS为基础，"任意地点"不再任意，而是变为有针对性的地点。商家完全可以实现在特定地点向消费者发出"购买邀约"。在社区+社群O2O时代，直复营销的体验也正在发生改变。

直复营销分为直接邮购营销、电话营销、目录营销、网络营销、电视营销等，如表8-9所示。

表8-9　直复营销的类型

营销类型	营销策略	优　点	缺　点
直接邮购营销	营销人员把信函、样品或者广告直接寄给目标顾客的营销活动。目标顾客的名单可以租用、购买或者与无竞争关系的其他企业相互交换	随着互联网的迅猛发展，电子邮件的应用也越来越广泛，更加节省费用，速度也更快	容易发生同一份邮寄品两次以上寄给同一顾客的情况，会引起他们的反感
电话营销	电话营销是指经营者通过电话向顾客提供商品与服务信息，顾客再借助电话提出交易要求的营销行为	能与顾客直接沟通，可及时收集反馈意见并回答提问；可随时掌握顾客态度，使更多的潜在顾客转化为现实顾客	营销范围受到限制，在电话普及率低的地区难以开展；因干扰顾客的工作和休息时间所导致的负效应较大；由于顾客既看不到实物，也读不到说明文字，易产生不信任感等
目录营销	目录营销是指经营者编制商品目录，并通过一定的途径分发到顾客手中，由此接受订货并发货的销售行为	内容含量大，信息丰富完整；图文并茂，易于吸引顾客；便于顾客作为资料长期保存，反复使用	设计与制作的成本费用高昂；只能具有平面效果，视觉刺激较为平淡
网络营销	营销人员通过互联网、移动互联网、通信和数字交互式媒体等手段开展营销活动	发展最为迅猛，生命力非常强，活动空间非常广泛	起步比较晚，网络技术更新比较快，导致设备成本的增加
电视营销	营销人员通过在电视上介绍产品，或赞助某个推销商品的专题节目，开展营销活动。在国内，电视是最普及的媒体，许多企业都选择在电视上进行营销活动	通过画面与声音的结合，使商品由静态转为动态，直观效果强烈；通过商品演示，使顾客注意力集中；接受信息的人数相对较多	制作成本高，播放费用昂贵；顾客很难将它与一般的电视广告相区分；播放时间和次数都比较有限，稍纵即逝
整合互动营销	整合各类网络营销方式，包括电视广告、广播广告、广告横幅、网络影片、公关新闻稿等	互动营销技术可以适应不同的环境，使互动式营销来影响消费者	营销过程是比较复杂的

第9章

深度解构：社群时代的商业模式与法则

移动互联网让网络文明回归社群时代，魅力人格体、粉丝经济、参与感、协同、场景和连接等都是社群时代的重要标签，社群时代让我们每个人和每个品牌都有机会找到与消费者连接的最便捷的路径。本章从场景、内容、传播和连接等角度深度解构了社群时代的营销、运营、商业模式与商业法则。

9.1 引爆社群：移动互联网时代的新法则

"在适合的场景（Context）下，针对特定的社群（Community），通过有传播力的内容（Content）或话题，通过社群网络中人与人连接（Connection）的裂变实现快速扩散与传播，从而获得有效的传播及价值。"这是新4C理论的核心内容。本节从思维和实操等多个层面为如何经营好（引爆）社群提供了有价值的洞见，让我们能直面移动互联网时代的焦虑与困惑。

9.1.1 社群需要场景深入人心

互联网争夺的是流量和入口，而移动互联网时代争夺的是场景，未来竞争的核心是场景！了解场景就站在了风口上！谁能占据场景，就能赢得未来！

移动互联网时代场景为"王"，所有基于移动互联网的产品和服务都是基于场景的，所有关于移动互联网的战争都是基于场景的争夺。BAT巨头之间将由信息入口之争（如图9-1所示）转向场景之争（如图9-2所示）。

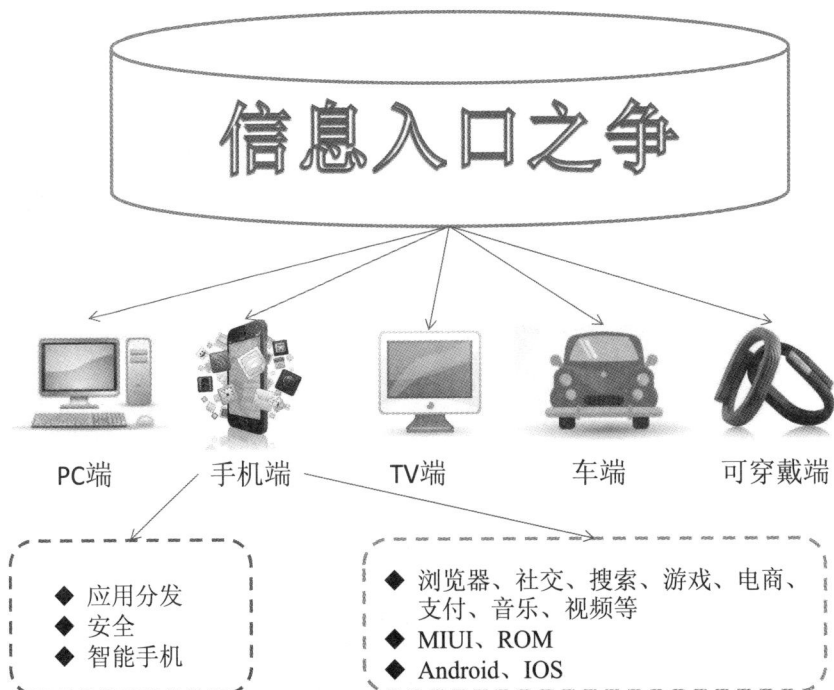

图9-1　信息入口之争

PC端是最早瓜分完成的入口。之后，是围绕手机端之争。谷歌和苹果的操作系统之争、分发之争、安全之争、硬件之争。手机端的争夺生态已经完成了。新的竞争将会围绕着抢电视端、车端、可穿戴端进行抢夺；后台关于"网络管"跟"内容云"的布局是大家看不到的，这是背后的较量；但是所有的这一切，都是为了抢信息入口，未来的市场一定是靠大数据决策的。信息入口争到了，都要跟钱相挂钩，大家抢入口的最终目标是"抢钱"。

图9-2 服务场景之争

TIPS:

你的PAD、手机，甚至还有一些可穿戴的设备都归结为移动设备。它们会产生大量的数据。数据最终要通过一些渠道曝光去接触核心的用户，就是社交媒体。为了让它更好获取更多的数据和环境的参数，以及我们所说的场景，所以移动设备需要有很多传感器的支持。最后一个是位置服务，在几年前LBS很火，但是现在，在移动设备和传感器的支持下，位置服务已经达到了一个新水平。

例如，美国有个非常火的APP叫作tempo ai。看起来它就是一个简单的日历服务，它不寻常之处在于：假如你设置了明天上午拜访客户的日程，明天上午八点半的时候它就会告诉你：你将要拜访哪一个客户，现在的路况怎么样，那家公司是不是搬家了，一看，你的车今天限行，"我已经通过滴滴打车帮你打车"，这些我们以前在电影里面看到的场景，很多都通过这个APP实现了。它把不同场景的数据做了一个整合，像你的个人助理一样，把这些事情安排妥当。

互联网时代，全球的场景基本是相同的。可是一旦变成移动互联网时代，这件事马上就不一样了。美国人拿着手机要干的事，和中国人拿手机想干的事，和非洲人拿手机想干的事，完全不一样，开始出现场景的差异。

这时候，还用信息入口之争的场景领域已经太宽了！因此从互联网时代的信息入口之争，转化成移动互联网时代的服务场景之争。

这里提到的场景：家里、车中、小区、城市……还有吃、住、行、游、购、娱，这些场景都是大家看到的，而且已经有人早就布局进入了，如携程，如图9-3所示。

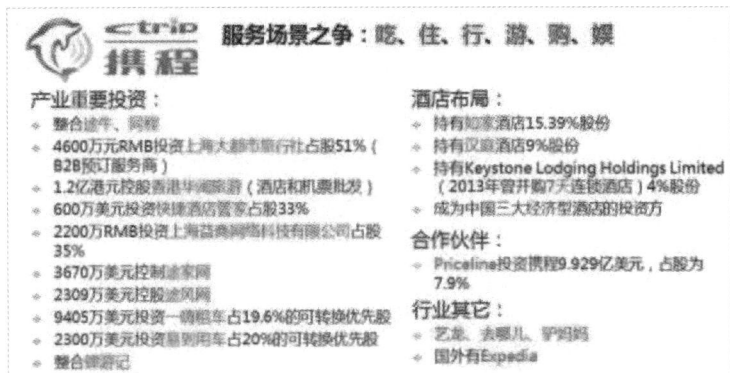

图9-3　携程的服务场景布局

在携程这个垂直市场中，占了一个小领域中的领头羊，做了很深的布局。当然在垂直领域中，我们看到在家中有电视之争，车中有车联网之争，城市中有58同城等。但是这些场景还不够细化，我们真正看到的场景，要更加的细化。要做好社群营销，一定要从5个角度细分出场景，如图9-4所示。

图9-4　细分场景

TIPS:
　　在移动互联网时代的新法则下的场景，需要每一个用户在任意的时间、地点都能构成一个特定的场景。

9.1.2　深入目标客户群实现精准社群

大数据背景下，随着移动互联网的发展和社会化媒体，客户社群的细分和碎片化时间利用的要求越来越高，企业和营销人员必须针对各行各业的自身特点，结合数据分析，进行精确的市场定位，个性化定制客户的营销策略，锁定客户所服务的潜在客户人群，提高营销效果，如图9-5所示。

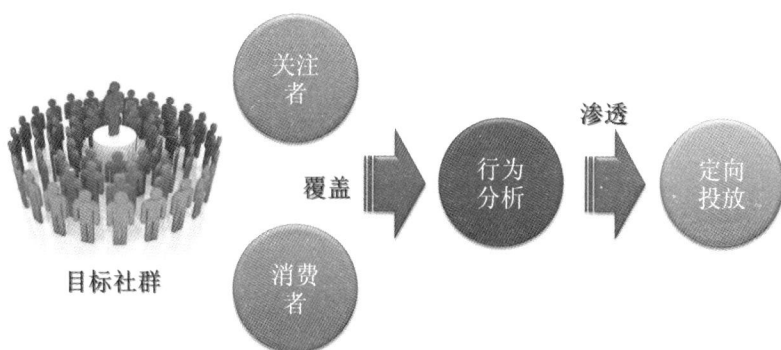

图9-5　细分场景

精准营销（Precision marketing）就是在精准定位的基础上，依托现代信息技术手段建立个性化的社群客户沟通服务体系，实现企业可度量的低成本扩张之路。

例如，在"双十二"期间，淘宝网为进行大规模的精准化营销，上线每个社群用户专属的"愿望清单"（也称为"我的双12"），如图9-6所示。

给不同的用户人群展示不同的宝贝，实现精准社群营销。

图9-6　淘宝网的"愿望清单"

据悉，在活动期间，每天有3 000万左右的专属"愿望清单"形成，每个用户都会看到不同商户的促销优惠信息，大大提升了商户尤其是中小商户在大促活动中的曝光率。在"愿望清单"中，每个用户不仅能看到自己收藏夹和购物车中的商品，还能看到对应商品所对应的商家的"双十二"优惠承诺、宝贝宣言、价格走势、商家标注的商品标签。

为每个报名商户持续导入超精准化的流量。商家通过"双十二"大促活动不仅能够促销商品，更重要的是和潜在用户群体建立紧密联系，了解用户群的需求，建立自身影响力。

不仅淘宝商户将获得精准的用户人群，用户也可以通过"愿望清单"看到商家的优惠承诺和价格变动走势，使促销活动中的商品价格更加透明，将有效规避商家随意抬价的行为。

淘宝网此次通过这种方式进行精准化营销，有效避免了流量集中于主要营销页面，造成流量大量浪费，而中小卖家曝光困难的情况。同时促使消费者找到更多适合自己的商品，进行更多的消费。

笔者认为，企业必须提供多种维度进行筛选，组合最佳方案，投放至精准人群；结合了移动互联网时代特有的"移动随身"特性，将高度个性化信息有效的传送给目标消费者人群，实现了一对一的精准营销，如图9-7所示。

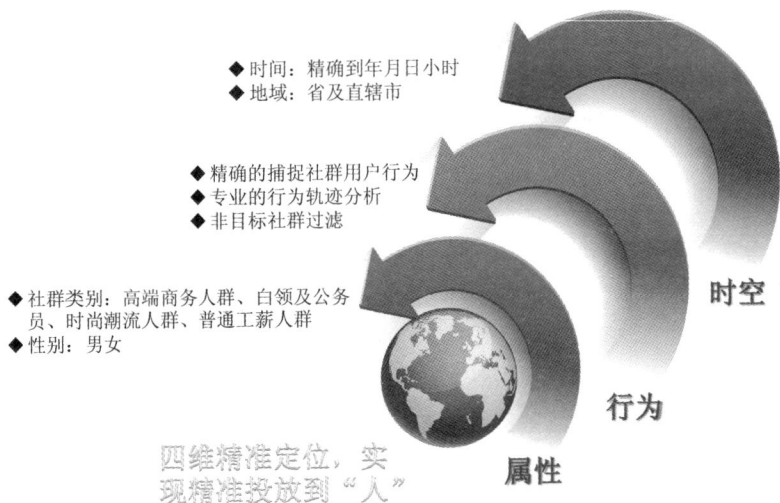

◆时间：精确到年月日小时
◆地域：省及直辖市

◆精确的捕捉社群用户行为
◆专业的行为轨迹分析
◆非目标社群过滤

◆社群类别：高端商务人群、白领及公务员、时尚潮流人群、普通工薪人群
◆性别：男女

时空

行为

属性

四维精准定位，实现精准投放到"人"

图9-7 多维度组合筛选，精准投放至目标社群

9.1.3 移动社群离不开内容营销

内容营销，是指以图片、文字、动画等介质传达有关企业的相关内容来给客户信心，促进销售。他们所依附的载体，可以是企业的LOGO（VI）、画册、网站、广告，甚至是T恤、纸杯、手提袋等。根据不同的载体，传递的介质各有不同，但是内容的核心必须是一致的，那就是提升企业在社群里的知名度，吸引其他人群的关注，如图9-8所示。

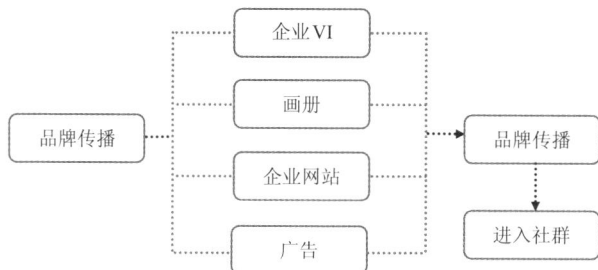

图9-8　内容营销

相对于移动互联网社群营销来说，内容营销并不需要追求短期或立即性的、不理性的、直接的行为改变，而应该追求理性的、倾向长期的内容教育，最终收获更加忠诚、黏度更高的社群成员，这一点几乎与广告营销相反，而且事实证明，内容营销的效果远远强于广告营销。

现今，人们的资讯来源越来越多样化，内容营销的渠道也五花八门，内容营销既可以存在于论坛的回帖中，也可以存在于博客的博主与产品的合影照中，或是视频网站的教学实况中，甚至存在于SNS社区的一次投票或微型博客的一段链接分享中。总结起来，内容营销主要包括"冠名、植入、定制"三个模式，如图9-9所示。

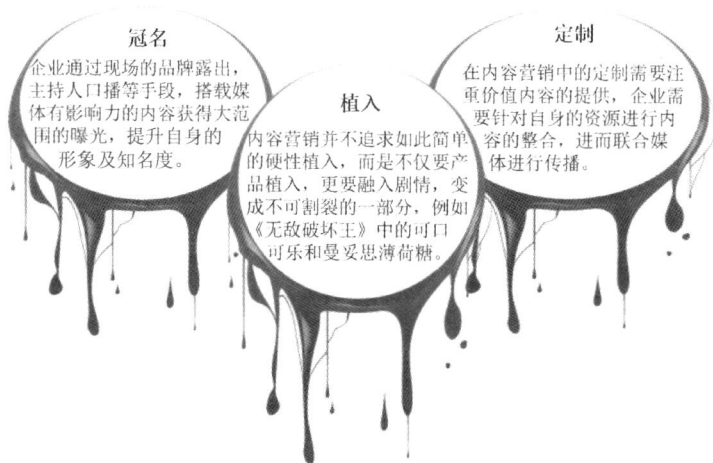

图9-9　内容营销的主要模式

而在移动社群中，内容营销扮演了相当重要的角色，毕竟企业不是名人巨星，没有太多人会持续关心企业的一举一动，因此除了即时动态之外，企业所发布的好内容就成为经营社群的资本之一。

在移动社群中，企业在进行内容营销时，主要以3种角度来向社群成员传递产品信息，如图9-10所示。

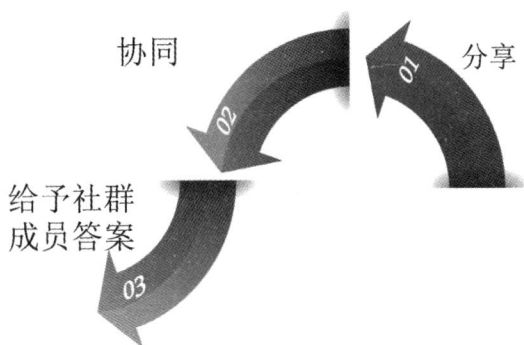

图9-10　社群内容营销的3种角度传递信息

2014年7月18日，"罗辑思维"发起了一场用互联网改造传统商业的有趣社群实验，以"真爱月饼"之名，沿用了之前"蓝莓荔枝"的众筹、预定形式，打出"实验"进行销售，在当天"罗辑思维"发布了关于"真爱月饼"相关的信息，如图9-11所示。

"真爱月饼"引入了"真爱"的互动式玩法，社群成员和粉丝可以在"罗辑思维"微商城的销售页面上，填好个人信息之后，把付款邀请发送到朋友圈或者直接发给自己的朋友，让朋友们帮自己付款赠送；而得到赠送后，用户可以在微信上展现出自己的"受宠"。

"罗辑思维"还会在中秋节邀请收到月饼盒数最多的用户，到神秘地点与罗胖一起相拥"晒月亮"，并且往返机票及顶级度假酒店的费用，都由"罗辑思维"埋单，这样一系列的内容推出，怎能不让社群用户心动呢？

图9-11　"真爱月饼"相关内容

在13天的"实验"中，"真爱月饼"的参与人数达到了2 698 790人，月饼的商品页面被分享了1 036 059次，"罗辑思维"微信商城销售月饼多达40 380盒。

可以看出，这次"罗辑思维"社群平台商业实验的尝试与探索，给"罗辑思维"带来了不小的营销利益。更能看出"罗辑思维"这次的内容营销，在社群中起到了非常大的效应。

企业在移动社群中做内容营销之前，必须要先了解内容在社群成员分享行为中，不同的几种情境，如图9-12所示。

TIPS：

企业需要设法透过社群成员每天的交流，进一步让对的人接收到企业的产品信息，并且思考怎样才能将社群成员之间的交流转化成符合营销的内容。

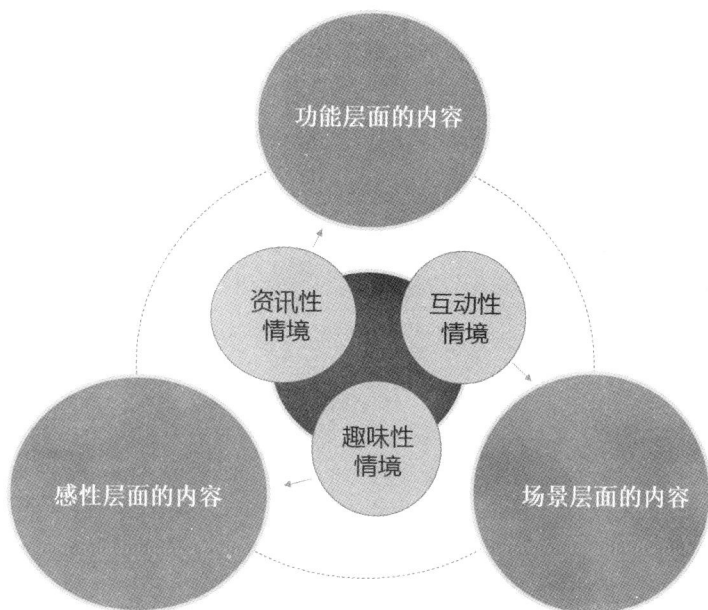

图9-12 内容营销的3种情境

1. 资讯性情境

资讯性情境的范畴又包括最新的新闻、有用的情报、好看的讯息、特殊的知识等内容。当社群成员愿意分享这类内容时，资讯的一些价值将会是影响分享意愿与散布效果的关键，如图9-13所示。

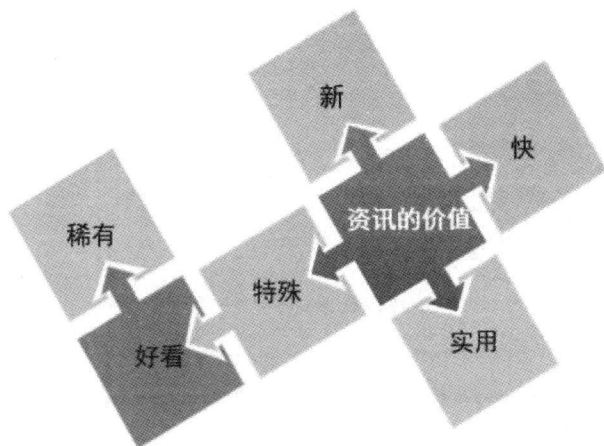

图9-13　资讯的价值

2．互动性情境

互动性情境，是需要企业提供社群成员相互之间进行互动的活动，在活动中一般都不会是纯内容，在内容中还会掺杂着一些小游戏、心理测验等。这一类的内容可以更好地让还在彼此陌生阶段的社群成员，拉近距离，为以后社群成员之间能进行友好的交流做铺垫。

3．趣味性情境

趣味性情境包括3种类型，例如，活动照片、流行图片、视频，都可以归于有趣味性情境中，如图9-14所示。

图9-14　趣味性情境的几种类型

企业在了解移动社群内容情景以后，就要开始思考内容出处的问题，是企业自己产制，还是委托给社群领袖呢？不管怎样，企业都需要从两个方面出发，之后再来决定内容的出处，如图9-15所示。

专业度 ⟹ 若内容是与企业产品或服务深度相关的资讯、即时的情报或讯息、内部的流程或记录等信息，考虑其专业度，还是由企业自己发布比较恰当。
若希望以高品质的内容来打动潜在高质量社群成员，如具有故事性的影片，那么选择社群领袖比较好。

客观度 ⟹ 在社群还不是很成熟时，企业自身发布内容会给社群成员一种"自卖自夸"的感觉，若是委托特定领域有足够专业或社群信任度的达人来提供内容，会有事半功倍的效果。
但要注意的是，既然是"客观度"的考量，那么就需要内容具有真实性。

图9-15 思考内容出处的两个方面

另外，在社交平台的特点之下，内容微型化是不可避免的趋势。企业在规划移动社群内容时，需要注意3点，如图9-16所示。

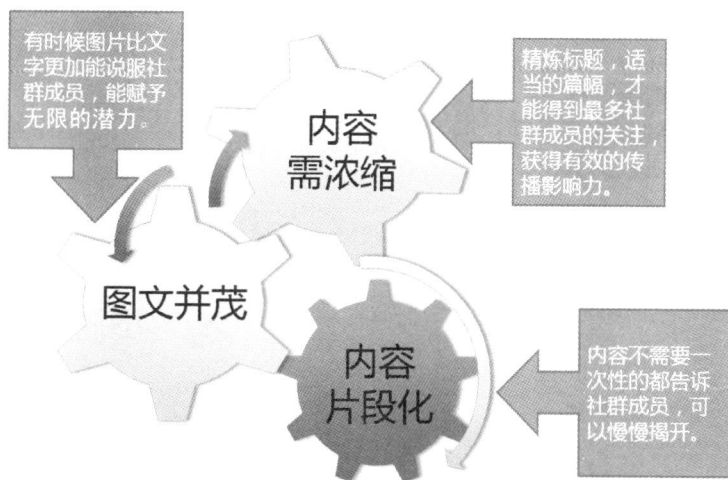

有时候图片比文字更加能说服社群成员，能赋予无限的潜力。

精炼标题，适当的篇幅，才能得到最多社群成员的关注，获得有效的传播影响力。

内容需浓缩

图文并茂

内容片段化

内容不需要一次性的都告诉社群成员，可以慢慢揭开。

图9-16 企业在规划移动社群内容时需要注意的事项

企业在精心规划了内容之后，还需要考虑如何扩大内容的影响力：

● 企业可以通过在持续的社群经营里，与社群中的意见领袖相互连接，进而达到社群传播效果极大化。

● 企业还可以结合媒体操作策略达到与既有媒体组合的分进合击。

总之，企业在移动社群中进行内容营销时，要抓住3个核心内容，才能区别于企业以前投放广告的模式，如图9-17所示。

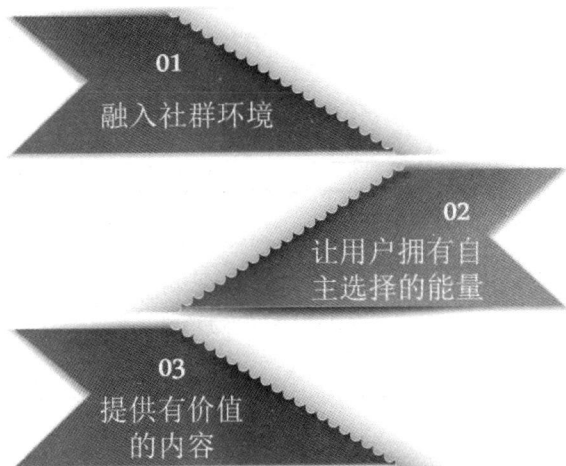

图9-17　移动社群内容营销核心内容

9.1.4　移动社群的传播是吸铁石

移动社群营销中的社群其实就是一种传播媒介，企业通过媒介进行高效的曝光，才能获得营销效果，而与其他营销手段不同的是，移动社群营销的传播在于"人"，即社群成员。企业在社群中传播的核心思想就是，让信息在精准社群成员之间引爆。

从整个社群营销来看，移动社群是一种典型的具有碎片化结构的分布式营销媒介。每个个体都可以与其他个体自由交流，也可以到社群中进行多人同时互动的话题讨论，群与群之间更能拥有多重角色，来实现与个体联系，及时进行信息互通，如图9-18所示。

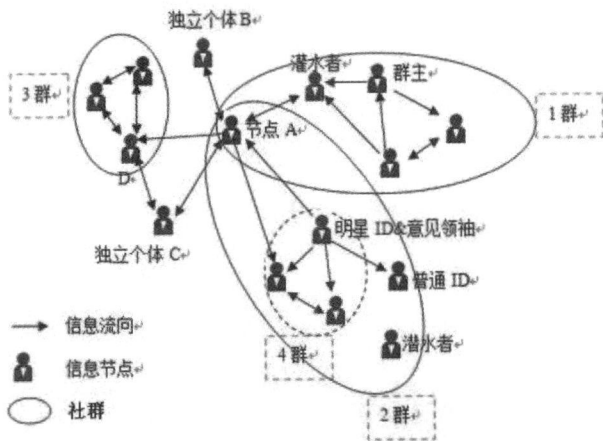

图9-18　社群营销核心内容

【分析】:

从图9-18中可以看到每个传播信息节点的背后几乎是一个人或者多个人。就以独立个体C为例，其既可以与A相互交流信息，又可以与3群的节点D交换信息，将信息传播到3群中，而A又可以将信息传播给B、1群、2群、4群中，如此慢慢地将信息扩大。

这一传播过程中，无疑不透露出行点对点、点对多点、多点对多点的信息互动。

TIPS:

在移动社群中，只有人与人的连接才能将传播效率诠释得淋漓尽致，企业可以通过对社群节点的拿捏度，让信息"渗透"到社群成员的交流中去，直达企业营销目标，减少无效传播模式。

移动社群就是有这么一个独特的魅力，使得信息可以沿多条路径从一个小圈子流入另一个小圈子，让信息在特定的人群中传播、扩散，信息就像一个吸铁石一样，牢牢吸住对信息感兴趣的人群。

9.2　解密粉丝经济+社群经济

"粉丝经济"＋"社群经济"是如今互联网时代的重头戏，两者给企业带来的效应比较大，但是两个加起来的效应，可以放成无限大，这能给企业带来无限的营销可能性，下面就来了解"粉丝经济"＋"社群经济"的魅力。

9.2.1　互联网新思维：粉丝与社群共存亡

在粉丝经济中，独立的个体凭借互联网新媒体的力量，逐渐成为营销和推广的重要力量，这给传统媒体当头一棒，颠覆了传统媒体需要利用电台、电视等媒体进行营销传播，而如今企业利用独立的媒体就能进行营销活动，并且也能受到人们的广泛追捧。

因此，互联网思维下的粉丝经济是在个人崇拜和个人影响力的基础上建立起来的，因为粉丝对某个明星、品牌、企业的崇拜，而产生购买行为，将原本单纯的粉丝变成了消费者，从而才出现了粉丝经济。

每一个品牌都会拥有自己的粉丝，但是如果企业只停留在粉丝层面，那么营销效果不会显著，只有将客户变成用户、将用户变成粉丝、将粉丝成为朋友，才是当下互联网的新思维，即粉丝与社群。

顾名思义，就是将粉丝经济与社群经济相结合，才能在互联网中，成为佼佼者。

为什么要将粉丝经济与社群经济相结合呢？那是因为社群经济在发展到一定阶段之后能够自我运作，却在建群初期，需要有粉丝的支持才能慢慢地壮大，而粉丝经济不能自我运作，只能被企业牵着鼻子走。所以只有将他们两者相结合，才能弥补彼此的缺陷，如图9-19所示。

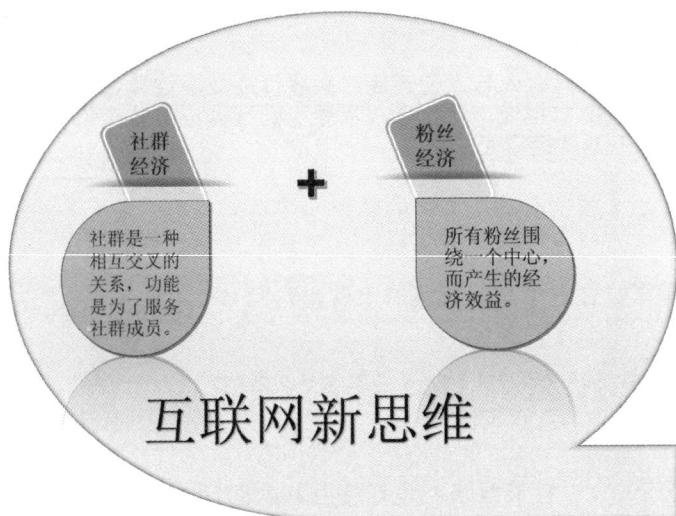

图9-19　互联网新思维

例如百度贴吧、知乎、微博等社群媒介，人流量特别多，在这些媒介上也培养出了不少的名人，并且这些平台的创始人在互联网圈子里都是一些比较有名的人物，但是一般的普通用户却不认识他们。

在这些平台上，是由粉丝经济而构建的社群经济，单纯的崇拜、喜欢某个人、某件事，将各地共同爱好的人群聚集在平台上，一起交流、点赞。

不管是社群还是粉丝，最好不要单独进行，需要将二者结合起来，进行互联网下的新思维。

9.2.2　CBMCE模式：粉丝团的指引

如今，小米手机、乐视电视、罗辑思维等这些新型社群模式，基于互联网下新思维商业模式，其中以CBMCE模式来获得庞大的粉丝团，如图9-20所示。

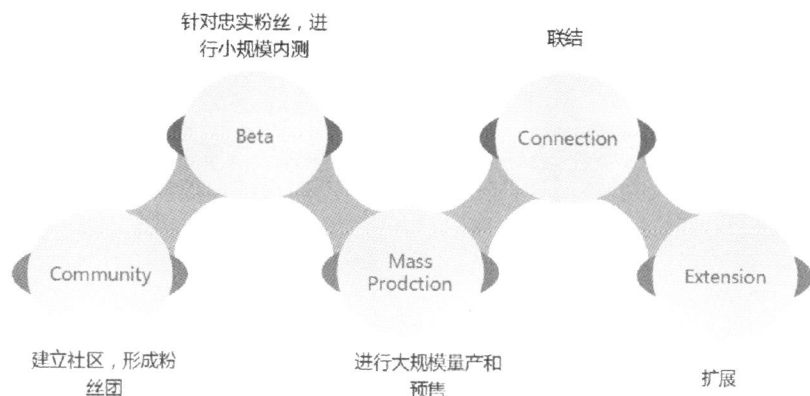

图9-20 CBMCE模式

1．Community

Community代表社区的意思。在互联网CBMCE模式中，企业需要根据产品特点建立社区，锁定一个小圈子，吸引忠实粉丝，逐步积累粉丝。

例如，乐视电视把忠实粉丝定位于追求生活品质的达人，罗辑思维将社群用户定位于爱读书的人群。

企业在吸引忠实粉丝的过程中，社区创始人会从自己的亲友、同事等熟人圈子开始，逐步扩展，将社区慢慢扩大。初始圈子的质量和创始人的影响力，能决定忠实粉丝未来的质量和数量。

企业在锁定粉丝团的人群以后，就需要开始寻找目标人群喜欢聚集的平台，例如，小米发现手机用户特别喜欢在论坛上讨论、分享信息，于是就开始建立自己的论坛，吸引手机用户在此驻扎。

在粉丝团扩展阶段，企业可以利用社群中的意见领袖为自己的品牌代言，这样更能进入粉丝团的心中。

2．Beta

Beta代表测试的意思。企业在积累一定规模的粉丝以后，就需要根据忠实粉丝的需求来设计相关产品，并进行小规模产品内测。企业可以选择一批忠实粉丝，让他们免费体验产品，给出对产品的建议和自己的想法，企业通过粉丝所提供的信息，对产品进行修改后再正式发行。

3．Mass Production

Mass Production代表大量生产的意思。下面就以小米手机为例，来了解小米手机大规模量产和预售阶段。这个阶段一般需要做3件重要的事，如图9-21所示。

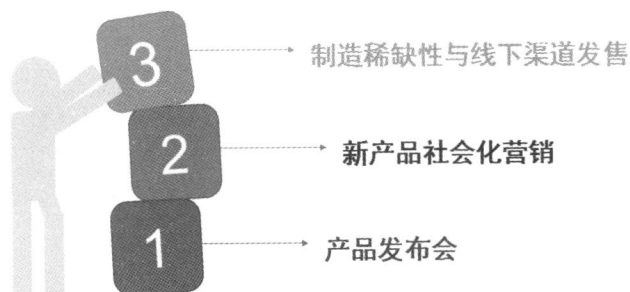

图9-21　大规模量产和预售阶段需要做的3件事

（1）产品发布会

一般小米手机的CEO雷军都会在小米发布会上讲解产品的性能，而且还会邀请成百上千名米粉参与，众多媒体记者和意见领袖围观，利用产品发布会，将信息传递出去，使发布会上的消息节点成为社交网络话题讨论的焦点。

（2）新产品社会化营销

在进行社会化营销时，小米手机一般都会选择比较火爆的平台进行传播和推广。例如，百度贴吧、微博、QQ空间等。

有时小米利用新浪微博进行送手机的活动，如图9-22所示。

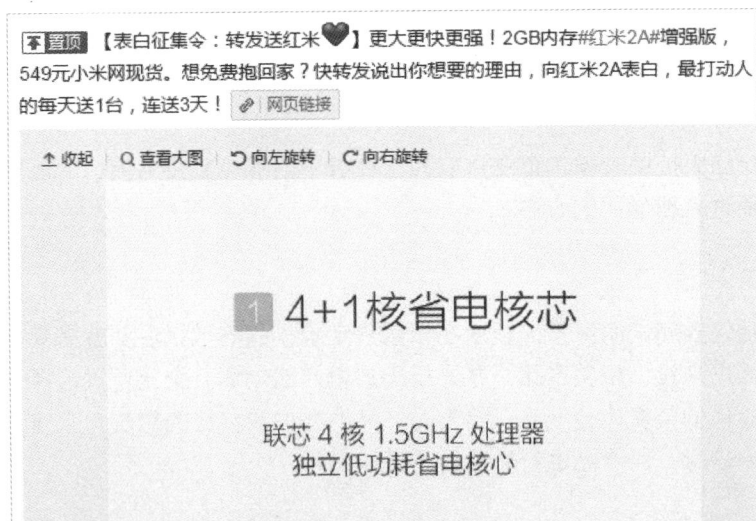

图9-22　小米微博上的活动

有时小米利用百度贴吧进行信息发布，如图9-23所示。

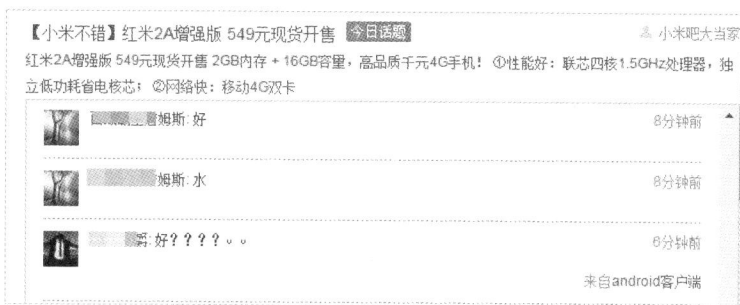

图9-23　小米百度贴吧上的信息发布

TIPS:

正是因为这些社交平台有着广大的用户人群，并且跟小米的用户重合度非常高，所以小米才选择在这些社交平台进行新产品社会化营销。

（3）制造稀缺性与线下渠道发售

在社会化营销的过程中，小米为了让用户切身地感到稀缺性，采用"闪购"、"F码"等方式制造一种稀缺的错觉，激发人们对产品进行下一步传播和分享，并在线下进行销售。

4．Connection

Connection代表联结的意思。按照互联网思维的逻辑，小米手机在售出了大规模的产品以后，并没有将营销结束，而是选择把售出的产品联结起来，让这些产品以及购买的消费者聚集起来形成一个社群。

小米通过MIUI系统把成千上万的米粉联结到一起，基于MIUI建立了自己的商业模式。从此小米就可以知道其他米粉在说什么，在做什么，在用什么，整个米粉群体就变成一个互相连接、规模很大的社群。

而在这个社群里关于吃喝拉撒和衣食住行的产品，都能变成小米的新收入来源和商业模式，更重要的是，这个社群因联结而不断扩大。

5．Extension

Extension代表扩展的意思。小米基于MIUI的软件思维，对于软件扩展而言，成本趋向于零。而正是由于MIUI的可扩展性，才能让米粉这个生态圈快速成长起来。

关于小米生态圈的扩展，对于个体用户而言，可以表现为软件系统的升级和更新，服务内容的扩展和用户个性化的需求。

例如，Roseonly除了卖玫瑰以外，还把产品扩展为表情等虚拟产品；而小米除了手机之外，还有小米路由器、小米手环等互联网周边产品。

TIPS：

互联网和智能手机的普及，提高了人与人之间的传播效率，越来越容易把人和需求聚合起来。随着移动互联网的进一步普及，企业的商业模式逐步向用户端靠拢，制作出更多个性化的产品，催生出更多的社群商业模式。

9.3 社群营销不可单独战斗：饥饿+病毒

如今是一个社群大爆炸的时代，社群营销最好不要单独战斗，如果企业能将社群与"饥饿"、"病毒"一起应用，必定比单单运营社群营销要强很多。

9.3.1 饥饿营销：引爆社群

有很多人都想不通为什么社群需要"饥饿"营销，那是因为"饥饿"是推动社群成员参与产品活动、销售的重要砝码，是一种强有力的推动力。

TIPS：

饥饿营销，是很多企业惯用的手段，它是指商品提供者有意调低产量，以期达到调控供求关系、制造供不应求的"假象"、推出抢购、以维护产品形象并维持商品较高售价和利润率的营销策略。国内很多企业喜欢做"抢购"、"限制"等营销活动，来吸引网民们的关注，以期引起网民们的兴趣。

对于社群营销来说，饥饿营销有3点好处，如图9-24所示。

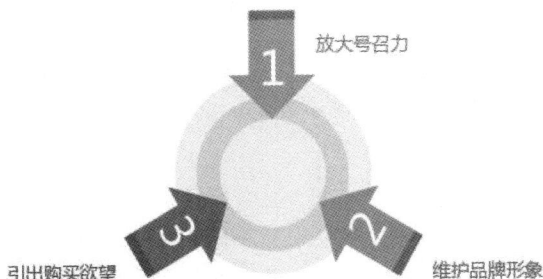

图9-24 饥饿营销的3点好处

1．放大号召力

企业可以选择一些开放性比较强的社交平台，来作为社群营销的媒介，比如百度贴吧、微博、论坛等平台，放出"饥饿性"消息，如"限购"、"规定时间购买"等，让粉丝自发进行的传播，形成无成本且持久的模式。

届时，其他人群就会被周围企业粉丝所感染，进而采取和他们一致的行动，这就是饥饿营销在社群中放大号召力的魅力。

2. 维护品牌形象

饥饿营销在消费者的传统意识里，以"缺货"、"限购"来打出口号，给消费者一种商品应该是不错的，不然也不会缺货的场景，而在社群中，饥饿营销就是巩固社群成员维护品牌形象的原动力。

3. 引出购买欲望

饥饿营销通过实施欲擒故纵的策略，在社群中通过强调产品的供求，引发社群成员的讨论，制造出供不应求的假象。社群成员都有一种好奇和逆反心理，越是得不到的东西越想得到，何况是自己感兴趣的产品，于是"饥饿"对社群成员的欲望进行了强化，而这种强化会制造出供不应求的抢购场景，使"饥饿"在社群营销中呈现出强烈的戏剧性和影响功能。

企业想要在社群中运用饥饿营销，就要准确理解社群成员对共同目标的期望和需求，给他们制造一些供不应求的假象、限时抢购等。下面就来讲解一下饥饿营销的3个步骤，如图9-25所示。

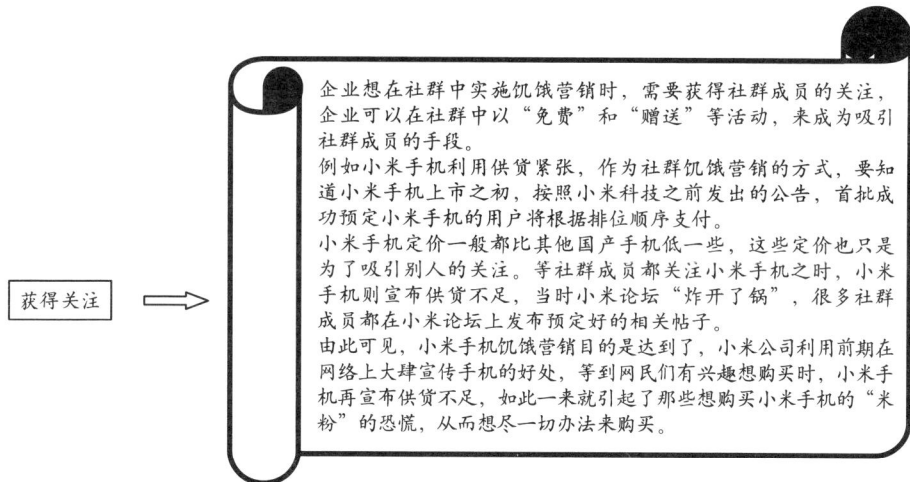

获得关注 ⇒ 企业想在社群中实施饥饿营销时，需要获得社群成员的关注，企业可以在社群中以"免费"和"赠送"等活动，来成为吸引社群成员的手段。
例如小米手机利用供货紧张，作为社群饥饿营销的方式，要知道小米手机上市之初，按照小米科技之前发出的公告，首批成功预定小米手机的用户将根据排位顺序支付。
小米手机定价一般都比其他国产手机低一些，这些定价也只是为了吸引别人的关注。等社群成员都关注小米手机之时，小米手机则宣布供货不足，当时小米论坛"炸开了锅"，很多社群成员都在小米论坛上发布预定好的相关帖子。
由此可见，小米手机饥饿营销目的是达到了，小米公司利用前期在网络上大肆宣传手机的好处，等到网民们有兴趣想购买时，小米手机再宣布供货不足，如此一来就引起了那些想购买小米手机的"米粉"的恐慌，从而想尽一切办法来购买。

图9-25　社群饥饿营销的步骤

企业在社群中运用饥饿营销时，仅是引起社群成员的关注是不够的，还需要社群成员进行购买操作，如此才能体现社群饥饿的价值，不然何必多此一举花费时间在饥饿营销方式上呢？还不如安分守己的运作社群营销。

所以，企业在获取社群成员的关注铺垫下，还要建立起社群成员对产品的需求。

假如企业要推出一款新产品，届时需要企业在社群中将产品的实际情况说出来，决不能弄虚作假，接着以推送礼物来抓住消费者爱占便宜的心理，就能很好地调动社群成员的购买需求。

建立需求

企业在社群中成功引起社群成员的关注、建立需求后，还要加一把火，就是帮助社群成员建立一定的期望值，让社群成员对产品的兴趣和拥有欲越来越强烈。

建立期望

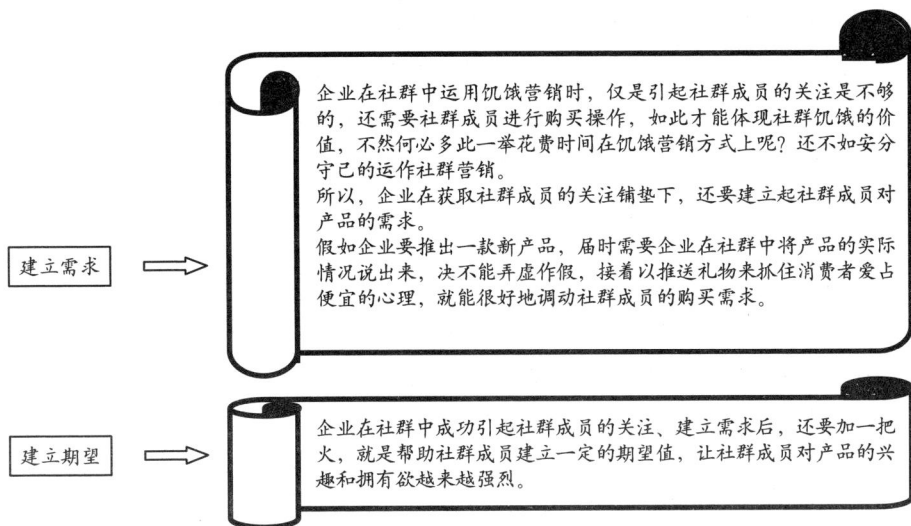

图9-25 社群饥饿营销的步骤（续）

企业不仅仅要掌握社群饥饿营销的步骤，还要掌握其技巧，那样在运行社群饥饿营销时就会比较轻松，效果也会提高许多倍，如图9-26所示。

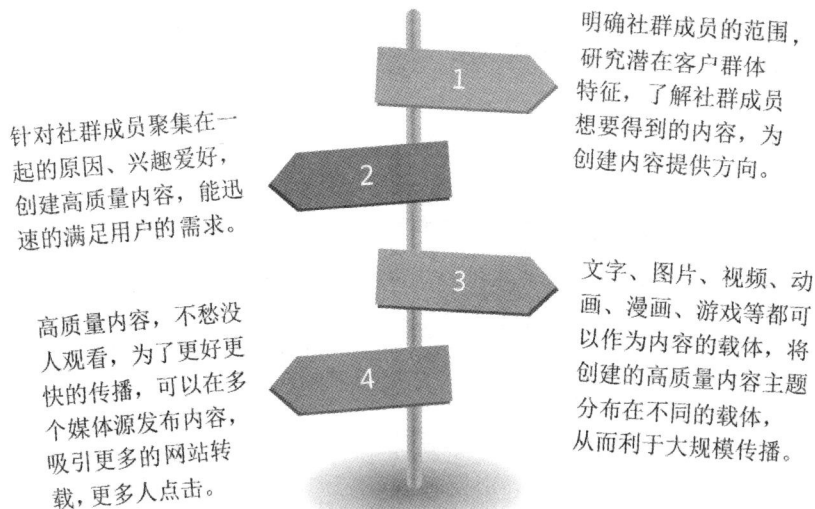

针对社群成员聚集在一起的原因、兴趣爱好，创建高质量内容，能迅速的满足用户的需求。

1

明确社群成员的范围，研究潜在客户群体特征，了解社群成员想要得到的内容，为创建内容提供方向。

2

3

文字、图片、视频、动画、漫画、游戏等都可以作为内容的载体，将创建的高质量内容主题分布在不同的载体，从而利于大规模传播。

高质量内容，不愁没人观看，为了更好更快的传播，可以在多个媒体源发布内容，吸引更多的网站转载，更多人点击。

4

图9-26 社群饥饿营销的技巧

9.3.2 病毒营销：社群成员的自主传播

在社群营销中，社群成员会不断复制企业的热点，像"病毒"一样不断的复制给自己的朋友，传播效果非常显著，这就是企业将社群营销与病毒营销相结合的运行效果。

TIPS:

病毒营销，又称为病毒式营销、病毒性营销、基因行销或核爆式行销。它是指通过用户的社会人际网络，使信息像病毒一样传播和扩散，利用快速复制的方式传向无数名受众。

简单来说，病毒营销就是通过在网络上提供有价值的产品或服务，"让大家互相告知大家"，通过网民为企业宣传，实现营销的目的。病毒式营销已经成为网络营销中最为常见的手段，被越来越多的企业和网站成功利用。

企业利用病毒营销在社群中让营销信息像病毒一样传播和扩散，营销信息被快速复制传向数以万计、数以百万计的受众。下面就来了解病毒营销给社群带来的好处，如图9-27所示。

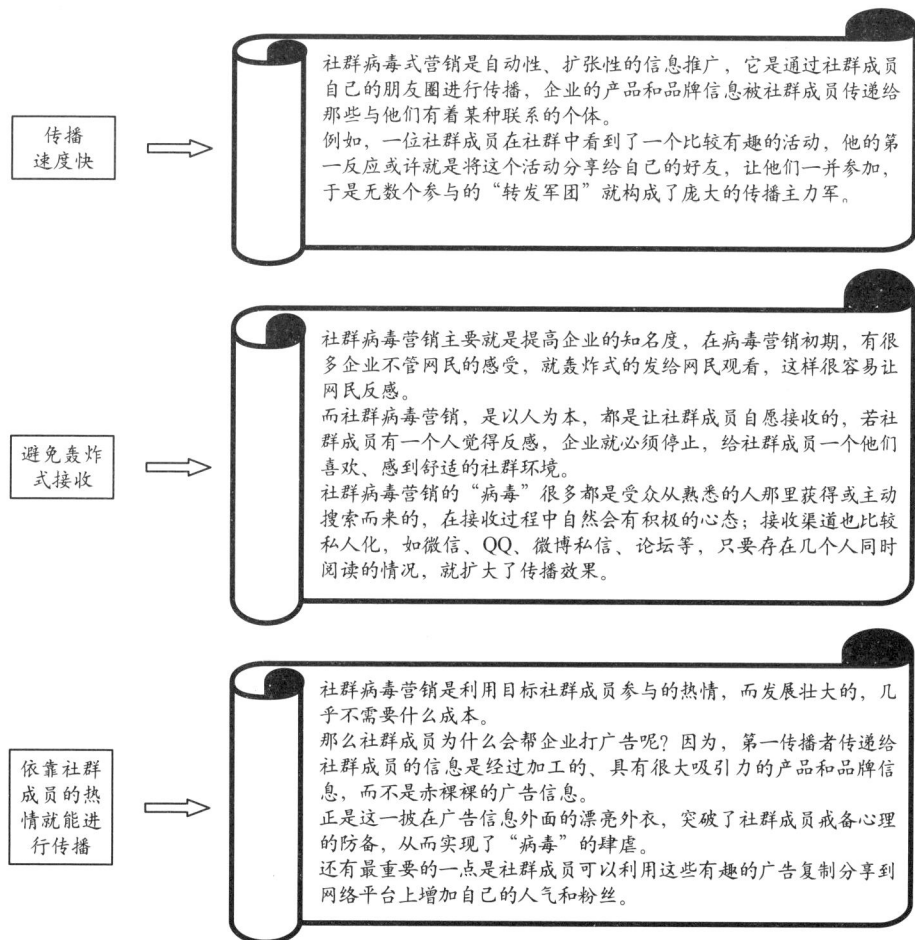

传播
速度快

社群病毒式营销是自动性、扩张性的信息推广，它是通过社群成员自己的朋友圈进行传播，企业的产品和品牌信息被社群成员传递给那些与他们有着种种联系的个体。
例如，一位社群成员在社群中看到了一个比较有趣的活动，他的第一反应或许就是将这个活动分享给自己的好友，让他们一并参加，于是无数个参与的"转发军团"就构成了庞大的传播主力军。

避免轰炸
式接收

社群病毒营销主要就是提高企业的知名度，在病毒营销初期，有很多企业不管网民的感受，就轰炸式的发给网民观看，这样很容易让网民反感。
而社群病毒营销，是以人为本，都是让社群成员自愿接收的，若社群成员有一个人觉得反感，企业就必须停止，给社群成员一个他们喜欢、感到舒适的社群环境。
社群病毒营销的"病毒"很多都是受众从熟悉的人那里获得或主动搜索而来的，在接收过程中自然会有积极的心态；接收渠道也比较私人化，如微信、QQ、微博私信、论坛等，只要存在几个人同时阅读的情况，就扩大了传播效果。

依靠社群
成员的热
情就能进
行传播

社群病毒营销是利用目标社群成员参与的热情，而发展壮大的，几乎不需要什么成本。
那么社群成员为什么会帮企业打广告呢？因为，第一传播者传递给社群成员的信息是经过加工的、具有很大吸引力的产品和品牌信息，而不是赤裸裸的广告信息。
正是这一披在广告信息外面的漂亮外衣，突破了社群成员戒备心理的防备，从而实现了"病毒"的肆虐。
还有最重要的一点是社群成员可以利用这些有趣的广告复制分享到网络平台上增加自己的人气和粉丝。

图9-27　社群病毒营销的好处

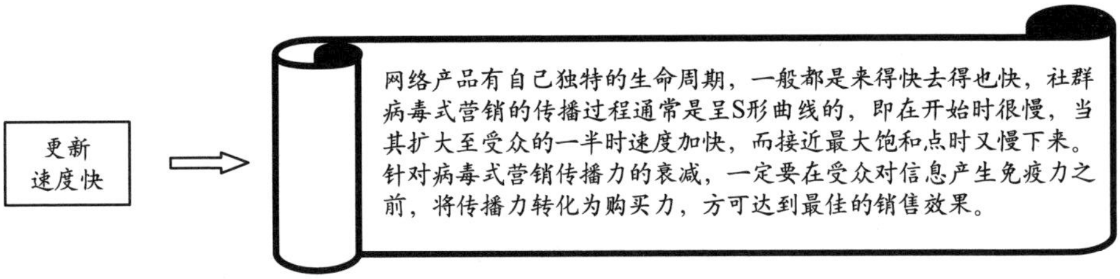

更新
速度快

网络产品有自己独特的生命周期，一般都是来得快去得也快，社群病毒式营销的传播过程通常是呈S形曲线的，即在开始时很慢，当其扩大至受众的一半时速度加快，而接近最大饱和点时又慢下来。针对病毒式营销传播力的衰减，一定要在受众对信息产生免疫力之前，将传播力转化为购买力，方可达到最佳的销售效果。

图9-27　社群病毒营销的好处（续）

第10章

经典社群商业案例

关于社群营销有太多的案例，在这里不能一一学习，下面就拿10个案例，来进一步让大家感受到，社群营销的魅力，深刻了解社群营销给企业带来的优势。

10.1 【商业案例】天鸽互动：社群营销的裂变

9158视频社区母公司天鸽互动创立于2008年7月，并于2014年7月9日实现香港主板上市，总部位于杭州，是中国最大的实时社交视频平台之一。

天鸽互动的身上集合了很多有关粉丝经济的热词，如全民娱乐、想唱就唱、音乐爱好者的家园、舞动奇迹等热点词汇。

实际上，在2005年创立9158视频后，傅政军（天鸽互动CEO）为了构建一个绿色舒适的视频环节，不仅一次地收紧9158主播的表演尺度，从而使得整个社区越做越好。有很多人都会认为，9158视频社区是"美女经济"，依靠美女主播才能有如此大的成就。

其实不然，傅政军觉得这个行业的本质是："主播长得好不好看只是这个行业的敲门砖而已，用户在9158的主要消费动机不是美女，而是社交跟音乐"，这也打破了只依靠"美女经济"的说法，如图10-1所示。

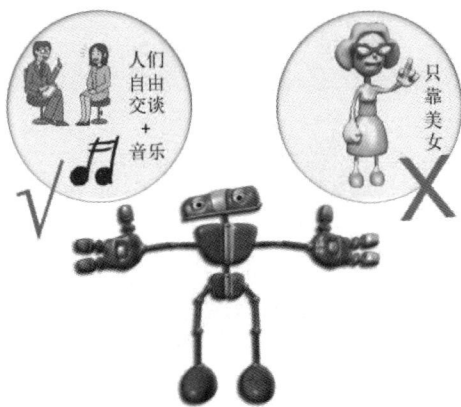

图10-1　天鸽互动打破"美女经济"

那么天鸽互动运用了哪一类型的营销手段呢？下面就来仔细进行分析天鸽互动的营销秘密。

1. 带动气氛

在天鸽互动的社交世界中，目前拥有3.48万名主播，很大一部分是美女主播，她们分布在超过2.6万个聊天室中。

9158视频社区以房间为单位，有共同兴趣爱好的人可以欢聚在一起，支持上万人同时在线上交流，其中房间分为10人房、百人房、300人房和500人房。除了10人房是有10个窗口，百人以上的房间都是有3个视频窗口。

主播们要利用她们自己的长处，想尽一切办法带动整体气氛，例如，组建一个聊天室至少需要3个主播，她们的重要任务就是带动人气，保持足够的在线人数，通过粉丝互刷虚拟礼物，产生盈利。

2．制造参与感

人们可以自行申请房间，担任房间室主，号召志同道合的人群一起来房间畅谈心扉。同时还为人们提供了免费的歌曲教学、舞蹈教学、MC喊麦教学等教学视频，使得人们可以边玩乐、边交友、边学习，构造了一个交涉心声的互动交友的社群。

并且在主播房间里，还可以与主播进行交流，送礼物，要求主播唱自己想听的歌，如图10-2所示。

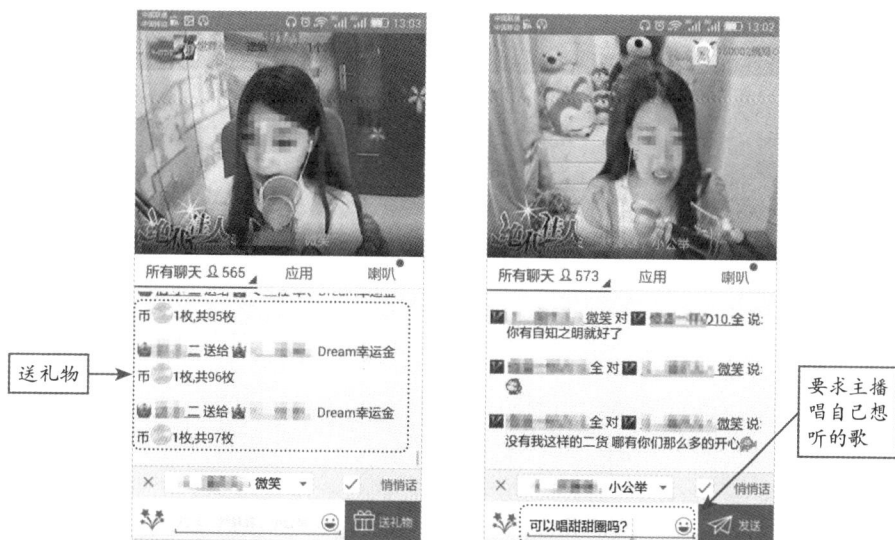

图10-2　参与感示例

3．制造仪式感

9158以"家族"来制造仪式感，家族中有室主、主播、上麦用户、观众、管理员等不同角色的划分，他们会因为音乐或某些兴趣聚合成一个圈子，并拥有自己的身份标示，比如每个主播的ID都会带有家族的标记，家族之间也会进行比赛，比拼人气。

人们还可以将自己的账号升级为至尊皇冠，可以让用户觉得自己被重视和尊重，并且还享有特权。

例如，玩家达到最高的等级"至尊皇冠"，当他们进入任意房间时，则会有"至尊皇冠用户×××驾着大众POLO华丽登场，群众夹道欢迎"的字样刷屏，引起其他人的注意力，而这种特权和仪式感会激发出用户的付费意愿。

4．社区＋电商＝支付

在9158视频社区内，建立了社群内的账户支付体系，以类似"社区＋电商"的模式，从而开辟了虚拟道具等增值服务在内的商业空间，以不同的玩法、变现的空间，来黏住更多的社群成员。

用户需要注册账号，9158视频社区会根据消费记录和"社区经验"来划分等级，若想送礼物给主播或者跟朋友互刷虚拟礼物时，必须先购买社区里的虚拟金币，兑换道具礼物。这样就使得虚拟道具成为场景化的一种设计，激发出用户的深度参与。

并且道具礼物会被分为四个等级，都以不等的价格划分，一旦有用户想要送出高级礼物，屏幕上会闪现××送××礼物的字样，锁定2分钟，这种情景化的设计比简单的虚拟金币更能抓住粉丝的心理诉求。

5．社群裂变

天鸽互动下的9158视频社区，可以让用户自由聚合，基于兴趣社交结成小圈子，并且傅政军针对老用户仔细研究，发现一个现象："最后坚持留在9158的人是因为对音乐的爱好，或者他在这里能交到朋友，而留下来的"。

由于9158视频社区为用户提供——房间裂变功能，只要自己想要设立一个房间，就可以通过缴费的形式设立一个，房间的主题根据用户的需要而设立，于是房间就由起初的几间，裂变成了十几间，然后越来越多，不断的分裂，社群也就随之增多，那么营销活动面对的目标用户也随之增加。

6．成熟的运营体系

天鸽互动制造了一套成熟的运营体系，来维持圈子的活跃度。它让用户以不同的角色来收取盈利，如分销代理商、区长、室长、主播、销售代理等运营角色，还提供了主播、高价值玩家等角色，来维系圈子的活跃度。

最终，天鸽互动与他们形成了一种分成关系，大致来说，可以从中拿到30%～40%的分成收益。

有分工还不能算是成熟的运营体系，还需要有更迭的规则，这样才能调动角色的积极性。

例如，天鸽互动对区长的主要考核指标是人气和道具消耗，会每周统计一次平台所有房间的人气动向，一个房间一旦发生人气骤降的情况，系统就会发送提醒邮件，而运营经理和区长就会去分析原因，从而为了拉升人气，区长和室主就要去策划一些比较有吸引力的活动、抽奖、节目等方案，来回升自身的人气。若三个月内没能使人气回升，则可能替换区长。

只有这样才能调动角色的积极性，使得圈子里有人气，这样就有可能使得用户购买虚拟物品，从而产生收益。

7．不单一

天鸽互动上市以后提出会进军医疗、教育、游戏以及线下KTV等行业中，将社交视频与社群营销的能力复制到不同的行业中去，使得社群不再单一，吸引更多的人群来使用自己的产品，获得更多的收益。

【分析】：

天鸽互动构建了一个用户可以自由的根据共同背景、兴趣、文化及方言的其他用户互相认识并保持联系的社群，允许用户自由分裂社群，将社群扩大化，并且用户可以通过视频、语音、文字及虚拟物品来进行互动，提升用户的参与性。

天鸽互动基于两种状态，来维系社群营销的运作，成为创新性社群营销的典范，如图10-3所示。

图10-3　天鸽互动的2种状态

10.2　【商业案例】小米手机：社群营销引爆QQ空间

2013年7月31日，小米公司推出传言已久的红米手机，TD/GSM双卡双待，定价仅799元，而相同配置的其他品牌手机基本都在1 500元以上。

社群营销是小米的强项，通过在腾讯QQ空间进行独家首发，用户登录

QQ空间小米官方页面进行预约，2013年8月12日正式开放购买的方式来进行营销。

小米手机的性价比高这是众人皆知的，小米公司的红米手机在定价上也是参考并分析了一些重要而且权威的数据：

- 2013年第二季度，淘宝数据显示，在淘宝加天猫全网的手机销量中，61%的手机价格在1 000元以下，价格在1 000~2 000元之间的手机占据21%，2 000元以上的手机仅为18%。

- 国外统计机构Sanford C. Bernstein预计，2013年450美元及以上价格的智能手机机型在中国的销量达到3亿部左右时就会遭遇瓶颈，而售价不足200美元的机型销量至2015年有望增长到6.85亿部。

类似于这样的数据还有很多，单单从以上的数据就说明千元智能手机现阶段已成为主战场。那么小米手机为什么要将目光投向QQ空间呢？那是因为小米公司经过大量数据分析后发现：

- QQ空间的整体用户有6.11亿，几乎可以说涵盖了所有的互联网用户，所以在QQ空间，什么样的用户都有。

- QQ空间的用户越来越热衷于用手机拍照并分享，用户拍照所用的品牌前三名分别是苹果、三星和小米。

- 每天通过智能手机登录QQ空间的用户超过2亿。

- QQ空间单月日均照片上传量为2亿张，日上传峰值突破3.6亿张。

- QQ空间的地域分布，也是较好地反映了整个中国的网民分布情况，而这些网民都是具有一定的消费能力。

- QQ空间的用户以18~35岁的年轻群体居多，占比大约为70%，而这一年龄段的用户是购买手机的主要用户群。

所以，小米公司集合以上的数据分析，确定QQ空间是一个能推动社群发展的战场，若选择QQ空间进行发布，将会有更多的网民接收到营销信息。而且通过多维度的分析，对用户的需求定位，使红米对客户的定位更精准，而最后的社群营销效果也证明了这一点。

红米手机在腾讯QQ空间进行独家首发的同时，小米网也实现了与QQ账号的互通，以后用户可直接使用QQ号登录小米官网下单购买任何产品，如图10-4所示。

图10-4　红米在QQ空间首发

在首发红米时，小米的QQ认证空间粉丝数从100万骤增至1 000万，然后在2014年3月26日中午12点的那一时间，有超500万用户涌入了QQ空间的红米首发页面，最高峰值一度达80万人/秒。

此前，已经有约1 500万用户参与了签到预约，小米由此创造了国内手机品牌社交网络预售的全新纪录。

小米在2014年第一次选择首发QQ空间时，多少有些出人意料，但第二次合作完全是一次事先预告的阳谋，尽管在腾讯QQ平台竞争激烈，却依然未能阻止小米再次引爆QQ空间。

而今，时隔半年后小米又通过推广活动再次引爆了QQ空间这个社群营销的市场。那么它的秘诀是什么呢？如图10-5所示。

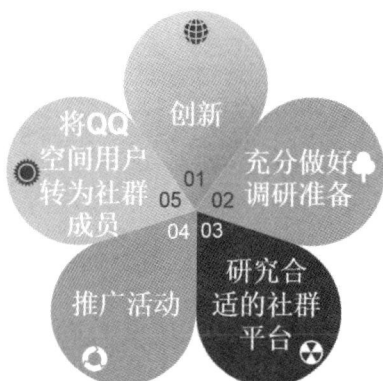

图10-5　小米引爆社群QQ空间的秘诀

1．创新

小米与QQ空间的新合作在移动社交上有两大创新，如图10-6所示。

"签到红包"是鼓励用户在QQ空间的APP上点击"签到"按钮，选择"签到有码咯"，发表一个签到，即可收到来自QQ空间的私密消息，获得红米Note的预约码，这是一种基于移动端用户行为的场景化尝试，如图10-7所示。

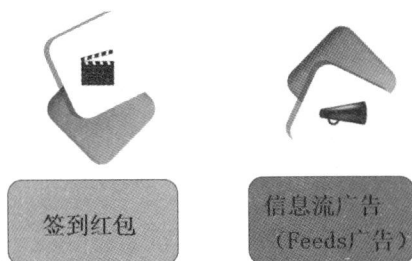

图10-6　移动社交上两大创新

图10-7　移动社交上两大创新

"信息流广告（Feeds广告）"主要是基于用户行为和偏好的分析，向用户推荐可能感兴趣的广告，融入用户移动社交的场景中，使得广告成为有用的信息，而不是骚扰信息。

2．充分做好调研准备

小米2014年在QQ空间的销售，90秒卖出10万台，让很多人出乎意料。大多数人只是看到了结果，并未意识到这是一场经过提前预测与精准匹配的社群引爆事件。据了解，小米在选择腾讯平台推广之前已经做好了充分的调研准备与战略规划，如图10-8所示。

分析品牌活跃度

了解社群成员需求

选择推广平台

满足社群成员需求

利用价格取胜

图10-8　小米腾讯QQ社群营销的充分准备

3．研究合适的社群平台

小米公司在选择一个社群时都会好好的研究一番，看看平台有哪些功能适合企业进行社群营销的，下面就看一看小米选择QQ空间作为社群平台之前，在哪些方面做了研究。

（1）测试

小米在微博和QQ空间上做了一次AB测试，通过小规模的投放测试，发现新浪微博的用户已经完成智能机换机，而QQ空间用户正处在换机边缘。

（2）分析手机的品牌活跃度

在此之前，QQ空间的品牌活跃度基本都是苹果与三星领衔，直到2012年，来自小米手机的图片量级快速攀升到第三位，活跃度远超其他国内手机品牌，这时小米便意识到在腾讯平台挖掘潜在客户是一个巨大的商机。

（3）分析用户需求

小米发现QQ用户大规模讨论替换功能机的话题，上亿的用户正处在换机前夜，潜在需求旺盛。

（4）满足用户需求

小米发现用户在讨论小米手机时，品牌认知多为"经济实用的iPhone"，于是便强化这种认知，选择中等收入用户及三四线城市用户，在腾讯平台引爆抢购营销。

（5）选择打价格战

小米敢于以"价格锚点"激活用户的购买欲望，当时双方商定QQ空间售卖的小米手机价位是千元机，在临近活动的最后一天，小米给出了799元的心动价格。

小米与QQ空间合作，除了社群的高匹配度与高用户活跃度，还有就是小米对流量迁移红利有着敏锐的嗅觉。具体来说，用户习惯的迁移正带来社交红利的勃兴。

4．推广活动

小米与QQ空间的合作并不是简单地做预售公告，而是加入了激发社群社交的引爆因子。红米Note的首发设定了3个环节，如图10-9所示。

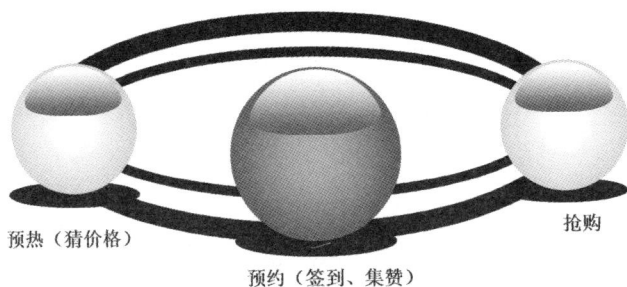

预热（猜价格）　　　　　　　　抢购

预约（签到、集赞）

图10-9　红米Note的首发设定了3个环节

红米Note的首发时设定了3个环节，三者环环相扣。仅以集赞为例，用户在QQ空间发布一条说说，向好友集齐32个赞，便能抽取三次预约机会。这种熟人圈子营销很"接地气"，波纹传导效应惊人，最终超过1亿的用户参与点赞。

要做好"媒介产品化"并没有捷径，关键还是看企业运营当中是否"走心"，是否具有产品思维，以吸引用户主动参与。

在小米创立初期，雷军就曾在微博上发起过"我是手机控"的活动，参与的用户能够收到一份属于自己的"手机编年史"，包括用过几部手机、话费多少等信息，这击中很多人心里的怀旧情结，引发了海量的用户主动去分享。

而此次，小米又通过精心设计QQ推广活动，引发了广大用户的点赞狂潮，吸引用户主动抢购小米新产品。

TIPS:

QQ空间社群营销能够实现及时的点对点交流，更加快速地反馈用户的问题，在交流中提供交易的成功率。

QQ空间作为一种交流工具，在实际的社区营销生活中发挥着重要的作用，它不仅是一种流行的社群营销手段，也是目前最为广泛的社群营销方法之一。

在QQ社群营销活动进行的时候，QQ的各种组件以及各项功能为社群营销活动的顺利完成带来了便利。

正是因为QQ具有群、空间等多项功能，才能让商家的营销之力得到更好的发挥，让QQ的营销效果变得更加明显。

"一切产业皆媒体"，"产品即媒介"，这两句话非常火热，很多企业为此开始进驻各个碎片化的社会化媒介渠道，管理者也纷纷上阵经营起自媒体，其中腾讯QQ就是企业选择的社会化媒体之一。

腾讯QQ的确是企业进行社群营销的一大重要渠道，如果运用得好，势必会达到意想不到的营销效果。

不过，现在很多企业误将QQ媒介作为简单的发布渠道，仅通过冰冷的广告灌输，来推广产品，却未深思"媒介也须产品化"，导致营销效果不够明显。

企业必须将媒介传播本身视为一个需耐心打磨的产品，通过研究媒介的功能，结合自身产品特性，将产品的推广效果发挥到极致。

对于腾讯QQ推广来说，激发社群参与感才是获得口碑引爆的关键。企业必须充分利用QQ功能，精心设计推广活动，吸引用户主动参与社群营销活动，以获得良好的口碑。

5．将QQ空间用户转为社群成员

QQ空间是国内第一大社交网络平台，现有月活跃用户6.11亿，其中有70%的QQ空间用户会通过手机访问，67%的用户使用手机拍照。在QQ空间手机端上，小米用户表现得非常活跃，每天有数百万用户通过小米手机登录QQ空间，仅次于苹果和三星。

小米手机新生代用户基因显著，这些年轻人群具有更强的社交网络参与性，移动互联网的活跃度非常高，在QQ空间的社群营销能力辅助下，小米手机新品能够得到有力的用户支持以及有效的口碑传播，熟人社交圈内的品牌塑造将更具黏性和深度。

10.3　【商业案例】锤子手机：基于心智连接下的社群

对于社群营销来说，关于锤子手机的案例堪为经典，下面就来慢慢深入了解锤子手机是怎样玩转社群营销的。

在社群营销出现之前，不少大众消费产品的营销，主要是通过广告与用户来做心智上的连接。

而心智连接是虚幻的，它只是在用户脑海里对企业的一种看法，这种看法能让品牌和用户建立起一种一对一的关系，很容易产生品牌联想，进而影响用户对品牌的消费选择。

虽然心智连接是虚幻的，不容易被监测和评估，但它的影响力是真真切切存在的。以前心智连接主要依赖传统媒体，电视、报纸、杂志，且主要分为两种，如图10-10所示。

图10-10　以前心智连接种类

TIPS:

　　功能连接是从产品的功能利益点出发，大量发布广告，对产品的安全性、舒适性等优点作为强调。

　　情感连接是从价值观出发，想办法让用户认同并拥护企业所提出的价值观，进而从情感上倾向于选择企业的产品。

　　移动互联网浪潮来临后，另一种连接开始普及，即产品体验连接。互联网能用新的交互方式，把用户直接连接到产品体验上，并且使得心智连接变得更快、更易实现，门槛更低。

　　因此，率先响应这种趋势的品牌，如小米、罗辑思维、锤子手机等即便没有经很长时间心智连接的积累，也能随着互联网的发展而享受不少的红利，从而迅速崛起。

　　在锤子手机的案例中，做得最好的方面就是产品与用户心智连接，罗永浩在锤子T2发布会上提出了"天生骄傲"，这个情怀是70后所感触却无法用言语表达的，而罗永浩用"天生骄傲"出彩地表达出了70后的心声，这就是如今心智连接中的情感连接，是能让用户与品牌产生共鸣碰撞的地方。

TIPS:

　　天生骄傲的含义，是一种生而有之的高贵，而这种高贵是从骨子里透出来的，不分职业、身份和社会地位分布在某一类人群身上。这类社群显著特点是："世界对我如此不公，但我仍爱这个世界"、"别人不诚实我诚实了，我就能比别人更占先机"，这是一种对自己有自信的态度，面对困难不恐惧反而能崛起骄傲感。

　　罗永浩在演讲中提到，希望用户到网站上提交自己对"天生骄傲"的解读、案例、故事等，被选中的故事很有可能被拍成广告。而这种做法显然是借助用户生成内容的方式，创造一种去中心化的精神体验。

　　当这样一种精神体验演变成社群的精神体验，得到大面积的用户发酵后，那么用户购买产品也就不是问题了，所以"天生骄傲"对于锤子手机来说，就是一种情感连接，使得锤子手机的社群越来越有凝聚力。

10.4　【商业案例】MyBMWClub：建设高黏度的社群圈

MyBMWClub于2009年成立，迄今差不多有6年的历史，早已笼络了20万忠实粉丝，覆盖全国34个省、市、自治区，相当于冰岛的全国人口数。下面就来了解MyBMWClub（宝马官方车主俱乐部）是如何玩转社群营销的。

2009年4月，MyBMWClub成立以后，通过丰富有趣的线上线下活动，以及获取积分商城的丰厚礼品和陆续推出的增值服务，来拉拢宝马车主聚集在一起。

MyBMWClub从2011年手机APP的开发、官方微博的创建，到后来的商城上线、微信上线，不断探索有效的社群营销实现路径。

对于MyBMWClub来说，想要满足形成社群营销的基础，就需要从3点出发，如图10-11所示。

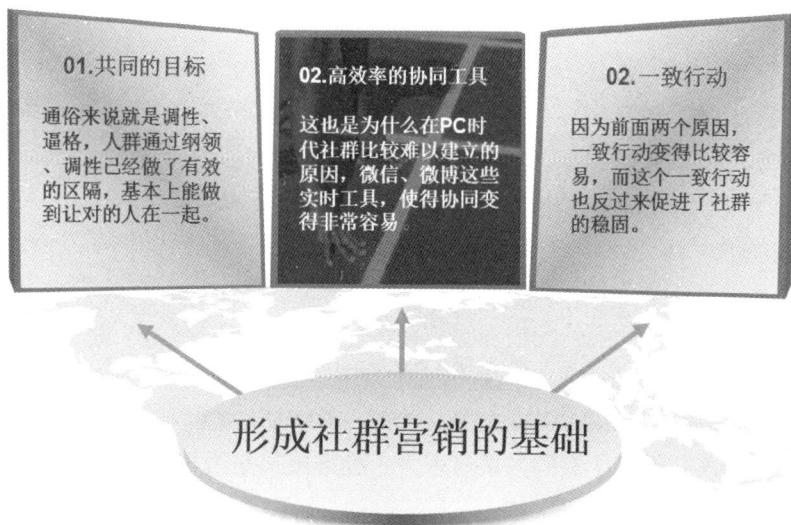

01.共同的目标

通俗来说就是调性、逼格，人群通过纲领、调性已经做了有效的区隔，基本上能做到让对的人在一起。

02.高效率的协同工具

这也是为什么在PC时代社群比较难以建立的原因，微信、微博这些实时工具，使得协同变得非常容易

02.一致行动

因为前面两个原因，一致行动变得比较容易，而这个一致行动也反过来促进了社群的稳固。

形成社群营销的基础

图10-11　形成社群营销的基础

MyBMWClub在共同的目标方面，以吸引志同道合的BMW车主，开启悦享之旅来实现。在活动宣言中有两句话很经典："从此，不再是一个人旅行"、"人的一生中至少要有两次冲动，一次为奋不顾身的爱情，一次为说走就走的旅行"。

有不少MyBMWClub会员，被MyBMWClub活动的宣言所触动，从而这些丰富的、有趣的线下活动，能使得会员保持高黏度。

MyBMWClub在高效率的协同工具方面，基于"PC客户端+微信移动端+微博"的用户场景，打造出了有效的协同工具。MyBMWClub通过微信，可读取关注用户的头像，随即生成会员未来一年的朋友圈。

而关注MyBMWClub微信公众号的用户在未来的一年里，能参加BMW的官方活动、BMW的驾驶教练成为会员的好友、旅行足迹跨越国界、参加音乐节和同城活动认识志同道合的伙伴等有趣、好玩的活动。

MyBMWClub在一致行动方面，以北京、上海、广州车主见面会、鸟巢足球赛等活动让会员结交朋友，而鄂尔多斯越野培训、德国慕尼黑之旅、土耳其试驾，更是让会员流连忘返。

例如，2012年BMW开展了一次瑞典冰雪驾驶培训之旅，如图10-12所示。

图10-12　BMW开展的活动

总体来说，MyBMWClub就是一个基于BMW车主的社群。社群的关键不在于有多少人，而在于影响力度有多大，社群成员是否积极参与社群活动、社群成员之间是否相互交流。

如果MyBMWClub现在放开招，招100万人绝对是没有多大问题的，但是对于成功的社群营销来说，并不是成员多就是好的，而是在于成员的质量是否能为社群带来收益。

所以，对于刚涉及社群的企业，如果社群根基不够稳定，最好选择小群体，这样能减少一些成本，并且有效果。

10.5 【商业案例】Facebook："失控"的社群营销

Facebook是一个非常大的社群，在Facebook上能聚集不少的人群，对某些话题进行讨论、交流。在之前Facebook有一次改照片活动"Doppelganger Week"，引来了不少Facebook社群用户的关注。

"Doppelganger Week"，不仅能让每一位用户将照片故意换成某张"大明星"的照片，还可以换成某一个在电影里出现过的外星人、异形、吸血鬼等照片，人们可以发挥自己的想象力，拿出自己的创意进行图片的修改，如图10-13所示。

图10-13 "Doppelganger Week"活动

"Doppelganger Week"活动还有一个规则，就是需要用户将改好的照片贴到自己的Facebook对话涂鸦墙上，这样便于更多人看到用户自己所改动的照片。

经过Facebook社群成员彼此之间换照片，尤其是换成伟人，或换成动物的照片，起到了循环带动的作用，出现了一个换照片，其他人跟着换照片的情况。

慢慢地Facebook社群成员，就会看到自己的对话涂鸦墙上的朋友好像整个换了一批，但下方的姓名都还是熟悉的朋友姓名，只是他们的照片全都不一样了，有很多Facebook社群成员觉得，换成新照片，与彼此聊天、交流很有趣。

于是"Doppelganger Week"活动在Facebook上爆红，但是Facebook有明

文规定的用户条款："不准使用无版权图片"，而"Doppelganger Week"活动是一种触碰明星图片侵权的活动，所以只能持续一个星期。

虽然只持续了一个星期，可这也是Facebook下的"失控"社群营销的一种手段，而"Doppelganger Week"活动给人们带来的互动效果，是非常大的，就算已经停止了活动，可却能在人们心中存留一段时间，久久回味着活动给Facebook社群成员带来的快乐。

Facebook这种"失控"的社群营销，能给企业带来2点好处，如图10-14所示。

"失控"的社群营销，并不会变成"无名之火"，总会有一两个人会去想知道发起人是谁，届时就能使得企业顺其自然的出现在人们的视野中，获得更多的用户、粉丝、社群成员。

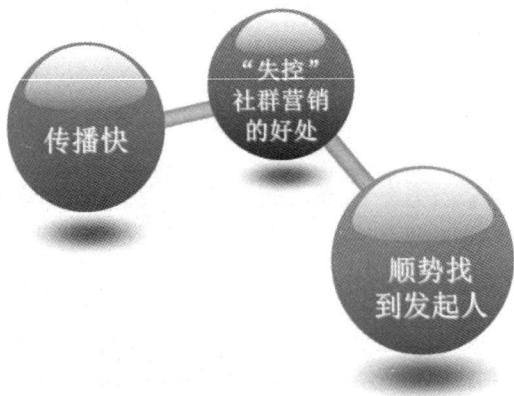

图10-14　"失控"社群营销的好处

1．传播快

"失控"社群营销的传播效果既快，又轻松，无须带网址，没有非常生硬的规定，而且会使得社群成员在社群中以"在做自己"的姿态生活着。

Facebook社群成员换一张照片成明星照，是自己独立的行为，不是跟着某个特定的活动，不是为了活动的奖品，而是人们发自内心想做，这样能在很大程度上调动其他人群参与进去。

2．顺势找到发起人

在"Doppelganger Week"活动火爆以后，有很多用户都在寻找活动的发起人，由此可见，当一个活动火爆了，人们就会去想知道到底是谁发起这样有趣的活动。

10.6　【商业案例】海底捞：微信公众号玩High社群

海底捞以极致服务体验为人熟知，例如，在等位区还没开吃就有免费的水果赠送，另外还提供免费的美甲、擦皮鞋服务。

但是，海底捞的特色真的仅仅在于服务花样和用户体验吗？海底捞的成功还源于在外界环境发生变化时，持续不断的独特创新力。

在互联网思维面前，海底捞并没有一味模仿，而是不断根据顾客的需求与时俱进。海底捞很清楚，大众餐饮做了这么多年了，面向的都是通用顾客，为他们提供类似的通用服务，但是未来想要服务质量更高、水平更好，一定要细分顾客。

如何根据移动互联网时代的特点打造满足不同顾客群体的需求呢？海底捞是较早试水O2O营销的餐饮连锁服务企业之一，凭借在微博、点评网站等互联网平台的口碑，海底捞迅速聚焦起了大量忠实粉丝。

随着社群时代的来临，海底捞看中了微信的市场，于是将社群放到微信中，进行比较有效果的微信社群营销。

在做微信社群营销之后，海底捞更是把极致服务从线下提升到了移动端线上平台，微信公众号粉丝数更是每日增长4 000多人。打开微信公众平台，海底捞的自定义菜单设计风格非常简洁：点餐、我的、发现，如图10-15所示。

用户想要了解海底捞点餐信息，点击"点餐"选项卡，即可在下拉列表中选择自己想要操作的部分，如图10-16所示。

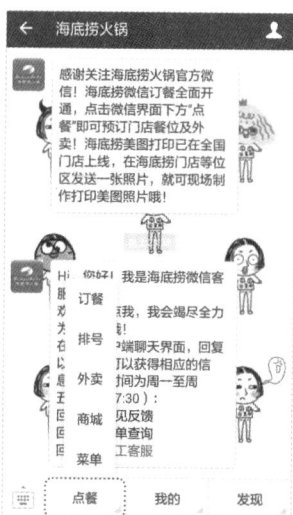

图10-15　界面风格　　　　图10-16　点击"点餐"选项卡

用户有问题需要询问海底捞时，即可点击"我的"选项卡；用户想要玩游戏、获得其他信息可以点击"发现"选项卡，如图10-17所示。

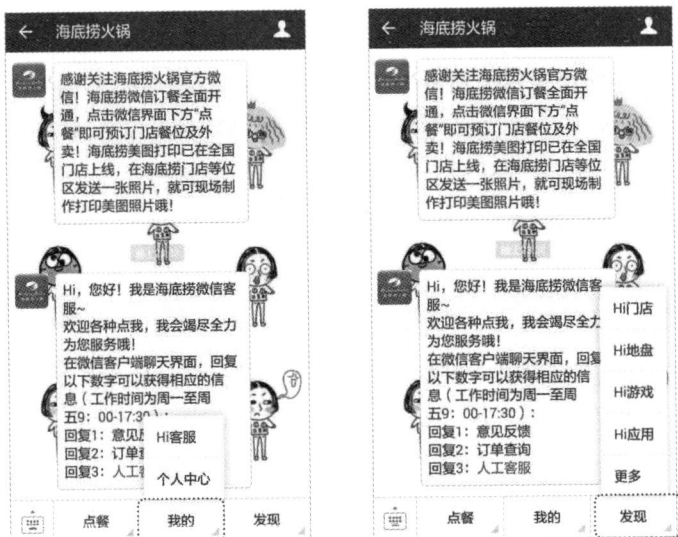

图10-17　界面风格

海底捞微信公众平台，是一个一对一的营销方式，这样海底捞就能精确到人，掌握到这个人吃东西的喜好，可以通过"HI客服"功能与用户进一步沟通，及时了解用户对海底捞的投诉、建议，以及及时回复用户想要知道的问题。

下面具体来讲解海底捞微信社群营销成功的原因，如图10-18所示。

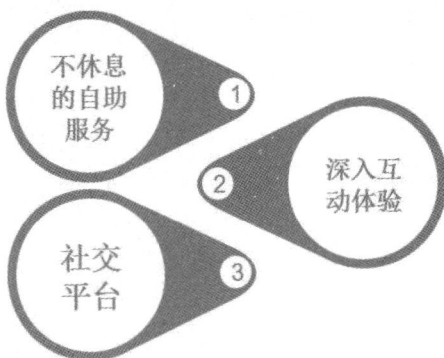

图10-18　海底捞微信社群营销成功的原因

1. 不休息的自助服务

用户可以通过微信公众号实现预订座位、送餐上门甚至可以去商城选购底料。例如，如果用户想要外卖，只需要简单输入送货信息，就可以坐等美食送到嘴边。其操作如下。

❶点击菜单上的"点餐"选项卡，在弹出的列表中选择"订餐"，如图10-19所示。

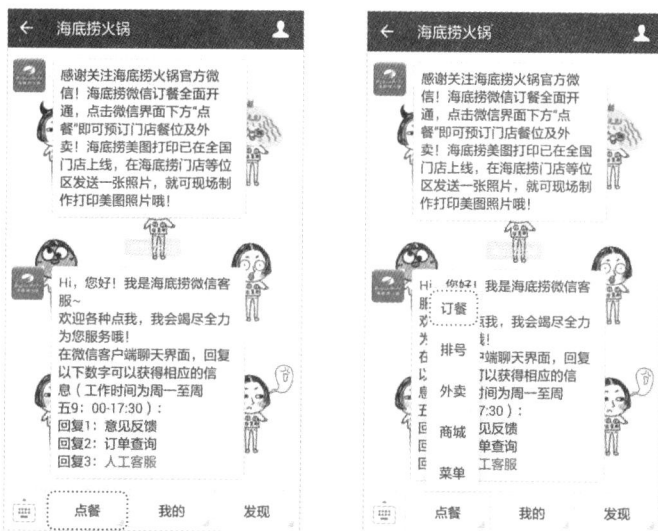

图10-19 选择"订餐"

❷进入"门店列表"界面，选择离自己最近的店面"星城商厦店"，进入"填写订座信息"界面，用户根据自己的需要选择日期，准确填写所需要的信息，即可预定用餐，如图10-20所示。

图10-20 填写订餐信息

❸返回"海底捞火锅"界面，点击"点餐"选项卡，在弹出的列表中选择"外卖"，如图10-21所示。

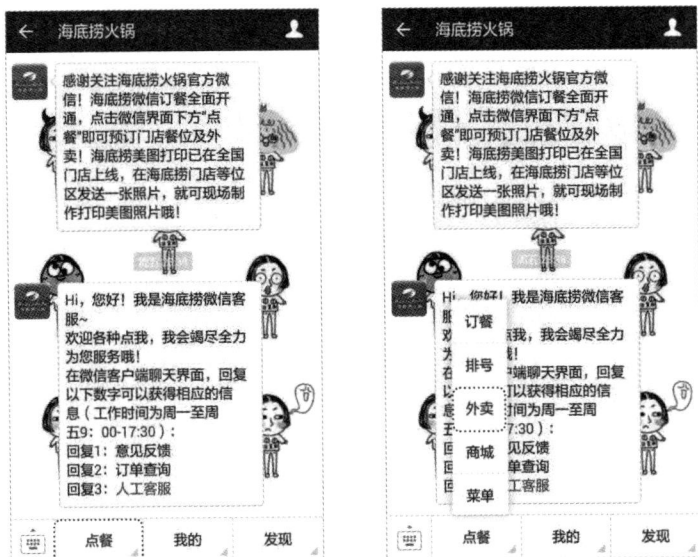

图10-21　选择"外卖"

❹进入"Hi捞送"界面，点击"查看外卖须知"按钮，进入"外卖须知"界面，了解海底捞外卖的规则，如图10-22所示。

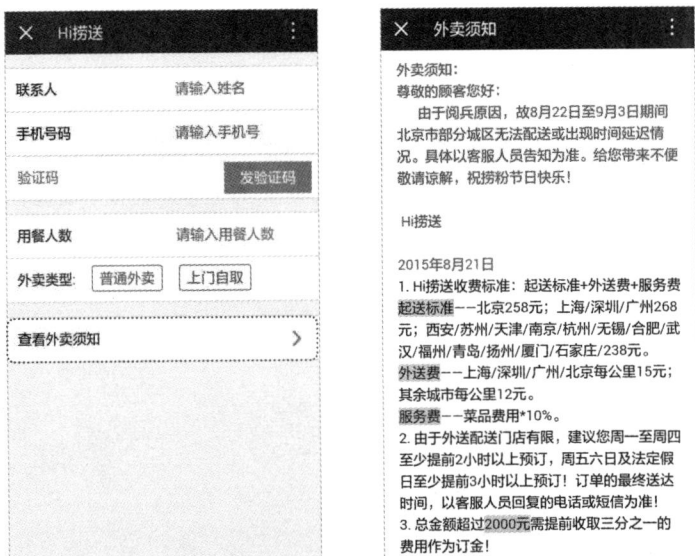

图10-22　进入"外卖须知"界面

❺点击"知道了"按钮，返回"Hi捞送"界面，填写需要填写的信息，如图10-23所示。

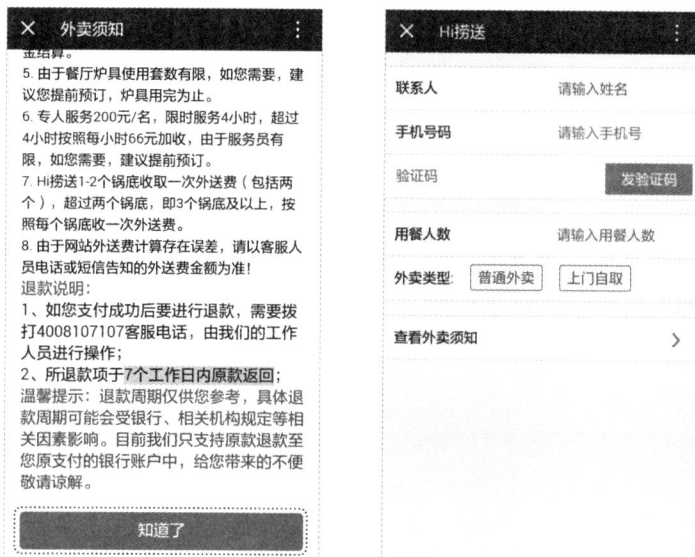

图10-23 填写需要填写的信息

❻返回"海底捞火锅"界面，点击"点餐"选项卡，在弹出的列表中选择"商城"，如图10-24所示。

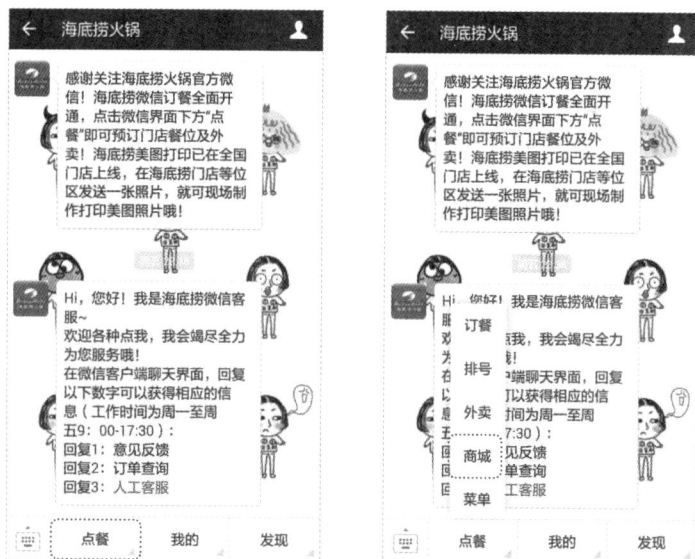

图10-24 选择"商城"

❼进入"海底捞官方旗舰店"界面，用户可以根据自己的喜好购买产品，让用户将海底捞带回家中，享受美味，如图10-25所示。

图10-25　进入"海底捞官方旗舰店"界面

2．深入互动体验

Hi游戏里设计了一些与食品有关的小游戏：Hi农场、Hi拼菜、摇摇乐、Hi吃海底捞。简单的小游戏，即使界面简单，相信也会有很多顾客愿意试着玩一下，而这显然比那些打折优惠更有创意，其操作如下。

❶在"海底捞火锅"界面，点击"发现"选项卡，在弹出的列表中选择"Hi游戏"，如图10-26所示。

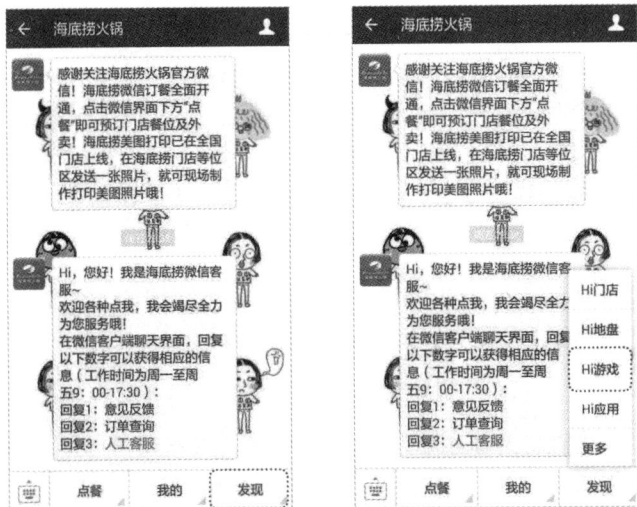

图10-26　选择"Hi游戏"

❷进入"微信登录"界面，点击"确认登录"按钮，转到"海海游戏平台"

界面，在该界面可以选择自己想玩的游戏，如"Hi吃海底捞"，如图10-27所示。

图10-27　转到"海海游戏平台"界面

❸进入游戏界面，用户可以轻松玩游戏，玩完休息之后，还可以看排名，如图10-28所示。

图10-28　游戏排名

当然，海底捞设计的菜品图案也是让人垂涎欲滴，最后加上线下优质的服务配合，同时享受"微信价"，这既能与海底捞的社群成员互动，加深彼此之间的感情，又能引起人们的购买欲望。

301

💡 TIPS:

海底捞微信公众平台的自助服务，是留住社群成员的手段，这能让那些不能经常去海底捞界面的成员，随时吃到自己喜欢的美味，甚至自己还能做出这样的美味，这能大大提高成员的忠诚度。

3．社交平台

海底捞微信公众号不仅仅是一对一的社群平台，它还是多对多的社群平台。海底捞微信公众号里有一个"Hi地盘"的功能，人们可以登录海底捞账号、QQ账号、微博账号、人人账号。

进入"Hi地盘"，用户可以在里面发布消息、自己的心情、做的事情，不过用户发布得最多的还是在海底捞吃饭后的体验，并且还提供8种类型的话题，让社群成员根据自己感兴趣的话题，进行交友、聊天，如图10-29所示。

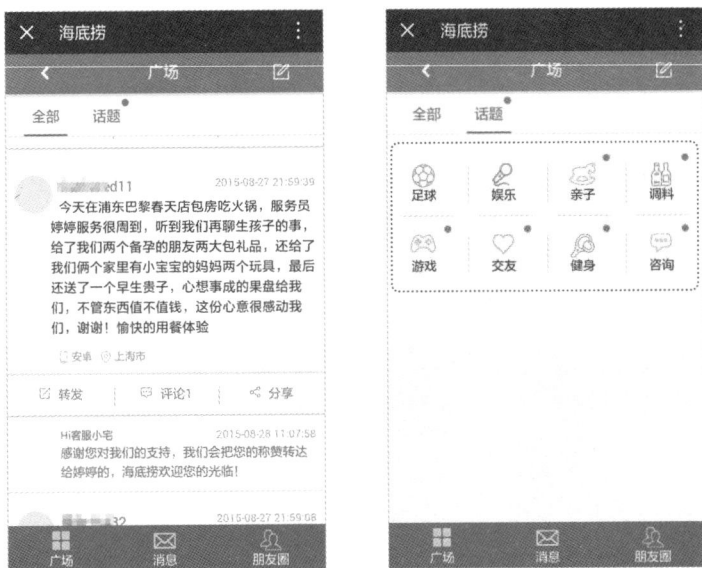

图10-29　"Hi地盘"

据悉，海底捞通过微信接入的订单数在短短几个月之内由400多笔上升到3万多笔，结合微信平台与实体店支付和其他渠道，微信的订单数占到了60%以上，使用微信支付来交易的客户群体更是占到了客户群体总量的20%左右，每日通过微信预订量高达100万。

由此可以看出，移动端的社群营销加上海底捞的极致服务，其转化率还是非常高的。所以，不管企业在哪个平台上运用社群营销，都要考虑到社群成员的体验度，以及企业与成员的交流。

10.7 【商业案例】乡土乡亲：勇猛冲进社群营销

乡土乡亲是中国第一家透明溯源农业品牌，它建立了有底线、可执行、持续改善的生产标准和品控管理体系，联合全国各地靠谱的生态农场和农作艺术家，带着让茶"去魅、去大师化、去表演化"的方式，来满足消费者对放心食物的需求。

10.7.1 透明溯源农业品牌

而乡土乡亲"透明溯源农业品牌"的名称是从何而来的呢？这就得追溯到2011年10月乡土乡亲刚创办的时候了。

1．无农药残留的茶叶

乡土乡亲在创办之前，与日本最大的有机农业——日本守护大地协会，有几年的合作，使得乡土乡亲能够近距离观察到日本整个的品控体系，后来乡土乡亲就把日本的品控体系复制到茶上。

2012年"绿色和平"发布了一份中国茶的农药报告，把立顿、天福等比较知名销售茶叶的品牌一网打尽，对茶叶行业有不小的打击。图10-30所示为中国茶农药报告关于立顿的报告。

茶叶名称	农药数量	农药名称	农药含量(mg/kg)	中国最大残留限量**(mg/kg)	欧盟最大残留限量(mg/kg)	中国禁用	欧盟未批准使用	可能危害胎儿	影响(男性)生育能力	可能损害遗传基因
立顿黄牌精选红茶	1	邻苯基苯酚	0.14		0.1					
立顿绿茶	13	溴虫腈	0.14		50		是			
		硫丹总量	0.01	20	30	是	是		是	
		联苯菊酯	0.05		5		是		是	
		邻苯基苯酚	0.46		0.1					
		吡虫啉	0.08		0.05					
		哒螨灵	0.01		0.05					
		啶虫脒	0.13		0.1					

图10-30 立顿绿茶中国茶农药报告相关内容

当时，乡土乡亲想到的一件事，就是"我们能做出无农药残留的茶叶"，可是在开展绿色茶叶的过程中，是无比的艰难，以至于到现在也没有很多茶叶品种。

2. 农夫头像上包装

乡土乡亲在日本的时候，发现超市里的蔬菜上印有农夫的头像，于是乡土乡亲在访问这些农夫时，发现这些人的脸上都带着一副骄傲感，能让人们感觉出他们是从内心里将这些蔬菜当成自己的作品。并不是像其他一部分的农夫一样，将自己藏在食物的背后。

于是"生产者实名制"的念头进入了乡土乡亲里，乡土乡亲开启了为农夫进行实名制的旅程。乡土乡亲通过地毯式搜索，找到了第一位生产者盛善学。

当时乡土乡亲满腹帮助生产者建立他的品牌资产的心情，去找盛善学合作，但事实上他的儿子当时就特别忧心忡忡，觉得自己父亲的头像印在乡土乡亲的茶叶包装上面，不安全。

因为中国的茶叶或者其他农产品很多原料都是散收的，万一茶叶出现什么不好的事故，然后推脱到自己的父亲身上，那可就麻烦了。

TIPS:

在茶叶市场将茶叶散收后会混在一起，再委托加工，所以那些不用农药的公司因为生产成本相对较高便会被淘汰，而那些使用农药的生产商也不会被追究。

后来乡土乡亲对盛善学的儿子说了乡土乡亲茶叶在未来的营销理念，才成功说服了盛善学的儿子，如图10-31所示。

利用标准的198项重金属和农残检测体系

复制："农人档案"、"生产履历"、"风险评估体"

生产者的目标是产品质量

为了教育市场

图10-31　乡土乡亲茶叶在未来的营销理念

于是，将盛善学的头像，放在了安吉白茶的包装盒上，开启了乡土乡亲透明溯源的时代，随后还出现了董叔家的云南普洱、龙叔家的安化黑茶、江叔家的正山小种、石叔家的贵州绿茶等，如图10-32所示。

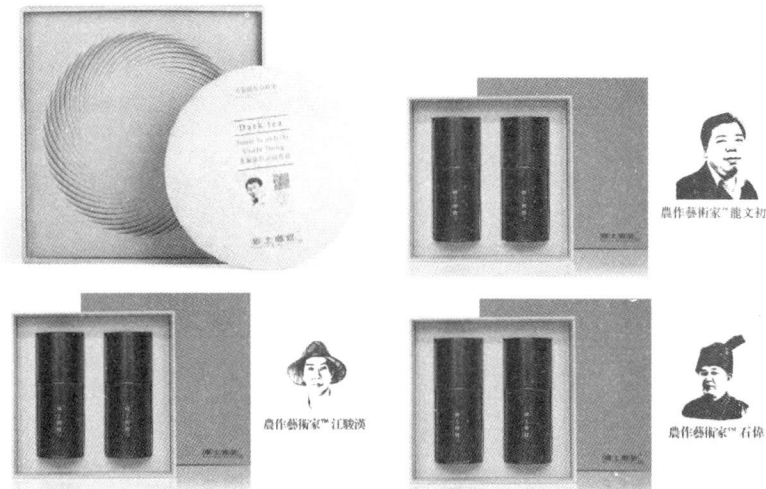

图10-32 乡土乡亲茶品种

10.7.2 基于品控体系下的社群

乡土乡亲开始了生产者实名制与透明供应链的品控体系，还通过微信发布了茶园视频直播，如图10-33所示。

图10-33 微信关于茶园的视频直播

在乡土乡亲微信号上之所以会出现对茶园公开的视频，是因为乡土乡亲在之前邀请了40多位会员和媒体，去自己的安吉茶园游学，于是就有人提到"敢不敢1年365天都让大家在茶园里检查"。

于是乡土乡亲就将茶园的视频公开来，实现透明溯源，做到把自己推向风口浪尖处，制约自己，推动社会化监管。

TIPS:

溯源的本质是："授人以柄"，是指把刀把交给消费者，把刀尖对着自己，用自己披露的信息来制约着自己，使得消费者变成一个完全知情的监管人员。

慢慢地乡土乡亲开始做起了社群营销，开始聚集不少的社群成员一起监督茶叶的生产和发展。

1．处女检查团

乡土乡亲在之前发布了一个"处女检查团"的活动，找到一些完美主义者，让他们来参与乡土乡亲的社会化监管，然后还给他们每个人发一万元的奖金，鼓励他们全年候，不分时间、地点的进行检查，也为乡土乡亲在品质方面提供了控制。

2．坦白

在乡土乡亲的安吉白茶遇到黑刺粉虱的特大病虫害时，因为迟收而减产30%，并且还使茶的观感和品相不好，在喝这款茶时甚至还会发现小虫子。一般企业遇到这些事情都不会公布于众的，而乡土乡亲则选择把真相告诉消费者。

当时乡土乡亲在安吉白茶发布时，写了一封邮件告诉消费者，对消费者宣布了两个消息，如图10-34所示。

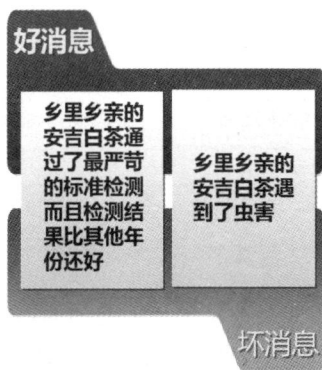

图10-34　告诉消费者的对比消息

通过这样的一个对比方式，给消费者一个知情权，慢慢地发现消费者地乡土乡亲反馈信息非常热烈，例如，不少的消费者建议乡土乡亲发布安吉白茶的礼品版，随后消费者也买了很多礼物版来分享给朋友。

后来咨询一些用户，为什么在知道遇到虫害的情况下，还要求甚至购买礼品版的安吉白茶，后来就有用户说，之前宣传所说的"透明溯源"、"无农药"都听不明白，但是这次说茶里有虫子，却通过了严苛的检验，于是就买了一些送给我朋友、家人，送的时候还会说这是遇到虫子的茶。

很明显这是一个非常直观的体验和感受，这样足以证明乡土乡亲的"透明溯源"方式，是能够赢得用户信任的。

3. 用手机建立感情

随着微信的火爆程度，乡土乡亲开始将注意力放在了微信上，在意起用户的终身价值，随之在乡土乡亲的内部制定了一个口号"赚用户60年的钱"，因为在现实生活中有很多企业都以百年老字号为称，而乡土乡亲认为很多百年老字号都是以企业自身为中心，只是在卖一百年字号的名号。

乡土乡亲对自己的定位是"是否能够赚用户60年的钱，能够持续地服务于一个用户六十年"，于是开始在微信上建构与用户的亲密关系，把店铺建立在用户的手机上。

慢慢地在手机端上建立的社群，也备受人们的关注。乡土乡亲在之前自己以品牌为中心，举办过城市茶会"乡土茶会"，可是发现效果并不是非常的明显。

后来进军微信，将举办活动的权利交给微信用户，邀请他们来主办，让用户自己来发起，自己写文案，找地方，做组织，而乡土乡亲则在幕后支持他们。所以，如今的城市茶会，会在不同城市展开。

而乡土乡亲在举办活动之前都会提前建好群，而这些群会成为人们自由组织活动的纽带。例如，在广州、青岛、上海这些地方持续办过几场茶会之后，慢慢地人们就建立起一个自组织的城市茶友会。

乡土乡亲这样做有以下两个好处：

● 在移动互联网时代用微信与用户建立亲密关系。

● 用城市茶会的松散式的俱乐部式形式来丰富联结。

乡土乡亲的建群行为，是一种群落智慧的演化，人们在线上交流、相约，在线下一起进行活动，这无疑是丰富了每个节点的平均连接数，以前的粉丝经济是单向的行走，仅能使用户跟品牌建立起关联，而建立起来的群，能使用户和用户相互产生连接，而这也是乡土乡亲社群的起源。

10.7.3 社群运营的前提

社群运营中有很重要的一点就是，企业如何能够让用户跟用户产生连接，而企业一大部分的时间，是充当一名观察者存在着，下面就来了解乡土乡亲的社群运营前提，如图10-35所示。

图10-35 乡土乡亲社群运营的前提

1. 去中心化

运营社群其实是要享受失控，要去中心化，让用户来做主人公，参与感是整个企业品牌和社群的灵魂，用户不在意企业品牌是否名声大，只在意这件事情是否跟他们有关。不论是激励主办活动的人，还是参加活动的人，都是在去中心化的过程中自然形成的。

2. 产品和作品

社群的运营并不仅要与社群成员产生感情，还要有谋利。这才是企业建立社群营销的最终目的。而产品和作品应该都体现在消费者的面前，才能引起人们的注意力，从而使之愿意购买。

例如，小米为了保持小米手机盒有绝对的90度，于是小米进口了牛皮纸浆，并在几毫米的牛皮纸上单独开了十二道槽线来做产品保证，而小米的手机盒就是作品，小米手机就是产品。

这种做法，可能在普通用户的眼中，并没有什么特别的感触，但是这种对作品的坚持，往往是最能打动人的，所以，乡土乡亲认为产品和作品都是建立社群中的前提，而乡土乡亲将生产者的头像放到包装上也是一种作品诉求。

3．建立社群"恶势力"

所谓的"恶势力"，就是在这个有鲜明价值观的时代，所滋生的"喷子"。而乡土乡亲也有对立的恶势力存在，例如，早期的敌人——"立顿"，在2012年6月，乡土乡亲发布产品的第三个月后，立顿的电视广告就完整抄袭了乡土乡亲的概念。

又如，在乡土乡亲与王家卫合作的微电影"问茶"发布之后，中国茶产业协会开始制造出了一个乡土乡亲与整个茶叶行业为敌的状态，虽然这是乡土乡亲刻意为之的策略。

但是，微电影所表达的核心思想，确实是乡土乡亲所要告诉消费者的，他们从内心来讲无法去认同很多茶叶品牌对消费者的欺瞒。也正是因为乡土乡亲具有非常清晰的价值观，才会引起不少的用户来热爱它，并支持它。

所以有时候，在社群外面建立社群"恶势力"，可以更加调动社群成员的参与性，以及加深社群成员对企业的感情。

4．社群创建者需要维护社群

乡土乡亲社群创建者的微信上，加了很多乡土乡亲的用户，而这些用户几乎很少是创建者自己添加的，他会在签名档写着"土人老赵，无农药好茶，要加我的话请注明是否是乡土乡亲用户"。

若是乡土乡亲的用户，创建者则会用私人号码去添加他们，这样就能一对一、直截了当的去倾听用户的需求和投诉等。

例如，有一个用户投诉乡土乡亲，发了一张照片，并说中秋行囊礼盒那包装不是特别美观，打包很凌乱，觉得乡土乡亲还可以更完美一些。当时创建者看到他的留言，就进行详细的询问。

乡土乡亲在自查问题的同时，用户又发了第二条微信，说他错怪了乡土乡亲，那张图片是从他老婆那边转过来的，他当时没有在家，他老婆收到我们的礼盒之后，把行囊打开就特别喜欢，但是重新包回去时，就不能达到以前原本的样子。

而这位用户看到照片之后，就直觉性地认为是乡土乡亲的包装不够完美，所以才出现了这样的事情。

虽然这是一场误会，但这件事情发生之后，乡土乡亲紧接着第二天就拍了一个名为"重现包装的美好"的视频教程，当天那位用户的老婆就按照这个视频，重新打包了一个非常漂亮的行囊并发给乡土乡亲看。

社群创建者的这一做法，很明显能在第一时间了解用户对乡里乡亲的需球，并且注意所有细微的部分，以此来触动用户的感情。

10.7.4　一个观念两种社群产品

乡土乡亲的社群是基于茶和茶会生成的，它们是一个天然且能够无缝流淌进大家心灵的东西，这也是乡土乡亲独特的优势。

所以社群营销的成功，还是要看是否能够争取到更多的消费选票，而且鼓励用户跟用户的连接，这也是乡土乡亲非常坚定的一个价值。

在乡土乡亲的思维中，有两种社群产品承接"如何给你的拥护者一些武器和道具，让他们感觉不是一个人在战斗"的观念，才使得乡土乡亲的社群比较火爆，如图10-36所示。

图10-36　乡土乡亲的社群产品

1．天使会员专访

乡土乡亲有一项会员业务，一年需要收2 999元的年费，每年分成八期来给会员做产品配送，这项业务是乡土乡亲内部毛利率最低的，但乡土乡亲会安排一个专门的团队来给会员做专访。

了解会员是被哪些因素所影响，才会成为乡土乡亲的用户，而对于很多普通用户而言这也许是人生中第一次被专访，也是第一次被一个品牌如此去倾听与尊重。

所以，当乡土乡亲的专访做出来后，平均一篇会员专访会给乡土乡亲带来3～5个询单，并且用户也会很乐意在自己的朋友圈里做分享。

如今人们开始了理性消费的路程，在理性消费中朋友的介绍是非常受用的，而乡土乡亲抓住了这一点，不惜在毛利率低的情况下，还要进行天使会员专访，接收用户对产品的感受，为用户做专访，使用户主动帮乡土乡亲传播，吸引用户身边亲密的人，一同关注乡土乡亲。

让乡土乡亲坚持做这件事有一个非常重要的原因，如图10-37所示。

图10-37　乡土乡亲坚持做天使会员专访的原因

乡土乡亲在第二期会员征集中用一张空白的明信片，上面的字是用柠檬水写的，用户收到之后需要用火烤才能看见明信片上面的字，通过这样的一个趣味活动，能让乡土乡亲的用户觉得有趣、好玩。

乡土乡亲在第三期配送中还利用了"七龙珠"的模式，在每单中都放了七龙珠当中的一颗，用户可以去找到其他的六颗，汇合在一起，这样就可以召唤出乡土乡亲的CEO出现在任何的地方。

乡土乡亲的这一产品，就是让乡土乡亲的用户，主动地将乡土乡亲融入自己的小社群里，进行社群成员之间的传播。

2．城市茶会

城市茶会的初衷是希望乡土乡亲能够让那些选购产品的用户在他们所在的城市能够感觉到不孤单，他们有机会通过城市茶会去认识与他有相同的品位、审美情趣的志同道合之人，因此，城市茶会刚开始只是一个社交产品，如图10-38所示。

图10-38　乡土乡亲城市茶会

然而，用户想要进入城市茶会，有一个必要条件：乡土乡亲的用户，每次平均会有30人参加，中间可能有5～10个已经是乡土乡亲的用户，而其他的则会成为潜在用户。

通过城市茶会让那些潜在用户进一步了解乡土乡亲的产品，并且使得用户讲出乡土乡亲的观感，利用用户口播对潜在用户进行宣传，从而让本是单一的城市茶会，发展成为社群的形式。

TIPS:

我们最终的目的都是为了鼓励用户和用户自我连接，这些事情都会让用户自己去传播，包括我们前段时间发布的中秋行囊那款产品，第一眼看到就很有乡土味道，会给大家非常大的惊喜，所以也乐意去做传播。

10.8 【商业案例】海尔：从传统企业转换为社群营销

海尔作为传统企业，在交互性强，互联网大爆炸的时代，进行了一次史无前例的组织变革，目标是将僵硬化的组织转为社交性强的网络化。海尔在组织进行网络化的同时，建立起一个社群型组织。

社群的核心是"情感"，但是对于企业来说，"情感"是一个与用户进行价值对接的界面，并不能与社群用户产生非常高黏度的衔接，毕竟"情感"往往是脆弱的，容易被击破的。

然而，海尔看清了这一点，开始与粉丝互动，让粉丝不再只是粉丝，而是参与者、生产者，真正与品牌有连接的、与品牌融合的一部分。

10.8.1　基于活动下的社群

例如，海尔洗衣机开展的"智慧大爆炸，创神快来吧"活动，就是一个典型的吸引粉丝活动，用自己的创意，来解决海尔所存在的"二次污染"问题，而这些粉丝则被称为"创客"，如图10-39所示。

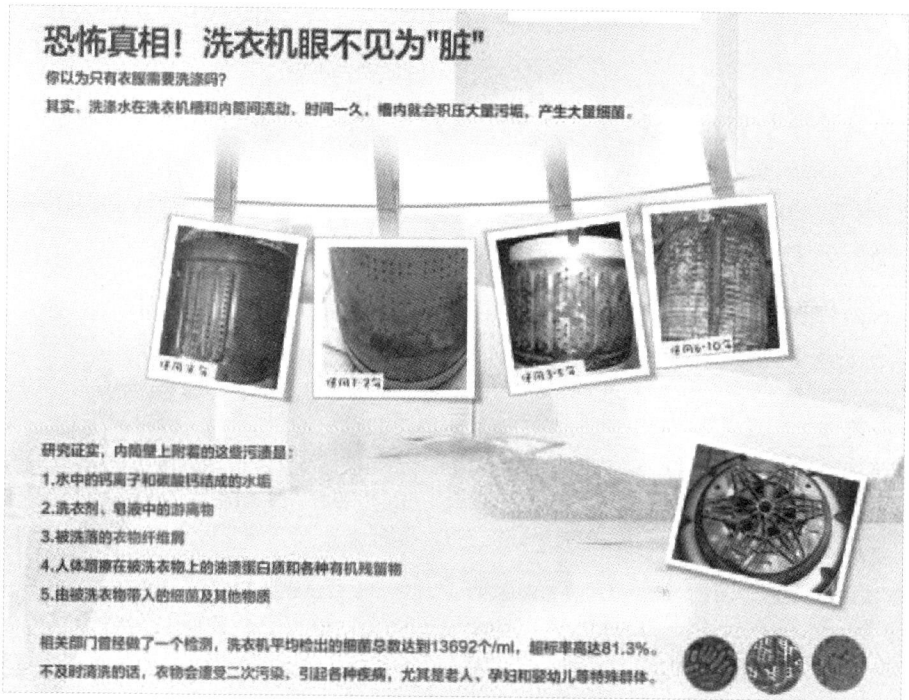

图10-39　"二次污染"的解释

海尔"智慧大爆炸，创神快来吧"活动是通过PC端与移动端平台，在全球进行"创客"招募，围绕如何解决洗衣机内桶脏的问题，让"创客"在互联网上以图文并茂的形式上传自己的解决方案。

而最终由网友评选出的四套方案的"创客"，通过海尔创客带队、海外专家指导，让这些"创客"自己动手创造，将自己的"创意"变为真实的"样品机"。

海尔将这种原本属于需要自己解决的问题，来交给消费者，这样的互动效果是非常明显的，围绕主题，人们纷纷发挥自己的想象力和创造力，来体现出自己对"二次污染"的解决方案。

从线上到线下，海尔洗衣机既解决了洗衣机"二次污染"的难题，也聚拢了一批最核心的创客"粉丝"。

这是一场利用洗衣机"二次污染"的全球布局，运用互联网思维实现企业和粉丝、用户、合作方构成的合作共赢的生态圈，而这个生态圈的最大特点就是"交互性"、"开放性"，具体如下：

- 企业与用户互相交流。

- 人的开放。

- 资源的开放。

从某种程度上来说，海尔"智慧大爆炸，创神快来吧"活动已经构建了一个小型的社群圈，"创客"则是其中重要的社群组成部分。海尔洗衣机基于庞大的用户群体，把"创客"、用户真正吸纳进自己的平台，让这些创客在平台上进一步完善自己的方案，共同构建起"创客"社群圈。

也许在一部分人的眼里海尔走的是"粉丝经济"，但无论是小米、锤子手机还是海尔对粉丝的设想，都离不开社群的存在。

10.8.2　基于"创势"的社群

海尔对于内部管理，决心把公司切成更小的组织结构，切除掉阻碍创业和创新的管理中间层，推出"万人大裁员"的新概念。

TIPS:

海尔"万人大裁员"是指，把海尔在全国的40多家分公司独立经营，拆分成众多小微经营体，相关管理人员的雇佣关系相应从海尔转入这些小微公司。

对于海尔来说，事件营销除了打出热点牌"借势"之外，还可以利用新概念的提出、企业自身公关宣传活动等方式来"创势"，所以小微公司的出现，也是一种"创势"。

而一种好的"创势"，能引发群体的关注和追捧，例如发布新产品、新思想、新方式。总之，就是要创新，能引起广大群众之间的交流，这就是一种社群经济。只要人们是针对一件事情进行传播、交流，就能自然而然地形成一个社群圈子。

例如，海尔为了给多年来一直赤裸亮相的"海尔兄弟"置办新的"行头"，特意在网上开展了一场别开生面的新形象征集活动。

不过，海尔兄弟被网友们"玩坏"了，在网上出现了许多另类版本的海尔兄弟，如肌肉美男版、土豪版、Q版、甚至还有许多另类的版本。网友直呼：

"雷翻了"、"毁童年"。从而引出了"海尔兄弟玩'变装'捡肥皂根本停不下来"的热议话题。

从而"海尔兄弟"新形象活动顺利成为网友热议的话题，作品在微博上被疯传，同时创造了品牌亲近消费者的机会，如图10-40所示。

图10-40　网友的海尔"变装"

在人们对海尔兄弟变装话题中，进行讨论、创意的情况下，这就是一种社群经济的模式。

10.8.3　怎样才是社群经济

对个人而言，社群就是能让自己轻松与外界交流，并且是一个庞大社交圈，也将形成极有效率的推荐机制，让人们通过推荐能迅速找到好的产品及众多实用资讯。

对企业而言，传统广告不如以前那么能打动消费者了，直接锁定消费者的行销信息将逐渐失效，基于不少企业的潜在用户对社群媒体的依赖渐深，众多企业逐渐将社群平台、网站视为庞大的焦点组织，企业可以利用社交媒体，和用户一起沟通、交流，改善产品的性能、外观，迅速和消费者进行心与心之间的连接。

例如，海尔与联络互动牵手，将更多的产品品类、平台快速的接入U+智慧生活平台，如图10-41所示。

图10-41　U+智慧生活平台包含的功能

　　实现跨品牌、跨平台的产品和服务之间的无缝交互，实现与社交、O2O服务（家政、生活、健康等）、游戏、视频、电商等行业的对接，真正让智能家居走进消费者的家庭，推动整个智能家居行业快速发展。

　　而U+智慧生活平台将会是海尔开展社群营销的一个好地方，在这里，人们可随心所欲的聊天，可以讨论对海尔的看法，人们在里面做更多的分享，更多的推荐，产生流量后，自然就产生了社群经济。

10.9　【商业案例】懂懂日记：成为其他企业社群的踏板

　　懂懂通过在QQ空间写日志就能年赚几百万元，在当时给不少想要通过QQ空间赚钱的创业者提供了一个新思路。

　　而QQ空间是一个自然形成的社群，它能很轻松地帮助企业聚集一群有质量的人群，下面就来了解懂懂日记是如何利用QQ空间这个自然生成的社群，来进行年赚几百万元的社群营销，如图10-42所示。

图10-42 懂懂日记的社群营销

10.9.1 每日一篇

懂懂日记的空间，很多人觉得平淡无奇，没有任何装饰也没有怎么装扮布置，甚至连头像都没有，也没有追逐QQ空间认证。

但是懂懂日记天天坚持在QQ空间写日志，而且每篇都精雕细琢，一天能写几万字，它每天写的是自己身边发生的事情，网络上的商业机会等，不同的是他有自己独特的见解和个性化的东西。

由于他的文章具有高质量，因此每篇文章都有成千上万的点击量，下面是第一页日志的截图，可以看到懂懂每篇日志都是一万多的点击量，而且还在不断增长，如图10-43所示。

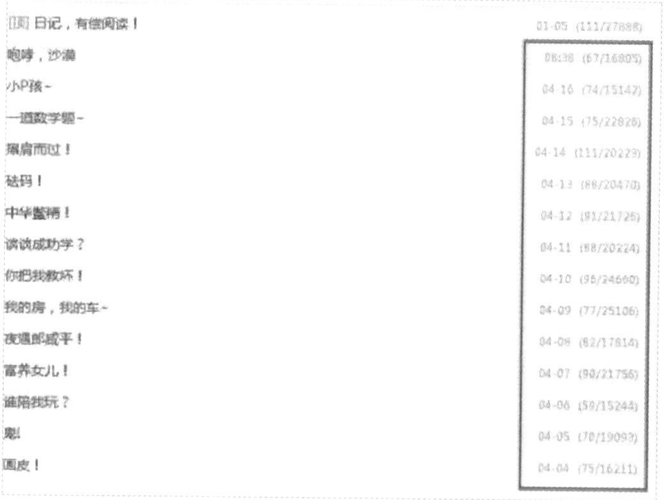

图10-43 懂懂日志第一页的阅读量

10.9.2 免费阅读有偿评论

懂懂曾经在空间里写过一篇日记，解析自己的赚钱之道。懂懂QQ空间的日记是面向大众的，谁都可以阅读，但如果你想评论就得花钱，正因为懂懂所写的日记拥有高人气的阅读量，所以才会有人愿意花钱来评论它的日志。

一旦具有日志回复权限，等于拥有打广告的机会，而这些广告的受众就是这些日志的读者。

评论权的年费是一年1 200元，这相当于打365次广告，商家也愿意以这种方式打广告。这样简单的方式，一年光付费阅读的收入估计也有几百万元，还不算其他的盈利收入。

而这样也就使得，懂懂日记成为其他企业的社群踏板，其他企业可以利用懂懂日记所聚集的人流量，来为自己做宣传、推广，而懂懂日记所在的QQ空间又是一个天然的社群。

所以，懂懂日记能年赚百万元的原因之一是因为媒体能吸引到不少的人流量，企业愿意出钱在懂懂所发的日记下评论，获得更多的曝光率。

10.10 【商业案例】可口可乐：用"换装"创意来勾起社群狂潮

可口可乐"定制瓶子"，无疑完整地诠释了社群O2O的闭环：从社交媒体的线上"定制瓶子"，到线下消费者收到定制瓶，通过消费者拍照分享又返回了线上的O2O模式，这种良性互动，也是从消费者印象到消费者表达的完整循环。

并且"订制瓶"活动在当时，受到了不少微博用户的关注，如图10-44所示。

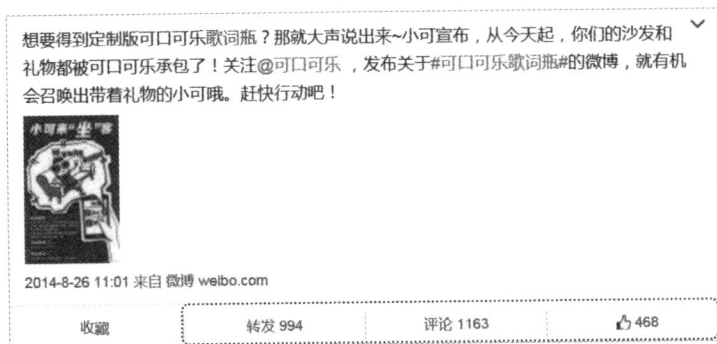

想要得到定制版可口可乐歌词瓶？那就大声说出来~小可宣布，从今天起，你们的沙发和礼物都被可口可乐承包了！关注@可口可乐，发布关于#可口可乐歌词瓶#的微博，就有机会召唤出带着礼物的小可哦。赶快行动吧！

2014-8-26 11:01 来自 微博 weibo.com

| 收藏 | 转发 994 | 评论 1163 | 👍 468 |

图10-44　可口可乐"定制瓶"在微博上的用户参与度

从可口可乐推出流行词汇的"昵称瓶"，到"歌词瓶"系列，小小的瓶子蕴含了不小的品牌内涵，利用微博平台，来搭建属于自己的社群成员，获得社会化媒体的广泛关注从而达到不错的社群营销效果。

可口可乐的"歌词瓶"，在线上会与用户交流，询问用户"不管换了几次手机，无论使用哪个播放器，你都必须要存着的一首歌是 ＿＿＿＿＿？"，结果有241条评论，如图10-45所示。

不管换了几次手机，无论使用哪个播放器，你都必须要存着的一首歌是＿＿＿＿？#可口可乐歌词瓶#

2014-8-29 11:08 来自 微博 weibo.com

收藏　　　　转发 133　　　　评论 241　　　　👍73

图10-45　可口可乐"歌词瓶"在微博上的用户参与度

在线下，可口可乐的每个瓶子上面都印有时下流行曲的一句主打歌词，标在赫然醒目的位置，如图10-46所示。

图10-46　可口可乐"歌词瓶"

在瓶子上还有二维码，人们只要通过手机扫描二维码，就会有动听的歌声出来，这无疑又增添了用户与"歌词瓶"的互动性。

可口可乐"昵称瓶"、"歌词瓶"等是一系列的活动，并非只是一次普通的换装秀，这些换装秀的变化能满足消费者对个性化物质的需求，以及在消费者精神世界里，追求新鲜和渴望与众不同的内心期望，所以能非常容易的聚集一群热爱"歌词瓶"、"昵称瓶"等可口可乐产品的用户。

10.10.1　借势、分享都是社群营销的分支

2013年5月24日，明星黄晓明发了一条图文并茂的微博，在图片上有一瓶印有"大咖——黄晓明"的可口可乐，黄晓明还幽默说"大咖？和我有关吗？不是应该土鳖吗？"，如图10-47所示。

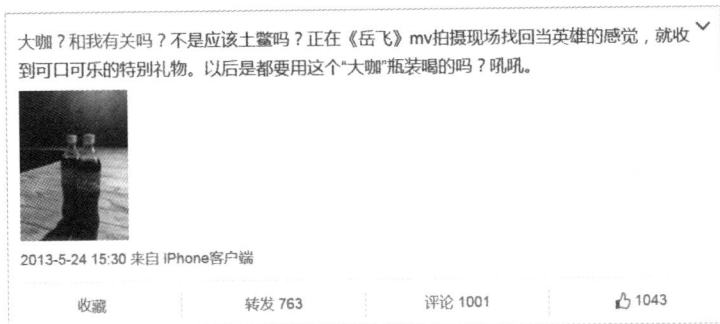

大咖？和我有关吗？不是应该土鳖吗？正在《岳飞》mv拍摄现场找回当英雄的感觉，就收到可口可乐的特别礼物。以后是都要用这个"大咖"瓶装喝的吗？吼吼。

2013-5-24 15:30 来自 iPhone客户端

| 收藏 | 转发 763 | 评论 1001 | 👍 1043 |

图10-47　黄晓明发布关于可口可乐的微博

这份可口可乐的特别礼物引起了黄晓明和他的粉丝们的极大兴趣，有用户在黄晓明微博下评论说"要是超市里有卖就好了"、"这哪里可以买到"、"我也要买黄晓明！啊哈"等，如图10-48所示。

Love欣1997：要是超市里有卖就好了😄
2013-8-11 14:25

仁慧Melosa_：这哪里可以买到..
2013-7-28 13:26

手机用户2910877897：呵呵呵
2013-7-24 18:08

一个人民族一：转发微博
2013-7-22 21:02

Summer-ROSE-：我也要买黄晓明！啊哈
2013-7-22 00:49

图10-48　微博用户评论

可口可乐通过微博平台和意见领袖、明星相结合，引爆了这次可口可乐瓶子的"换装"活动，很快吸引到了第一批想要购买"定制瓶"的粉丝。

而活动开始后，第一批购买并收到昵称瓶的网友，就自发地在微博上进行分享，使得更多的网友知晓并且参与到可口可乐"换装"活动。

可口可乐消费者自行进行传播，使得其他用户知晓可口可乐的"换装"活动并参与进去，不管是明星发布微博还是用户的分析，这些举动，无疑就是社群营销中不可或缺的分支。

10.10.2　价值不再是饮料而是社群的运作

5月28日，可口可乐开始在各大社交网站以官方名义每隔两小时陆续放出22款"昵称瓶"悬念贴海报。简洁创意的平面设计，舍去常见的可口可乐的LOGO，同时和媒体、营销大号建立互动合作。

各个微博用户根据各自属性与对应的"昵称瓶"悬念贴海报建立互动，掀起了一场"晒瓶子"的热潮。

例如，有一款海报上写道："一起分享'技术男'的专属快乐！5月29日，与你共同期待"，如图10-49所示。

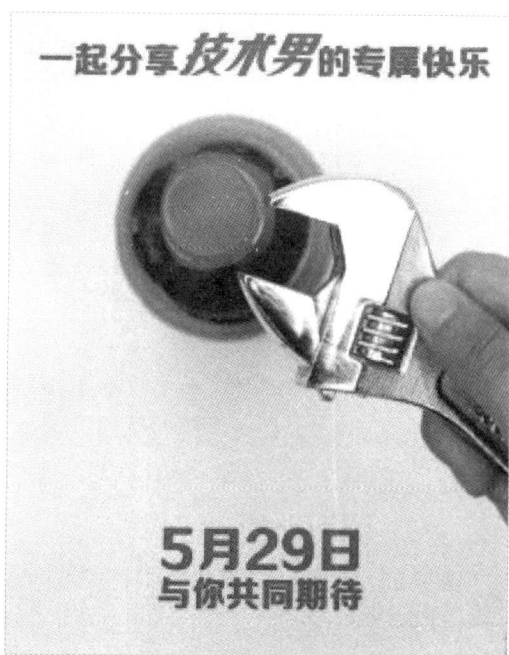

图10-49　可口可乐海报

在这场换装秀中，可口可乐对消费者的价值不再是一瓶饮料，而是好友之间的一个有趣话题，它的实用功能被弱化，将焦点集中在了当下最流行的讨论与可乐瓶的高度融合上，这也是社群的一种运作。

10.10.3　社群营销就是走的互动道路

可口可乐的社群营销就是在社会化媒体上展开与用户之间的互动，这样才能获得更好的社群互动效果，让用户真切的感受到可口可乐是带着诚意去拥抱消费者的，可口可乐以"你要去贴近和聆听他们，而不是像以前一样，把品牌放在高高在上的位置，利用资源和资金去铺天盖地包围消费者"为核心，将社群营销的互动特性展现得淋漓尽致。

可口可乐在做社群互动营销时，首要任务就是滤清品牌个性，去影响应该影响的人，与目标客户为伍。所以，可口可乐应从官方微博账号发布的内容着手，来给可口可乐社群成员一个良好印象：

● 发布高质量的内容，博取粉丝的欢心。

● 评估内容是否贴合品牌的目标与特性。

● 关注与转发这些内容的人群到底是不是自己的目标消费者，高质量的粉丝才是品牌要精心呵护的对象。

例如，可口可乐的品牌诉求是"快乐"，在微博官方平台上面，人们很容易就能发现可口可乐会发布一些需要用户填补空缺的内容："青春时代的记忆，总有一部关于'友谊'的电影让我们印象深刻，你最爱_____？"，如图10-50所示。

图10-50　可口可乐微博发布的互动内容

这样的微博就是与社群成员互动的一种方式，答案由社群成员自己填写，这种健康活泼的互动会让社群成员一直保持着对可口可乐的喜爱。

从执行层面来说，可口可乐官方微博每天需要处理很多琐碎的事情，所以，社群互动营销需要点滴的积累。可口可乐在面对官方微博网上的留言时，可口可乐团队都会尽量回复，就像交朋友一样，细心、耐心地与社群用户进行一对一的交流。

另外，可口可乐与消费者沟通，会利用消费者看得懂的语言和文字，按部就班的做，这样就能不用花大钱做很多有效果的事情。

10.10.4　触及人心才能勇往直前

社交营销只有触及消费者内心，才能勇往直前的运作，让社群成员愿意与品牌互动，并愿意与朋友分享，这样才能形成话题和关注，才能使得社群营销有长久的价值。

可口可乐一直是全球化品牌价值很高的企业，多次在Interbrand发布的年度全球品牌榜上拔得头筹。可口可乐提出的品牌理念不仅是企业拥有品牌，而是把品牌交给消费者来拥有，这无疑能够触动消费者的心弦，让他们感受到了一个企业对于消费者的尊重。

对于可口可乐来说，社会化媒体上的主页，最先都是由粉丝建立起来的。不论是"昵称瓶"还是"歌词瓶"，都把小小的瓶子变成了社交工具：

- 契合可口可乐传递快乐的主题。
- 瓶子成为消费者表达对别人看法的方式。

这种对人的洞察和发自内心对社群成员的尊重，是可口可乐的核心思想，也是可口可乐成功触动人心的法宝。

可口可乐经过一定的数据，发现自己的消费主力军是年轻人，于是可口可乐开始探讨年轻一族的生活态度和习惯，融入他们的生活圈，等足够了解之后，就会与社群成员产生不少的互动和共鸣。

对于可口可乐来说，不论是用户在微博上与明星进行话题互动，还是可口可乐自己在社交媒体上晒照片和探讨定制瓶的话题，都是一种由用户创造内容的方式，也是目前互联网传播的新兴力量。

在互联网创新不断的时代，信息呈现出碎片化的特点，如果此时只运用传统广告，那么很容易被消费者忽略。但通过社会化媒体平台的搭建，进行社群营销，让消费者自发为可口可乐品牌创造内容，这是很宝贵的。

通过消费者自主参与帮助品牌扩大影响力，加强与品牌的深层次的关系，逐渐的使得可口可乐融入了社群成员的生活，无法分割。

可口可乐一直都会寻找新方法来强化价值主张，与消费者形成良好关系，建立并保持最终影响他们决策的品牌信任感。

例如，2015年推出来的一款台词瓶，就是"歌词瓶"的一种创新，在这之后，可口可乐一定还会创造出更多充满创意的、有趣的社群互动方法，如图10-51所示。

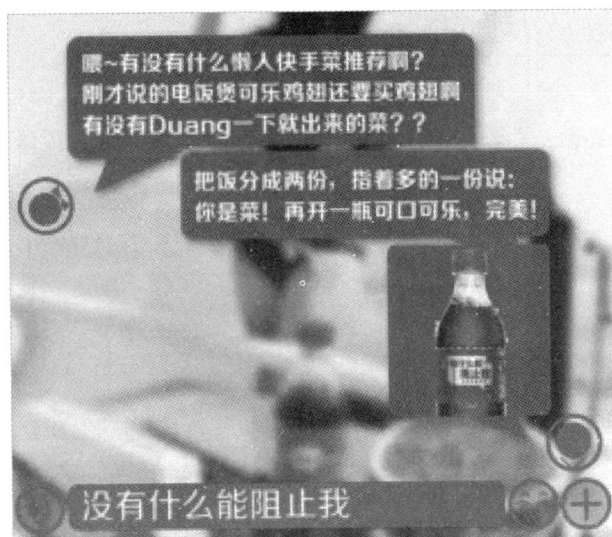

图10-51　可口可乐微博"台词瓶"的创意海报

读 者 意 见 反 馈 表

亲爱的读者：

感谢您对中国铁道出版社的支持，您的建议是我们不断改进工作的信息来源，您的需求是我们不断开拓创新的基础。为了更好地服务读者，出版更多的精品图书，希望您能在百忙之中抽出时间填写这份意见反馈表发给我们。随书纸制表格请在填好后剪下寄到：北京市西城区右安门西街8号中国铁道出版社综合编辑部 张亚慧 收（邮编：100054）。或者采用传真（010-63549458）方式发送。此外，读者也可以直接通过电子邮件把意见反馈给我们，E-mail地址是：lampard@vip.163.com。我们将选出意见中肯的热心读者，赠送本社的其他图书作为奖励。同时，我们将充分考虑您的意见和建议，并尽可能地给您满意的答复。谢谢！

- -

所购书名： _____

个人资料：

姓名： _____ 性别： _____ 年龄： _____ 文化程度： _____

职业： _____ 电话： _____ E-mail： _____

通信地址： _____ 邮编： _____

- -

您是如何得知本书的：

□书店宣传 □网络宣传 □展会促销 □出版社图书目录 □老师指定 □杂志、报纸等的介绍 □别人推荐
□其他（请指明） _____

您从何处得到本书的：

□书店 □邮购 □商场、超市等卖场 □图书销售的网站 □培训学校 □其他

影响您购买本书的因素（可多选）：

□内容实用 □价格合理 □装帧设计精美 □带多媒体教学光盘 □优惠促销 □书评广告 □出版社知名度
□作者名气 □工作、生活和学习的需要 □其他

您对本书封面设计的满意程度：

□很满意 □比较满意 □一般 □不满意 □改进建议

您对本书的总体满意程度：

从文字的角度 □很满意 □比较满意 □一般 □不满意
从技术的角度 □很满意 □比较满意 □一般 □不满意

您希望书中图的比例是多少：

□少量的图片辅以大量的文字 □图文比例相当 □大量的图片辅以少量的文字

您希望本书的定价是多少：

本书最令您满意的是：

1.
2.

您在使用本书时遇到哪些困难：

1.
2.

您希望本书在哪些方面进行改进：

1.
2.

您需要购买哪些方面的图书？对我社现有图书有什么好的建议？

您更喜欢阅读哪些类型和层次的理财类书籍（可多选）？

□入门类 □精通类 □综合类 □问答类 □图解类 □查询手册类

您在学习计算机的过程中有什么困难？

您的其他要求：